펌핑 크리에이티브

Pumping
Creative

펌핑
크리에이티브

개인과 조직의 잠재된 크리에이티브를
끌어내는 53가지 방법

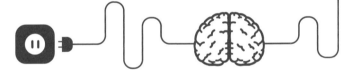

곽수철 지음

티움

크리에이티브 우물에서
물을 펌핑하라

오늘날 '크리에이티브(creative)'라는 단어는 아주 널리 쓰이고 있습니다. 구글 검색창에 영어로 이 단어를 입력하면 무려 16억 5천만 개의 자료가 검색됩니다. 당초 '창조적인', '창조력이 있는'이라는 뜻의 형용사로 쓰였던 이 단어는 이제 '창조적인 능력', '창조적인 사람', '창조적인 결과물' 등의 명사로까지 의미가 확장되어 두루 쓰이고 있습니다. 이미 이 사회가 지식정보사회를 넘어 창조사회로 들어섰다는 얘깁니다.

지식과 정보는 이제 더 이상 경쟁우위 요소가 아닙니다. 정보 통신 기술 발달과 인터넷 확산으로 지식과 정보가 빠르게 범용화되고 있는 까닭입니다. 이제는 지식과 정보 자체가 아니라 이를 잘 가공하여 새로운 가치를 만들어내는 능력, 즉 '크리에이티브'가 핵심 경쟁우위 요소입니다.

2013년, 저는 저서 《경영 2.0 이야기에서 답을 찾다》를 통해 '앞으로는 직원들의 크리에이티브를 끌어내는 능력의 차이가 기업의 미래를 결정할 것'이라고 예견한 바 있습니다. 이로부터 채 4년이 지나지 않은 지금, 제 예견이 이미 현실화되고 있다는 사실에 저는 매우 놀랐습니다. 최근 빠르게 경쟁력을 잃어가고 있는 한국 기업들의 면면을 잘 살펴보면 제 말에 쉽게 동의할 것입니다. 이는 특정 기업의 차원이 아니라 대한민국 산업 전체의 문제이기도 합니다.

전작 출간 이후 약 3년 동안 저는 이 문제에 천착했습니다. 대체 개인과 조직의 크리에이티브는 어떻게 발휘되는가? 어떤 사람이 크리에이티브한 인재이며, 그런 인재를 어떻게 찾을 것인가? 조직 크리에이티브를 끌어내려면 어떻게 해야 하는가? 그동안 이와 관련해 읽은 책만 해도 수백 권에 이르며, 참고할 만한 자료는 거의 모두 탐독했다고 감히 자부합니다. 이 책은 이러한 노력의 결실입니다.

책을 쓰면서 가장 신경을 쓴 부분은 왜 그래야 하는지 이론적인 배경을 찾아내는 일이었습니다. 남들이 한다고 무턱대고 따라 하거나, 다른 회사가 효과를 본 제도라고 해서 막무가내로 도입했다가는 실패할 수밖에 없기 때문입니다. 개인과 조직 크리에이티브의 본질을 알고 상황에 맞게 적용해야 성공할 수 있다는 얘깁니다.

"세계에서 가장 크리에이티브한 기업이 어딥니까?"

크리에이티브를 주제로 강의를 할 때마다 이런 질문을 받곤 합니다. 그때마다 저는 주저하지 않고 3M이라고 대답합니다. 구글이나 페이스북, 애플 등 크리에이티브한 기업으로 정평이 난 IT 기업들을 제쳐놓고 굳이 3M이라고 답하는 데에는 이유가 있습니다. 크리에이티브가 비교적 덜 중요시되는 제조업체로서, 100년이 넘는 오랜 기간 동안 꾸준히 모든 직원의 크리에이티브를 끌어내어 차별화된 가치를 계속해서 창출하는 기업이 바로 3M이기 때문입니다.

지금으로부터 무려 114년 전인 1902년, '미네소타 광공업 회사(Minnesota Mining and Manufacturing Co.)'라는 이름으로 창업한 3M은 초기에 사포와 연마제를 생산했으나, 이후 지속적으로 신제품을 개발하며 생산 품목을 확장하여 지금은 무려 55,000종에 이르는 제품을 판매하고 있습니다. B2B 사업에 주력하다 보니 잘 알려지지 않았지만 3M은 자동차, 비행기, 우주선, 열차, 노트북 컴퓨터, 휴대폰 등 온갖 첨단 분야에 제품을 공급하고 있습니다. 그리고 이 모든 분야에서 혁신성과 경쟁력을 인정받고 있습니다.

이 회사의 기술 담당 부사장 래리 웬들링(Larry Wendling)은 자기 회사에 대해 이렇게 말합니다.

"3M은 특별한 회사입니다. 어떤 틈새시장도, 특정한 초점도 없으니까요. 기본적으로 우리가 하는 일은 새로운 것을 생각해내는 게 전부입니다. 그게 무엇이냐 하는 건 그다지 중요하지 않지요."

새로운 것을 생각해내는 것이 주업인 기업, 모든 구성원이 분야에 상관없이 매일 새로운 아이디어를 내고 이를 상품화하는 기업,

그래서 업종의 한계를 정해놓지 않은 기업이 바로 3M입니다.

앞으로 한국에도 3M과 같은 크리에이티브한 기업이 많이 나와야 합니다. 이것만이 대한민국이 재도약하는 길입니다.

"인간이 가지고 있는 가능성은 무한하다. 우리가 해야 할 일은 오직 그 깊은 우물에 호스를 대는 일이다."

GE의 전임 CEO 잭 웰치(Jack Welch) 회장이 남긴 말입니다. 저는 이 말을 이렇게 고쳐보았습니다.

"인간이 가진 가장 탁월한 능력은 크리에이티브다. 우리가 해야 할 일은 오직 이 깊은 우물에서 물을 펌핑하는 일이다."

이렇게 해서 책의 제목을 '펌핑 크리에이티브'로 짓게 되었습니다. 여기에는 중의적인 뜻이 있습니다. 하나는 우리 각자의 내면에 잠재된 크리에이티브 우물물을 펌핑해서 저마다 크리에이티브한 인재가 되어야 한다는 뜻이고, 또 하나는 크리에이티브한 인재들이 가득한 우물을 찾아 이를 펌핑해서 크리에이티브한 조직을 만들어야 한다는 뜻입니다.

모쪼록 이 책이 독자들의 크리에이티브와 독자들이 속한 조직의 크리에이티브를 펌핑하는 데 꼭 필요한 마중물이 되었으면 하는 바람입니다.

곽숙철

CONTENTS

PART 1   크리에이티브는 어떻게 샘솟는가?

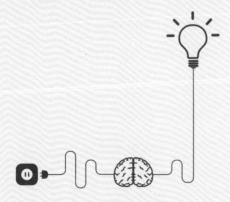

PART

1

**크리에이티브는
어떻게
샘솟는가?**

1

개인
크리에이티브

크리에이티브를 촉진하는 메커니즘 이론은 수없이 많지만, 개인 크리에이티브는 '자원(resources)'과 '동기(motive)'라는 2가지 요소에 의해 발휘되는 것으로 요약된다.

자원은 새로운 아이디어를 만들어내는 데 필요한 재료, 즉 다양한 지식과 경험을 말한다. 레고 블록으로 멋진 성채(城砦)를 만든다고 생각해보자. 블록이 많고 다양해야 이렇게도 해보고 저렇게도 해보면서 멋진 성채를 만들 수 있지 않겠는가? 마찬가지다. 좋은 아이디어에는 다양한 지식과 경험이라는 자원이 필요하다. 레고에 대한 기본 지식과 작은 성공과 실패를 거듭하며 쌓은 경험이 있어야만 멋진 성채를 만들 수 있다. 그런데 이것만으로는 충분하지 않다. 멋진 성채를 완성하고야 말겠다는 열정과 의지, 끈기가 필요하다. 열정과 끈기를 촉진하는 것은 바로 동기다. 개인 크리에이티브는 다양한 지식과 경험, 그리고 동기라는 요소가 잘 조합되어야만 발휘된다.

창조는 무에서 유를 만드는 것이 아니다

● 수천 년 전에 한 네안데르탈인이 자기가 사는 동굴 뒤 언덕을 오르면서 둥그런 바위 하나를 우연히 아래로 떨어뜨렸다. 바위는 경사면을 따라 아래로 떼굴떼굴 굴러갔고, 이 광경을 본 그는 깨달음을 얻었다. 다음 날 그는 바위를 다듬어 인류 최초의 바퀴를 만들었고, 이웃 사람들은 그가 전날 본 광경에서 얻은 아이디어로 창조한 발명품에 찬사를 아끼지 않았다. 다른 네안데르탈인이 이 발명품을 모방해 바위가 아닌 나무로 바퀴를 만들었다. 나무로 만든 것은 가벼워서 굴리기가 한층 쉬웠다. 또 다른 네안데르탈인은 여기에 바구니를 달아 인류 최초의 수레를 만들었고, 사람들은 이 수레로 죽은 호랑이의 시체를 손쉽게 옮겼다. 오랜 세월이 지난 뒤 사람들은

이 수레를 말이 끌도록 했고, 이렇게 해서 인류 최초의 마차가 등장했다. 처음에는 두 개뿐이던 마차 바퀴가 두 개 더 더해져 더욱 안정적인 짐마차가 만들어졌다. 나중에는 말 대신 증기기관이 결합되어 기관차가 탄생했다.

흔히 창조적 아이디어는 그것을 생각해낸 사람의 전유물로 간주된다. 지적 재산권을 강조하는 기업 세계에서는 더욱 그렇다. 하지만 이런 태도는 '독창성 신화(Originality Myth)'에 근거한 것이다. 이는 창조적 아이디어가 전적으로 그것을 고안한 사람만의 것이라는 믿음이다. 하지만 역사적 기록과 경험적 연구 결과에 의하면 그렇지 않다. 새로운 아이디어는 오래된 아이디어의 조합이고, 이를 공유하면 더 많은 혁신으로 이어진다.

일찍이 아리스토텔레스(Aristoteles)도 '모방은 창조의 어머니'라고 했다. 그는 인간 문명이란 자연을 흉내 낸 것에 불과하며 이를 미메시스(Mimesis)라고 명명했다. 피카소(Pablo Picasso)도 "훌륭한 예술가는 모방하고 위대한 예술가는 훔친다"라며 창조적 모방을 강조했다. 10대 시절 피카소는 미술 기법을 터득하기 위해 대가의 그림들을 따라 그렸다. 시간이 흐른 후 그는 모방했던 그림들을 자기 식으로 재창조했다. 입체파의 서막을 연 작품 〈아비뇽의 처녀들〉은 세잔의 〈목욕하는 여인들〉의 구도를 그대로 차용한 작품이다.

스티브 잡스(Steve Jobs)는 뭔가를 훔치되 자신의 창조성을 더해 새로운 제품으로 만들어내는 능력이 탁월했다. 잡스가 주목받지 못한 신기술을 창조적으로 이용한 사례는 차고 넘친다. 그래픽 사용자 인터페이스(Graphical User Interface, GUI) 환경을 갖춘 최초의 PC인 매킨토시(Macintosh)도 그중 하나다.

1978년 애플(Apple) PC는 경쟁이 극심한 분야에서 가장 잘 팔리고 있었다. 애플 Ⅱ는 컬러 화면이 있는 유일한 컴퓨터였고, 순식간에 다른 제품들을 제치고 날개 돋친 듯 팔려나갔다. 그러나 경쟁은 극심했고 애플은 업계에서 가장 작은 기업이었다. 잡스는 제록스(Xerox)의 팔로알토연구센터(PARC)에 대한 이야기를 들었고, 다른 기업들이 그곳에서 깊은 인상을 받았다는 사실을 알았다. 그는 제록스 측에 100만 달러를 투자할 기회를 주겠다고 제안했다. 그리고 애플이 1~2년 후 주식을 상장하면 그 투자금이 상당한 이익을 낼 수 있을 것이라고 말했다. 제안 덕분에 잡스는 프로그래밍 팀과 함께 PARC를 견학할 수 있는 특별한 가이드 투어 기회를 얻었다. 당시 애플은 다음에 출시할 리사(Lisa) 작업을 하느라 바빴고, 그것을 반드시 업계 최고의 컴퓨터로 만들고 싶었다.

제록스는 잡스에게 세 가지를 보여주었는데, 마우스로 커서를 움직이는 GUI가 그중 하나였다. 그걸 본 순간 잡스는 앞으로 모든 컴퓨터가 그런 식으로 작동하리라는 것을 확신했다. GUI는 잡스의 머릿속에서 애플의 소형 컴퓨터들과 재빠르게 결합되었다. 제록스의 기계는 냉장고 크기였다. 그리고 제록스는 작은 기계를 만들 계획이 없었다. 잡스는 직접 작은 것을 만드는 일에 착수했다. 그 결과 GUI 환경을 갖춘 최초의 PC인 매킨토시가 탄생했다. 다음은 스티브 잡스의 말이다.

"창조성은 여러 가지 것들을 연결하는 것일 뿐입니다. 창의적인 사람들에게 어떻게 그런 일을 할 수 있었느냐고 물어보면 그들은 약간의 죄책감을 느낍니다. 실제로 한 일이 없기 때문입니다. 그저 뭔가를 보았을 뿐입니다. 얼마간의 시간이 지난 후 그것은 명백히 보였습니다. 그래서 그들은 자신들의 경험을 연결하여 새로운 것을 합성할 수 있었던 것입니다."

모든 아이디어는 다른 사람들의 아이디어를 재료로 만들어지며, 한 사람만의 독창적인 아이디어는 이 세상에 존재하지 않는다. 인간은 결코 무(無)에서 유(有)를 만들어낼 수 없다. 무언가가 있어야 그것을 재료로 다른 어떤 것을 만들 수 있다. 이것은 뇌 불리학의 법칙이다. 그래서 유율법(流率法)이라는 미적분 계산법을 만들면서 다른 사람의 아이디어를 훔쳤다는 비판을 받은 천재 물리학자 뉴턴 (Isaac Newton)이 "더 멀리 바라보기 위해 거인들의 어깨에 올라서야 했습니다"라고 말했다.

아이디어는 어느 순간 번쩍하고 떠오르는 것이 아니다

● 늦은 오후, 고등학생 아들 방에서 나오는 중학생 딸아이 손에 노릇노릇 잘 구워진 식빵이 들려 있다.

"또 먹어? 어디서 났어?"

"오빠가 만들어줬어."

"오빠가?"

'토스터가 고장이 난 지 오랜데 이 녀석이 고쳤나?' 하는 생각을 하며 방문을 열자 아들 옆으로 식빵 봉지와 딸기잼, 버터 등이 보였고, 그 틈으로 다른 것들과 어울리지 않는 물건 하나가 눈에 들어왔다. 다리미였다. 세상에! 아들은 알루미늄 포일로 식빵을 싸서 다리미로 식빵을 굽고 있었던 것이다.

토스터가 고장 나서 울상인 여동생이 안타까워 '뭔가 좋은 방법이 없을까'라는 문제의식을 가지고 고민했기에 이와 같은 아이디어가 나올 수 있었다. 이것이 바로 동기다.

'유레카 신화(Eureka Myth)'라는 게 있다. 아르키메데스(Archimedes)가 목욕탕에서 흘러넘치는 물을 보고 순간적으로 왕관이 순금인지 아닌지를 확인할 수 있는 방법을 깨달은 것처럼, 아이디어는 순간적인 통찰에 기반한다는 믿음이다. 과연 그럴까? 천만에! 아이디어는 하늘에서 쏟아지는 소나기 같은 것이 아니다. 하늘의 계시와 같이 어느 날 갑자기 번뜩하고 떠오르는 것도 아니다. 그것은 끊임없는 문제의식과 의지를 가지고 좋은 해결책을 찾아 다른 사람의 두 배, 세 배 끈질기게 노력하는 사람에게 선물로 주어지는 것이다.

포스트잇(Post-it)의 발명은 가끔 유레카 이야기로 전해진다. 뉴턴의 사과나 에디슨(Thomas Edison)의 전구처럼 포스트잇도 갑자기 떠오른 천재적인 아이디어라고 말이다. 하지만 사실은 다르다. 포스트잇을 개발한 혁신은 스위치를 켜는 것처럼 순식간에 일어난 일이 아니라 10년이 넘는 세월 동안 여러 단계를 거치며 무르익어 나온 결실이다.

1966년 3M(Minnesota Mining and Manufacturing)에 입사한 젊은 화학자 스펜서 실버(Spencer Silver)는 2년 동안 여러 가지 프로젝트에 참여한 뒤 접착제를 개량하는 문제에 관심을 돌렸다. 이후 그는 5년 동안 간헐적으로 그 프로젝트를 진행하며 적절한 제조법을 끈질기게 고민했지만, 그가 만든 접착제는 기존 제품보다 접착력이 현저히 떨어졌다. 하지만 그 나름대로 용도가 있을 것이라 생각하고 회사 사람들에게 최대한 많이 소개했다.

실버는 언젠가 화공학 기술자이자 교회 성가대 단원이기도 한 아트 플라이(Art Fly)에게 그 제품을 소개한 적이 있는데, 플라이는 평소 찬송가책의 페이지를 깔끔하게 표시하는 방법을 고민하고 있었다. 그러던 어느 일요일 아침, 그는 예배를 보다가 문득 실버의 접착제가 떠올랐고, 그것을 이용해 책갈피를 만들면 어떨까 하는 생각이 들었다. 얼마 뒤 플라이는 실버에게 연락했고, 이후 2년 동안 두 사람은 반영구성 책갈피의 견본을 제작하는 일을 비공식 프로젝트로 진행했다.

그 뒤로 7년 동안 연구에 몰두한 끝에 그들은 3M 내부의 사람들에게 견본을 보여줬다. 반응은 긍정적이었다. 3M 관계자들은 착탈 가능한 책갈피를 좋아했고, 금세 소문이 퍼졌다. 그러나 문제가 있었다. 그들이 만든 책갈피는 대부분 한 번만 사용되었다. 사람들은 책갈피를 붙인 뒤 다시 책을 읽을 때까지 책꽂이에 넣어두었다가 나중에 다시 써야 할 때는 원래의 책에서 책갈피를 떼어내어 다른 책에 붙였다. 결국 그 책갈피는 뛰어났지만, 시장 수요를 입증할 만큼 자주 사용되지 않았다.

몇 주 뒤 플라이는 상사에게 제출할 보고서를 검토하고 있었는데 특정 단락의 내용이 마음에 걸렸다. 보고서에 별도의 메모를 남기거나 전화를 하는 대신에 그는 자신이 개발한 착탈식 책갈피를 이용했다. 그는 책갈피에 의문점을 적은 뒤 보고서에 붙여서 상사에게 제출했다. 얼마 뒤 상사는 그 보고서를 읽고 다시 플라이에게 보내왔는데, 놀랍게도 원래 플라이가 붙여둔 책갈피 바로 위에 또 다른 착탈식 책갈피를 붙여 답을 했다. 플라이는 그것이 의사소통 수단으로 활용될 수 있다는 사실을 깨달았다. 착탈식 책갈피는 동료들에게 메시지를 전하는 쪽지로 쓸 수 있었고, 여러 사람의 눈에 쉽게 띄는 장소에 부착할 수도 있었다.

이후 플라이는 메모지로 이용하라는 당부와 함께 책갈피를 회사 전체에 배포했다. 몇 주 뒤 3M의 모든 사무실은 조그만 정사각형 종이로 뒤덮였다. 그리고 마침내 1980년, 3M은 이 제품을 '포스트 잇'이라는 이름으로 시장에 내놓았다. 실버가 '품질 나쁜 접착제'를 개발한 지 무려 12년이 흐른 뒤였다.

2
조직
크리에이티브

조직 크리에이티브 또한 개인 크리에이티브와 마찬가지로 '자원'
과 '동기'라는 요소에 의해 발휘된다. 조직에서의 자원이란 다양한
지식과 경험을 가진 '창조적 인재(creative people)'를 말하며, 동기란
이러한 창조적 인재들이 마음껏 자신의 창조력을 발휘할 수 있는
분위기, 즉 '창조적 문화(creative culture)'를 말한다.

이는 구글(Google)의 전임 CEO 에릭 슈미트(Eric Schmidt)가 자신의 저서 《구글은 어떻게 일하는가》에 남긴 말에서도 잘 드러난다.

"이 시대에 살아남을 수 있는 유일한 방법은 기술, 비즈니스 경험, 창의성을 상품에 녹여내는 창조적 인재를 끌어들이고 그들이 뛰놀 수 있는 환경을 마련해주는 것이다. 만약 그들에게 최첨단 연구 도구를 제공하고 역량을 펼칠 수 있는 충분한 자유를 제공한다면, 그들은 빠른 속도로 정말 엄청난 것들을 만들어낼 것이다."

탁월한 아이디어는 협력에서 나온다

● 달라이라마가 남아프리카공화국의 대주교 데스몬드 투투(Desmond Tutu)의 80회 생일에 초청을 받아 케이프타운의 투투평화센터에서 강연을 하게 됐다. 두 사람 모두 노벨평화상 수상자였으므로 두 사람의 만남은 역사적인 사건이 될 터였다. 그러나 중국 정부로부터 압력을 받은 남아프리카공화국의 집권 여당 아프리카민족회의는 달라이라마에게 비자를 발급하지 않았다. 투투 대주교는 분개했다.

"나를 대표하는 우리 정부가 중국의 압제에 신음하는 티베트인을 지지하지 않겠다고 말하다니! 주마 대통령 그리고 당신의 정부는 나를 대표하지 마시오!"

이 일이 있기 불과 며칠 전 자신의 첫 제품을 출시한 구글의 신입사원 로렌 그로브즈(Loren Groves)가 티베트로 그리고 다시 남아프리카공화국으로 급히 날아갔다. 그는 구글 행아웃으로 두 사람이 만날 수 있도록 주선했고, 덕분에 두 사람은 몸은 비록 멀리 떨어져 있었지만 화면으로 얼굴을 마주 보면서 대화를 나눌 수 있었다.

놀라운 사실은 이런 역사적인 일을 구글에 입사한 지 겨우 5일밖에 되지 않은 신입사원이 자발적으로 해냈다는 것이다. 이에 관해 구글의 최고인적자원책임자(CHRO)인 라즐로 복(Laszlo Bock)은 자신의 저서《구글의 아침은 자유가 시작된다》에서 이렇게 말한다.

"우리는 이 신참 직원이 그처럼 놀라운 일을 충분히 해낼 수 있을 거라고 처음부터 믿었습니다. 그랬기에 채용했고요."

이 사례는 구글이 탁월한 인재를 뽑기 위해 왜 그토록 광적으로 집착하는지를 단적으로 말해주고 있다.

그렇다면 조직 크리에이티브를 촉진하기 위해 인재를 뽑을 때 고려해야 할 것은 무엇일까? 그것은 바로 다양성이다. 로렌 그로브즈는 개인적으로는 분명 뛰어난 창조적 인재다. 하지만 모든 직원을 그와 같은 사람으로 채우면 조직적으로는 다양한 지식과 경험이라는 자원을 확보할 수 없다. 조직 편향이 결국 크리에이티브를 떨어뜨리기 때문이다.

이는 '아인슈텔룽 효과(Einstellung effect)'로도 설명된다. 아인슈텔룽은 '태도'라는 뜻의 독일어로, 분명히 더 나은 대안이 있는데도 늘 하던 방식대로 행동하고 사고하는 것을 말한다.

옥스퍼드 신경과학자 피터 맥레오드(Peter McLeod)와 동료 연구자들은 체스 실력이 평균인 사람부터 세계적인 수준의 마스터에 이르기까지의 사람들을 실험 참가자로 모아 이미 어느 정도의 게임이 진행된 체스판을 보여주고 '체크메이트(외통수)'를 선언하기 위한 가장 짧은 수를 말해달라고 했다. 체스판 위에 놓인 말들은 체스를 잘두는 사람이라면 다섯 수 만에 체크메이트를 외칠 수 있는 익숙한 상황이었다. 그런데 이 국면에서는 익숙한 상황은 아니었지만 다섯 수가 아니라 세 수 만에 부를 수 있는 방법이 있었다.

이렇게 익숙한 것과 익숙하지 않은 두 가지의 상황을 제시했더니 세계적인 수준의 선수조차 익숙하지 않은 수(더 짧은 수)를 찾아낸 사람이 50%에 불과했다. 그런데 흥미로운 것은 체스의 말 하나를 옮겨 체크메이트를 부를 수 있는 방법이 오직 하나인 상황을 제시했을 때에는 준마스터 이상의 선수들이 모두 그 방법을 찾아냈다는 것이다. 이는 결국 방법이 두 가지일 때는 익숙한 수가 먼저 눈에 들어오는 바람에 더 나은 방법을 발견하지 못하지만, 방법이 오직 한 가지일 때는 그런 편향 없이 바로 좋은 방법을 찾아낸다는 것이다.

이 실험을 통해 우리가 알 수 있는 사실은, 사람은 이미 적합한 방식이 있으면 더 나은 대안을 탐색하는 데 드는 시간과 비용을 아깝게 생각한다는 것으로, 이는 곧 짐 콜린스(Jim Collins)가 "좋은 것은 위대한 것의 적이다(Good is the enemy of great)"라고 말한 것과 같은 맥락이다. 결론적으로 이러한 아인슈텔룽 효과는 창조의 장애물로 작용한다는 것이다.

이러한 아인슈텔룽 효과를 막는 가장 좋은 방법은 다양한 사람들을 참여시키는 것이다. 그래야 구태의연한 생각에서 벗어날 수 있다. 이것이 바로 조직을 다양한 인재로 채워야 할 이유다.

다양한 사람, 심지어 이상한 사람까지 끌어들여 예상치 못한 방식으로 혼합하고 뭔가 특별한 일을 하도록 만들어라. 그래야 깜짝 놀랄 만한 아이디어가 튀어나온다. 다음은 MIT 미디어연구소장 니콜라스 네그로폰테(Nicholas Negroponte)의 말이다.

"참신한 아이디어가 어디서 나올까? 간단하다. 차이에서 나온다. 창조성은 이상하기 짝이 없는 조합에서 나타난다. 차이를 극대화하는 최상의 방법은 다양한 연령층과 문화, 전문 분야를 뒤섞는 것이다."

문제는 조직문화다

● 한국의 과학 후진성을 극복하기 위해 옥황상제는 다섯 명의 과학자를 보내기로 했다.

첫 번째 주자는 퀴리(Marie Curie) 부인이었다. 대학을 졸업하고 취직에 매달렸지만 외모가 받쳐주지 않아 취직도 결혼도 못한 그녀는 끝내 자신의 뛰어난 창의력을 발휘할 기회를 잡지 못했다.

이번에는 에디슨을 파견했다. 하지만 초등학교조차 나오지 않았다는 이유로 대기업은 그를 거들떠보지도 않았다. 그는 엄청난 수모를 당하며 좌절했다.

다시 아인슈타인(Albert Einstein)을 보냈다. 수학에는 뛰어났지만 다른 과목은 거의 낙제 수준이었던 그는 결국 대학 문턱에도 못 가고 무위도식하며 여생을 보냈다.

네 번째는 갈릴레오(Galileo Galilei)였다. 그는 주변의 수많은 핍박과 온갖 횡포에도 불구하고 "그래도 지구는 돈다"고 강력하게 주장하는 것은 물론, 한국의 과학 현실에 대해 비판하다가 연구비 지원이 끊기는 상황에 처했다.

옥황상제는 마지막으로 뉴턴을 파견했다. 대학원에 들어간 뉴턴이 학위논문을 제출했는데 지도교수뿐만 아니라 논문 심사 교수들이 그의 논문을 이해하지 못했다. 그는 졸업도 못하고 집에서 세월을 보내다가 결국 철원 최전방으로 끌려가는 비운의 인생을 맞았다.

"왜 우리 회사에는 뛰어난 인재들이 많은데 쓸 만한 아이디어가 나오지 않는 걸까" 하고 한탄하는 경영자들을 자주 접한다. 또 경쟁사에서 기발한 신제품이나 서비스를 내놓으면 "어, 저건 우리 회사에서도 나왔던 아이디어인데…"라며 안타까워하는 모습을 보곤 한다. 대체 왜 이런 일이 벌어지는 것일까?

문제는 조직문화다. 조직 내에 아무리 뛰어난 인재가 많아도 도전이 장려되고 실패가 용인되는 문화적 토양이 없으면 아이디어의 꽃을 피울 수 없으며, 설령 아이디어의 꽃이 피더라도 성과의 열매를 수확하기 어렵다.

아이팟(iPod) 개발 사례가 이를 웅변한다. 애플의 메가 히트 제품인 아이팟과 아이튠즈(iTunes)의 원형을 생각해낸 사람은 한동안 애플의 아이팟사업부 대표를 맡았던 토니 파델(Tony Fadell)이다. 그는 애플 이전에 다른 회사에서 근무하면서 이 아이디어를 제안했으나 받아들여지지 않자 독립해 퓨즈(Fuse)라는 벤처 회사를 세우고 자신의 아이디어에 투자해줄 대기업을 찾아다녔다. 하지만 애플을 만나기 전까지 계속해서 거절당했고 대부분 최고경영자에게 설명할 기회조차 얻지 못했다. 이후 애플에 합류한 토니 파델은 30여 명의 팀을 꾸려 6개월 만에 아이팟을 개발했다. 아이팟은 2001년 출시한 이래 세계적으로 1억 대 이상 팔리는 대박을 터뜨린 데 이어 또 다른 히트작 아이폰(iPhone)을 개발하는 밑거름이 되었다.

조직 크리에이티브를 저해하는 가장 큰 장애물은 창조적인 아이디어를 억압하는 권위적이고 폐쇄적인 조직문화다. 규율하고 통제하기보다는 자율적이고 개방된 조직문화를 만들어야 조직 내에 아이디어가 빠르게 흐르고 성과로 이어진다. 구글이 그렇다.

세계에서 가장 창조적인 기업으로 평가받는 구글은 수평적이고 열린 조직문화를 자랑한다. 미국 캘리포니아 주 마운틴뷰에 있는 구글 본사는 놀이터나 카페 같은 인테리어로 유명하다. 직원들은 소파가 있는 라운지에서 마음대로 엎드려 컴퓨터를 하거나, 야외에서 수영을 즐긴다. 자유롭게 애완견을 데리고 사무실에서 일하는 사람도 있다. 직무 구조도 지루한 단순 반복 작업이 아니라, 도전적이고 흥미진진한 일을 자율적이고 창의적으로 수행할 수 있도록 설계되어 있다.

그렇다면 대체 조직문화는 왜 그토록 중요한 것일까? 그것은 조직을 근본적으로 바꿀 수 있는 유일한 방법이 조직문화를 바꾸는 것이기 때문이다. 붕괴 위기에 처한 IBM의 구원투수 루이스 거스너(Louis V. Gerstner Jr.)가 조직문화를 바꾸는 데 치중한 것도 같은 이유다. 다음은 그의 말이다.

"10년 가까이 IBM에 있으면서 나는 문화가 승부를 결정짓는 하나의 요소가 아니라 문화 자체가 승부라는 것을 깨닫게 되었다. 어떤 경영 시스템이건 올바른 비전, 전략, 마케팅, 재정 운용을 통해 바른 길로 들어설 수 있으며, 한동안은 잘 해나갈 수 있다. 그러나 문화적 요소가 DNA의 일부가 되지 않고서는 장기적인 성공을 거둘 수 없다."

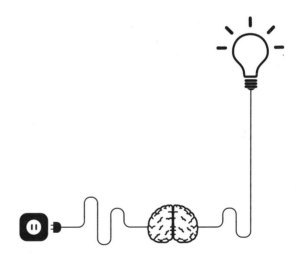

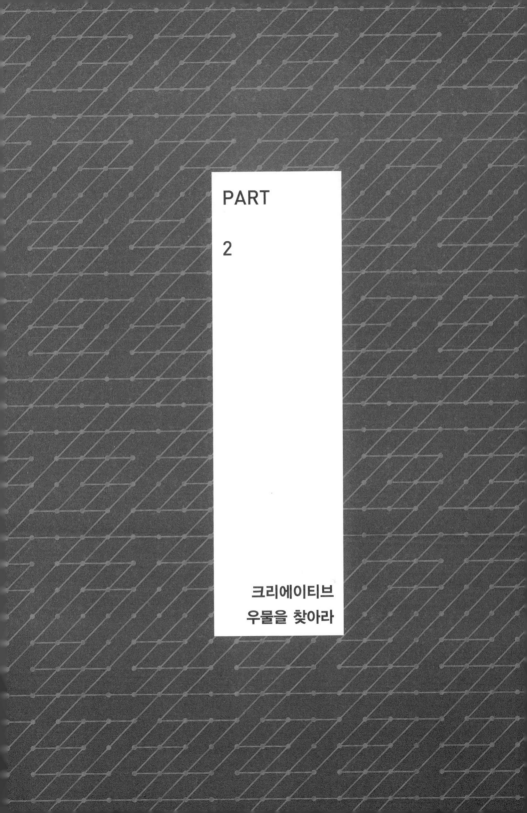

PART

2

**크리에이티브
우물을 찾아라**

1
사람이
아이디어보다
중요하다

● 언젠가 다른 영화사 사장과 함께 점심을 먹는데, 그가 좋은 인재를 구하는 것보다 좋은 아이디어를 구하는 것이 더 큰 고민거리라고 말했다. 〈토이 스토리 2〉 제작 과정에서 정반대 상황을 경험한 나로서는 이해할 수 없는 말이었다. 내가 얻은 교훈은 '아이디어보다 인재가 중요하다'는 것이다. 아이디어는 사람에게서 나온

다. 사람이 없으면 아이디어도 없다. 따라서 사람이 아이디어보다 중요하다.

〈토이 스토리〉〈몬스터 주식회사〉〈월-E〉 등 기념비적 작품들로 20여 년간 컴퓨터 애니메이션 업계의 리더 자리를 지켜온 픽사(Pixar), 긴 침체 끝에 〈라푼젤〉〈겨울왕국〉으로 화려하게 부활한 디즈니(Disney), 세계적인 두 애니메이션 회사를 이끌고 있는 에드 캣멀(Ed Catmull)이 자신의 저서 《창의성을 지휘하라》에서 남긴 말이다. 그는 책에서 많은 사람이 아이디어가 사람과 완전히 분리된 채 독립적으로 형성되고 존재하는 것으로 착각하고 있다며 시종일관 사람, 즉 크리에이티브한 인재의 중요성에 대해 강조한다.

그렇다면 크리에이티브한 인재는 어떤 사람일까? 크리에이티브한 인재에게는 일반적으로 다음의 네 가지 요소가 있다.

① 유창성(Fluency)

유창성이란 특정 상황에서 가능한 한 많은 양의 아이디어를 산출해내는 능력이다. 많은 아이디어가 바로 창조적 문제해결을 보장하는 것은 아니지만, 많은 아이디어 중에서 창조적인 아이디어를 얻을 가능성이 커진다.

② 융통성(Flexibility)

융통성은 다양한 각도로 현상을 파악하는 능력이다. 즉, 기존의 고정된 사고방식에서 벗어나 다양한 해결책을 찾아내고, 현상을 다각적이고 전체적으로 파악하면 아이디어를 생성하는 데 체계적인 탄력성을 제공한다.

③ 독창성(Originality)

독창성은 창조력의 가장 핵심적인 요소로 참신하고 독특한 아이디어를 산출해내는 능력이다. 즉, 기존의 사고나 다른 사람들의 문제해결 방식에서 벗어나 자신만의 독특한 아이디어를 산출하고 문제해결 방식을 고안해내는 능력이다.

④ 정교성(Elaboration)

정교성은 다듬어지지 않은 기존의 아이디어를 보다 세련되고 치밀한 것으로 발전시키는 능력이다. 창조적 사고 과정을 살펴보면 처음부터 완벽한 아이디어가 제시된 경우는 거의 없다. 따라서 정교성은 창조적 사고의 최종 산출과 관련하여 중요한 의미를 지닌다.

창조력 분야의 세계적 전문가인 제프 모지(Jeff Mauzy)와 리처드 해리먼(Richard Harriman)은 다음과 같은 8가지 요소가 크리에이티브한 인재에게 필요하다고 했다.

① 동기-내적 동기(Motivation-intrinsic motivation)

인생에서 무엇을 원하는가? 사랑하는 이에게 어떤 사람으로 기억되고 싶은가? 그러한 바람을 일상생활, 일, 그리고 목표와 조화할 수 있는가? 내부 목표는 외부 목표보다 강한가?

② **호기심**(Curiosity)

흥미를 느끼는 것이 있으면 시간을 내서 그것을 따라가는가? 흥미를 자극하는 것에 대해 매일 배우고 있는가? 매일 즐겁게 보내는가? 그 즐거움에 만족하는가, 아니면 아쉬움을 느끼는가? 단지 다른 사람이 하기 때문에, 또 다른 사람이 시키니까 일을 하고 있는가?

③ **두려움과 스트레스 조절**(Management of fear and stress)

두려움과 스트레스에 압도되지 않을 수 있는가? 걱정에 사로잡혔다가도 곧 마음을 가라앉히고 다시 즐거운 시간을 보낼 수 있는가? 가끔씩 두려움의 원인을 유머러스한 관점에서 볼 수 있는가? 아직 설익은 아이디어라고 해도 다른 사람들에게 이야기할 수 있는가? 주위 사람들의 생각과 다른 의견을 당당히 표현할 수 있는가?

④ **연결 파괴**(Connection breaking)

뭔가 생각했던 것과 다르게 움직일 때 그것을 수용할 수 있는가? 중요한 문제에서 자신이 틀렸다는 사실을 인정할 수 있는가? 환상을 받아들일 수 있는가? 엉뚱해질 수 있는가? 뭔가가 이해되지 않을 때 느껴지는 불확실한 상태를 견딜 수 있는가? 서로 대립되는 두 가지 견해가 양쪽 모두 옳을 수도 있다는 것을 인정하는가?

⑤ **연결 수립**(Connection making)

자신이 생각해낸 것이든 남이 생각해낸 것이든 새로운 아이디어를 좋아하는가? 스스로 생각한 아이디어가 마음에 드는가? 새롭고 재미있는 아이디어에 즐거워할 수 있는가? 지금 당장 주어진 문제나 기회에 관해 우스꽝스러운 아이디어 다섯 가지를 생각해낼 수 있는가?

⑥ 창의적인 평가 능력(Creative evaluation capability)

새로운 아이디어가 지닌 가치를 볼 수 있는가? 어떤 아이디어가 일부는 흥미롭고 일부는 훌륭하고 일부는 문제가 있다는 것을 볼 수 있는가? 아이디어란 메뉴처럼 변할 수 있고, 옷처럼 다양할 수 있고, 찰흙처럼 빚어질 수 있는 것이라고 생각하는가? 실효성이 없는 아이디어라고 해도 흥미를 가질 수 있는가?

⑦ 자신감(Self-confidence)

시간이 걸리더라도 결국은 어떤 문제나 기회에 대한 답을 찾을 수 있다고 생각하는가? 스스로 창의적이라고 생각하는가? 다른 사람들의 아이디어에 귀를 기울이고, 마음에 드는 아이디어는 이용하고, 문제점이 있는 아이디어는 보완할 수 있는가?

⑧ 혁신 능력(Ability to innovate)

당신의 아이디어가 훌륭하고, 충분히 노력을 한다면 다른 사람들이 그 아이디어를 인정하게 할 수 있는가? 다른 사람들의 도움을 받을 수 있다면 어느 정도까지 타협할 수 있는가? 나에게 중요한 것을 결국 이루어낼 수 있다고 느끼는가?

한편 세계적인 경영학자 게리 하멜(Gary Hamel)은 저서 《경영의 미래》에서 창조경제 시대 조직의 성공에 기여하는 인간의 능력을 단계적으로 설명하면서, 이에 대한 기여도를 다음과 같이 백분율(퍼센트)로 나타냈다.

열정(Passion): 35%

창의성(Creativity): 25%

주도력(Initiative): 20%

지능(Intellect): 15%

근면(Diligence): 5%

복종(Obedience): 0%

그의 설명을 요약하자면 이렇다.

가장 아래 단계에 있는 것이 복종이다. 이는 상부에서 하달하는 방향성에 따르고 규칙에 맞게 행동하는 것을 말한다. 가장 기본적인 능력이다. 다음 단계는 근면함이다. 근면한 직원은 책임감이 있다. 따라서 손쉬운 방법이나 지름길을 찾지 않고 양심적이며 체계적으로 일한다. 다음은 지능과 지식이다. 대부분의 회사는 선천적으로 높은 지능을 가진 직원을 채용하기 위해 부단히 노력한다. 그들은 기술을 향상시키고자 하는 사람과 다른 이로부터 최고의 습관을 배우고자 하는 현명한 사람을 높이 평가한다. 지능 위에는 주도력이 있다. 주도력을 가진 사람은 남에게 요청을 받거나 명령을 받을 필요가 없다. 그들은 늘 새로운 도전을 찾고 가치를 창출하기 위해 항상 새로운 방법을 모색한다. 좀 더 높은 곳에 창의성이 있다. 창의적인 사람은 늘 호기심이 많고 억압할 수 없는 사람들이다. 그들은 주저하지 않고 주로 "이렇게 한다면 멋지지 않을까?"라는 말로 얘기를 시작한다. 그리고 마지막 최정상에는 열정이 있다. 열정 때문에 사람들은 어리석은 행동을 하기도 한다. 그러나 열정은 마음속의 뜻을 실현하는 비밀의 열쇠다. 열정을 가진 사람은 기꺼이 장애물을 뛰어넘으며 쉽게 포기하지 않는다. 열정은 전염성이 있어서 한 개인의 노력이 대중운동으로 퍼지게 만드는 중요한 기능이 있다.

그러면서 이렇게 결론을 내렸다.

"오늘날 복종, 근면함, 전문적 지식은 거의 공짜로 살 수 있다. 인도에서 중국에 이르기까지 이미 이런 지식들은 세계적인 저부가가치 상품이 되었다. 창조경제 시대에서 우위를 차지하고자 한다면 단순히 순종적이고 세심하며 눈치가 빠른 직원보다는 상위 능력을 가진 직원이 필요하다. 일에 흥미를 갖고 열정적인 사람들 말이다."

2

이런 사람이
크리에이티브한
인재다

제1장에서 언급한 조직 크리에이티브가 발휘되는 메커니즘과 앞에서 살펴본 여러 크리에이티브한 인재의 특성, 그리고 세계적인 창조적 기업들의 채용 기준들을 토대로 조직에 필요한 크리에이티브한 인재를 정리해보면 다음과 같다.

충분한 지식과 경험을 가진 인재

● 어느 발전 회사에서 터빈 발전기에 문제가 생겨 전문가에게 문제점을 진단해달라고 요청했다. 당시 아무도 그 문제를 밝혀내지 못하고 있었다. 전문가는 직접 가서 상황을 살펴본 다음 분필로 터빈 위에 선을 그어 고장 난 곳에 표시했다. 그러고 나서 1만 달러의 청구서를 제출했다. 발전 회사는 당황한 기색을 감추지 못하며 고액의 청구서에 대한 내역서를 요구했다. 전문가는 순순히 내역서를 작성해주었다.

'분필 값 1달러, 터빈의 고장 원인을 밝히는 데 필요한 지식 비용 9,999달러.'

제1장 '개인 크리에이티브'에서 살펴보았듯이, 창조는 무에서 유를 만들어내는 것이 아니라 유에서 또 다른 유를 만들어내는 일이다. 달리 말하자면 창조적 역량은 어떤 문제에 관한 지식을 토대로 새로운 개념의 해법을 제시하고, 실패하고, 또다시 시도하는 시행착오와 실패 경험의 '축적'을 통해 만들어진다. 다양한 지식과 경험을 가진 인재만이 크리에이티브를 발휘할 수 있다.

이를 위해서 조직은 먼저 각 조직의 직무와 필요 역량을 구체적으로 정의해야 한다. 그래야 거기에 맞는 사람을 뽑을 수 있지 않겠는가? 그런데 대부분의 한국 기업은 그렇지 못하다. 한국 기업의 인재 선발 과정을 야구팀으로 비유하자면 일단 '치고 달리고 받기 잘

하는 사람'을 뽑은 후 야구를 6개월 정도 가르치고, 그 가운데에서 투수, 포수, 야수를 시키는 식이다. 다시 말해 선수들을 어떤 포지션에서 뛰게 할 것인지에 대한 계획 없이 무작정 입단시키는 셈이다. 그렇다면 구글처럼 인재 채용에서 앞서가고 있는 기업의 경우는 어떨까?

이들 기업은 투수, 포수, 야수 등을 몇 명 뽑을 것인지 명확히 정한 후 투수면 평균 자책점, 타자면 타격 등을 꼼꼼하게 살펴 채용하는 식이다. 그리고 선수의 경력, 부상 경험 등을 두루 파악한 후에 단 한 명을 뽑는다. 맞춤형으로 한 포지션당 한 명을 뽑는 것이다. 그래서 이들 기업의 채용 사이트에 가면 직책과 업무가 굉장히 구체적으로 기술되어 있음을 확인할 수 있다. 이에 따라 지원자들은 특정 포지션에 지원하면 된다.

물론 이와 같은 방식을 적용하는 것이 결코 쉽지만은 않다. 특히 연간 수백, 수천 명의 직원을 채용해야 하는 기업은 더욱 그렇다. 그래서 이런 기업들은 대개 출신 학교, 학점, 어학 능력과 같은 이른바 스펙을 중심으로 한 엘리트주의적 접근법을 택한다. 가장 손쉽고 무난한 방법이기 때문이다.

하지만 이 방식은 그럭저럭 '똑똑한 인재'를 고르는 데는 도움이 될지 모르지만, 해당 직무에 꼭 들어맞는 인재, 특히 크리에이티브한 인재를 뽑는 데에는 한계가 있다는 것은 이미 잘 알려진 사실이다. 그렇다면 어떻게 하면 좋을까?

보다 자세한 내용은 뒷장에서 설명하겠지만, 가장 좋은 방법은 오랜 기간 적용해온 지사의 채용 기준과 그에 따른 성과 등 데이터를 면밀히 분석하여 자사에 적합한 방법을 찾는 것이다. 예컨대 구글이 자체 데이터 분석을 통해 아이비리그를 평균 성적 혹은 그 이상의 성적으로 졸업한 지원자보다 주립대학을 수석으로 졸업한 학생을 우선으로 뽑는다든지, 몇몇 직무에서는 아예 학력을 따지지 않는 등의 원칙을 정한 것처럼 말이다.

배운 인재보다 배우는 인재

● '핵심 역량(Core Competence)' 이론으로 잘 알려진, 미국 미시간대 로스 경영대학원 교수 프라할라드(C. K. Prahalad). 그는 세계 최고의 경영사상가를 선정하여 2년마다 순위를 발표하는 유럽의 권위 있는 잡지 〈씽커스 50(The Thinkers 50)〉 리스트에 여러 번 오른 세계적인 경영학자였다. 2010년 숙환으로 타계했는데, 그의 아내는 추도식에서 남편에 관한 비밀 하나를 털어놓았다. 남편이 학기마다 강의 노트를 버렸다는 것이다.

귀중한 강의 노트가 휴지통에 들어 있는 것을 보고 놀란 그녀가 그 이유를 묻자 프라할라드 교수는 이렇게 답했다고 한다.

"내 학생들은 항상 최고의 신선한 생각을 접할 자격이 있어."

지식과 정보의 양이 엄청난 속도로 증가하고 있다. 저널리스트

데이비드 러셀 쉴링(David Russell Schilling)의 2013년 발표에 따르면, 세상에 존재하는 정보의 총량은 약 18개월마다 2배로 증가한다. 그리고 새로운 생물학적 데이터는 약 9개월마다 2배로 늘어나며, 의학 분야의 지식은 2~3년마다 2배로 늘어난다. 동영상의 경우는 미국의 3대 방송사가 지난 60년 동안 제작한 수보다 더 많은 동영상이 단 2개월 사이에 유튜브에 올라간다.

이렇듯 지식과 정보의 양이 빠르게 증가하는 만큼 그 유효성 역시 빠르게 쇠퇴하고 있다. 어제 배운 지식이 오늘은 유효하지 않을 수 있다는 말이다. 1970년대에는 유효성을 잃는 지식 비율이 모든 산업에 걸쳐 연간 10%를 상회했다. 2005년에 실시한 조사에 따르면 지식은 해마다 15%씩 쓸모가 없어지고 있으며, 또 다른 조사 결과에 따르면 고도 기술 부문의 쇠퇴율은 연간 30%에 이른다.

여기서 등장한 개념이 '지식 반감기(The Half-Life of Facts)'다. 이는 방사성 동위원소 덩어리가 절반으로 붕괴되는 반감기를 가진 것처럼, 우리가 알고 있는 지식의 절반이 틀린 것으로 드러나는 데 걸리는 시간을 말한다.

하버드대학의 새뮤얼 아브스만(Samuel Arbesman) 박사가 저서 《지식의 반감기》에서 밝힌 바에 따르면, 실제로 물리학 반감기는 13.07년, 경제학은 9.38년, 수학은 9.17년, 심리학은 7.15년, 역사학은 7.13년, 종교학은 8.76년으로 나타났다.

이 수치는 어디까지나 기초 지식에 관한 것으로, 응용 지식의 반감기는 훨씬 짧다. 어떤 조사 결과에 의하면, 컴퓨터로 배운 지식의 반감기는 1년에 불과하며, 기술대학에서 배운 지식은 3년, 특수 직업 교육 과정을 통해 배운 지식의 반감기는 5년이다. 물론 이 또한 날이 갈수록 짧아지고 있다.

이는 우리가 더 이상 '배운 사람(Learned)'에 머물지 않고 '배우는 사람(Learner)'이 되어야 하며, 기업 역시 '배운 인재'보다 끊임없이 학습하는 '배우는 인재'를 채용해야 함을 의미한다. 과거에는 한번 지식을 습득하면 거의 평생을 써먹을 수 있었지만, 이제는 제아무리 박사라 하더라도 몇 년만 공부하지 않으면 바보(?)가 되고 마는 시대를 살고 있기 때문이다.

그래서 전 세계 230개국 수억 명이 사용하는 모바일 메신저 'LINE(라인)'을 만들어낸 일본 라인주식회사의 CEO 모리카와 아키라(森川亮) 같은 사람은 '학습 의욕이 없는 직원에게 교육하지 마라'고 극단적으로 말한다. 다음은 그가 퇴임을 하면서 쓴 책《심플을 생각한다》에서 이에 관해 언급한 내용이다.

"회사는 학교가 아니다. 당연한 말이다. 회사는 일을 하는 곳이지, 교육기관이 아니다. 그래서 라인주식회사는 교육이나 연수를 실시하지 않는다. 입사 면접에서 '어떤 연수 제도가 있습니까?'라는 질문을 받으면 '이 사람, 뽑아도 될까?' 하고 망설여지곤 했다.

실제로 NHN 재팬 주식회사 시절에는 교육 연수 제도를 실시한 적이 있다. 직원들의 기술 향상을 위해 아주 충실한 프로그램을 준비했다. 그런데 얼마 안 되어 어처구니 없는 사실을 알게 되었다. 의욕이 있는 직원은 참가했지만, 의욕이 없는 직원은 불참했던 것이다. '기껏 실시하고 있으니까……' 하며 의욕 없는 사람을 억지로 참가시킨다 해도 성과는 오르지 않는다. 하려는 마음이 없기 때문에 당연하다.

반대로 의욕이 있는 사람은 자신에게 필요하다고 생각하면 혼자 자율적으로 공부한다. 상사에게 묻거나 책을 읽기도 하고, 학교를 다니기도 하면서. 그렇다면 회사는 사원들의 자발적인 학습을 자금 면에서 지원하는 편이 좋다. 그렇게 결론을 내렸다."

호기심이 왕성한 열정적인 인재

● 어느 날 에디슨은 뉴욕 시 65번가에 있던 에디슨전기회사 사무실로 가는 도중 소화불량 때문에 사무실과 한참 떨어진 브로드웨이역에서 내렸다. 이에 대해 그는 그날 일기에 이렇게 썼다.

"소화불량의 고통을 덜 수 있을까 하는 생각에 사무실까지 3km를 걸어가는 실험을 했다. 그런데 효과가 전혀 없었다."

이후 그는 G부인이 효과가 있다고 일러준 '툴루껌'의 가설을 확인하는 또 다른 실험을 했다. '껌을 씹어 침 분비 기관이 소화효소를 충분히 만들어낸다면 소화불량 치료제 효과를 낼 것이다'라는 생각으로 실험을 한 것이다. 그는 이 실험의 결과를 이렇게 기록해놓았다.

"이 껌에는 소화불량의 고통을 덜 느끼게 해주는 무언가가 있다고 믿는다."

에디슨은 1868년부터 사망하던 해인 1931년까지 63년간 통산 1,093개, 연평균 17개의 발명품을 만들어 특허를 취득했다. 숫자로만 따져봐도 현재까지 에디슨만큼 활발하게 창의력을 발휘한 사람은 거의 없다. 그뿐만 아니라 그의 발명품들은 사람들에게 전혀 새로운 삶의 방식을 제공하는, 말 그대로 획기적인 것들이었다.

흔히들 에디슨을 천재라고 생각하지만 실제로 에디슨은 상당히 평범한 사람이었다고 한다. 그렇다면 어떻게 그가 발명왕이 될 수 있었을까? 앞의 얘기를 통해 알 수 있듯이 그것은 그가 가진 끝없는 호기심 때문이었다.

호기심은 무언가를 탐구해보고 싶어 몸이 근질거리는 데서 시작된다. 아주 어릴 때부터 인간은 미지의 것을 정복하고 싶다는 열망을 드러낸다.

1964년의 어느 연구에 따르면, 어리게는 생후 2개월 된 아기도 여러 가지 문양을 보여주면 익숙하지 않은 문양을 선호하는 경향을 뚜렷이 보인다. 그래서 영국 BBC 방송의 인기 퀴즈 프로그램 〈QI(Quite Interesting)〉 제작팀의 핵심 브레인인 존 로이드(John Lloyd)는 호기심을 원숭이와 구별되는 인간의 '네 번째 본능'이라고 설명한다.

호기심은 지식과 이해에 대한 갈증이며 새로운 경험에 대한 허기다. 호기심은 아는 것보다 모르는 것이 흥미롭다는 깊은 믿음에서 생긴다. 호기심은 탐구하거나 파헤치는 일련의 질문에서 비롯되며 이는 작동 방식을 알기 위해 전자제품을 분해하고 싶어 하는 저항

할 수 없는 욕구로 표현된다.

호기심이 강한 사람은 주위 사람들에게서 배운다. 그들은 이해하고 싶어 하며, 탐문하고, 탐구한다. 그들은 바깥으로 향하고, 다른 사람에게 집중하며, 다른 사람의 생각과 관심사에 흥미를 느낀다. 심리학자들은 호기심을 '구체적 호기심'과 '다양한 호기심'의 두 유형으로 나눈다.

구체적 호기심은 지식을 적극적으로 추구하게 만들며, 이는 더 깊은 전문 지식과 정보에 대한 더 나은 상기로 이어진다. 다양한 호기심은 다양한 원천을 지닌 새로움과 과제를 적극적으로 찾아 나서게 만든다. 또한 열린 자세로 새로운 가능성을 살펴 문제를 재설정하고, 비전통적인 경로를 탐험하며, 더 나은 성과를 내게 만든다.

호기심은 학습과 성장의 근원이자 창조의 핵심이며, 이는 흔히 열정으로 발현된다. 열정은 사람의 감정을 부추기고 움직이게 하는 원동력이다. 원동력 중에서도 가장 강력한 에너지다. 이 에너지는 자신뿐만 아니라 주위의 사람들에게도 영향을 미친다. 에너지로서의 열정은 불가능한 일을 가능하게 한다.

호기심을 지닌 열정적인 인재를 채용하라. 그러면 어떻게 동기를 부여하고 어떻게 관리할 것인가 하는 문제가 대부분 사라진다. 이런 인재들은 가만히 두어도 알아서 제 역할을 다한다.

주도력 있는 독창적인 인재

● 경제학자 마이클 하우스먼(Michael Houseman)이 고객 상담원들의 재직 기간 차이를 밝히기 위한 프로젝트를 진행하다 놀라운 사실을 발견했다. 웹브라우저로 파이어폭스(Firefox)나 크롬(Chrome)을 사용한 직원들이 인터넷 익스플로러(Internet Explorer)나 사파리(Safari) 사용자들보다 재직 기간이 15%나 더 길었고, 결근율도 19%나 낮았다는 점이다.

이어 하우스먼과 그의 연구팀은 판매 실적, 고객 만족도, 평균 통화 지속 시간 등에 대해 거의 300만 건의 자료를 모아서 분석했다. 그 결과 파이어폭스나 크롬을 사용하는 직원들이 판매 실적이 훨씬 좋았고, 평균 통화 시간도 짧았고, 고객 만족도도 높았다. 그들은 인터넷 익스플로러나 사파리를 사용하는 직원들이 입사 120일 후에야 달성한 업무를 90일 만에 달성했다.

왜 이런 차이가 나는 걸까? 하우스먼은 컴퓨터에 관한 기술적 지식과 숙련도 등 다양한 요인을 분석한 결과, 차별화 요인은 바로 그들이 브라우저를 획득한 방법에 있음을 밝혀냈다. PC를 구입하고 나서 처음 켜면 인터넷 익스플로러 또는 사파리가 내장되어 있다. 고객 상담원들 가운데 3분의 2가 내장된 브라우저를 사용했는데, 그들은 더 나은 브라우저가 있지 않을까 의문조차 품지 않았다.

파이어폭스나 크롬을 사용하려면 내장된 기능을 그대로 수용하지 않고 주도력(initiative)을 발휘해서 더 나은 선택지를 찾아야 한다. 바로 그 주도력이 업무 수행 능력을 예측할 수 있는 단서가 된다. 내장된 브라우저를 그냥 사용한 상담원들은 자신이 하는 일에도 똑같은 접근 방식을 적용했다. 그들은 회사에서 준 각본대로 판매했고, 고객 불만을 접수할 때도 표준 절차를 따랐다. 그들은 자신의 직무를 회사가 정해준 고정불변의 것으로 여겼고, 일에 불만이 생기면 결근을 하기 시작하다가 결국 사직했다.

반면 주도적으로 브라우저를 파이어폭스나 크롬으로 바꾼 직원들은 일에 대한 접근 방법이 달랐다. 그들은 고객에게 상품을 팔고, 고객 불만을 해소하기 위한 새로운 방법을 모색했다. 그들은 마음에 들지 않는 상황에 맞닥뜨리면 상황을 바로잡기 위해 노력했다. 자신이 처한 상황을 주도적으로 개선했으므로 그들은 이직할 이유가 없었다. 그들은 자신의 일을 자기가 원하는 방식으로 재창조했다.

우리는 인터넷 익스플로러가 지배하는 세상에 살고 있다. 고객 상담원의 3분의 2가 이미 내장된 브라우저를 사용하듯이, 사람들은 대부분 삶에서 주어진 부분을 바꿀 생각을 하지 않고 그냥 받아들인다. 왜 그럴까?

정치심리학자 존 조스트(John Jost)는 이러한 현상을 '체제 정당화 이론(theory of system justification)'으로 설명한다. 이 이론의 핵심 개념은 사람들은 대세를 거스르지 않고 현상을 유지하는 것이 합법적이라고 합리화하도록 동기 부여 된다는 것이다. 설령 그렇게 합리화하는 것이 자신의 이익이나 자신이 속한 특정 집단의 이익에 반한다고 해도 말이다. 쉽게 말해 '다들 그렇게 하는 데에는 이유가 있을 테니 괜히 건드려 말썽 일으키지 말고 대세에 따르는 것이 좋겠다'는 심리다.

와튼스쿨 조직심리학 교수 애덤 그랜트(Adam Grant)는 자신의 저서 《오리지널스》에서 앞의 하우스먼의 연구 결과를 소개하면서 이러한 주도력이 곧 독창성의 근원이라고 주장한다. 독창성의 가장 큰 특성이 현상을 받아들이기를 거부하고 더 나은 대안을 모색하겠다는 결심이라는 것이다. 이는 '창의성은 당연한 것을 의심하고 익숙한 것을 새롭게 보는 능력'이라는 말과도 상통한다.

이것이 바로 주도력을 가진 독창적인 인재를 채용해야 하는 이유다.

끼를 가진 비주류 인재

● 제약 산업에 종사하는 한 여성 리더와 만났다. 상당히 규모가 큰 실험실 책임자인 여성은 세미나가 끝난 후에 나를 한쪽으로 데려가더니 이렇게 말했다.

"최근에 이사회를 끝내고 나가려는데 전에 연구개발 부서를 책임졌던 부사장이 '요즈음 실험실에 괴팍한 사람들이 충분한지' 묻더라고요."

제약의 세계, 특히 약품 개발의 세계는 이미 '괴팍한 시대'로 접어들었다. 괴팍한 시대에는 괴팍한 사람들이 필요하다.

톰 피터스(Tom Peters)의 《미래를 경영하라》에서 인용한 이야기다. 어디 제약 산업뿐이겠는가. 지금은 그 어느 때보다 괴팍한 인재, 이른바 괴짜가 요구되는 시대다.

톰 피터스는 앞의 이야기를 인용하면서 "괴짜들을 찾아라! 그들을 고용하라! 그들의 말에 귀를 기울여라! 그들에게 모든 비밀을 털어놓아라! 그들을 파트너로 삼아라! 당신의 혁명에 그들을 참여시켜라!"라고 부르짖으며, 괴짜의 중요성을 강조한다. 만약 이러한 괴짜를 채용하는 데 관심이 있다면, 밥 서튼(Bob Sutton)이 자신의 저서 《역발상의 법칙》에서 제시한 '11+1 법칙'을 참고하라고 권한다. 그 가운데 일부를 소개하면 다음과 같다.

- 조직 코드에 적응하지 못하는 지진아를 고용하라.
- 50%는 당신을 불편하게 만드는 사람, 심지어 당신 마음에 들지 않는 사람을 고용하라.
- 필요 없는(혹은 필요 없을지도 모르는) 사람을 고용하라.
- 면접에서 후보자를 보지 말고 아이디어를 보라.

이러한 괴짜들을 다른 말로 표현하자면 '끼'를 가진 인재라고 할수 있다. 창조에는 이런 끼가 필요하다. 그런데 안타깝게도 끼는 교육을 통해서 가르칠 수 없는 부분이다. 따라서 끼를 가진 사람을 제대로 알아보고 채용하는 노력이 요구되며, 더불어 이런 인재가 자신의 끼를 마음껏 발산할 수 있는 환경을 만들어주어야 한다.

물론 이런 부류의 인재를 기꺼이 고용하는 것은 결코 쉽지 않다. 그러나 조직 크리에이티브를 높이겠다는 의지를 가진 기업이라면 총 채용 인력 가운데 일정한 비중 이상을 이런 비주류 인재로 채울 필요가 있다. 모범생 출신들이 좀처럼 해낼 수 없는 일을 이런 끼를 가진 비주류 인재들이 해내는 경우가 많으니 말이다.

비주류 인재를 채용하는 것이 말처럼 쉽지 않은 것은, 어느 조직이든 그 조직에서 오랜 기간 실시해온 인사 정책과 조직문화가 있는데 이들이 그것과 충돌할 위험이 있기 때문이다. 그렇다면 이런 결단을 누가 내릴 수 있을까? 인사를 책임지고 있는 임원이 결정하기는 어렵다. 위험을 감수하고 싶어 하지 않기 때문이다. 결국 최고경영자의 의지에 달렸다. 최고경영자가 조직문화에 순응하는 인물을 선호한다면, 결국 생각이 비슷한 사람들을 채용하게 될 수밖에 없는 것이다.

끼를 가진 비주류 인재를 과감히 고용하라. 창조적인 아이디어는 조직문화에 어울리는 사람이 아니라 조직문화를 풍성하게 만드는 사람들로부터 나온다. 그러려면 우선 직원 채용 면접을 하기 전에 기존 조직에 없는 독창적인 배경, 기술, 인성이 무엇인지를 알아내야 하며, 그 후 채용 과정에서 그런 자질을 지닌 사람들을 우선적으로 고려해야 한다.

독단적인 천재보다 협업 마인드를 가진 인재

● 1960년대 말부터 약 10년에 걸쳐 영국의 헨리 경영대학에서는 팀(Team) 역할 이론에 대한 연구를 진행했다. 그 가운데 뛰어난 지능을 가진 사람들로만 구성된 팀을 '아폴로 팀(Apollo Team)'이라고 명명했다. 당시 미국이 달 착륙 경쟁에서 승리한 것을 기념하는 의미에서 붙인 이름이었다. 그리고 그들의 성과를 분석했다.

그 결과 아폴로 우주선을 만드는 것과 같은 복잡한 일일수록 뛰어난 인재들이 필요하지만, 실제로는 이와 같은 사람들이 모인 조직은 전반적인 성과가 우수하지 않았다. 예상과는 달리 아폴로 팀은 대개 꼴찌를 기록했다.

뛰어난 인재들이 모인 집단에서 오히려 성과가 낮게 나타나는 현상을 '아폴로 신드롬(The Apollo Syndrome)'이라고 한다. 이는 메러디스 벨빈(Meredith Belbin)이 저서 《팀이란 무엇인가》에서 처음 사용했다.

연구 결과, 아폴로 팀원들은 자신의 생각을 다른 팀원에게 설득하려고 쓸데없는 논쟁을 벌이면서 많은 시간을 소모했다. 그러나 누구도 설득당하지 않았다. 문제는 그들 모두가 다른 팀원의 주장이 지닌 맹점을 찾는 데 뛰어나다는 것이었다. 당연히 아폴로 팀은 일치된 결론을 내리지 못했고, 긴급한 일들을 무시했다. 그들은 꼴찌를 하자 서로를 비난하기 바빴다. 뛰어난 사람들로만 구성된 아폴로 팀이었지만 결과는 실망스럽기 그지없었다.

의미 있는 실험은 반복할 가치가 있었다. 연구팀은 여러 해에 걸쳐서 계속 아폴로 팀을 만들었다. 25개의 아폴로 팀 중에서 우승한 것은 3개 팀뿐이었다. 그다음으로 총 8팀 중에서 6위를 6번, 4위를 4번 기록했다. 머리 좋은 사람들을 모아놓은 팀이 이렇게 형편없는 결과를 냈다는 것에 연구팀은 놀랄 수밖에 없었다.

'미국에서 가장 혁신적인 기업'이자 6년 연속 '미국인이 가장 일하고 싶은 회사'로 뽑히며 승승장구하던 거대 에너지 투자회사 엔론(Enron)의 파산 이유도 바로 여기서 찾을 수 있다.

엔론의 창업자 케네스 레이(Kenneth Lay)는 "우리 회사를 경쟁사로부터 차별화하는 것은 우리가 보유한 인재들"이라고 자랑하며, 매년 250여 명의 톱스쿨 MBA 졸업생들을 모셔 오기 바빴다. 그리고 채용한 인재들에게 다른 어떤 기업보다도 매력적인 보수를 주었다. 또한 엔론은 인재가 원한다면 무엇이든 할 수 있는 환경도 제공했다. 젊고, 원기왕성하며 아이디어가 넘치고, 하고 싶은 일이 무궁무진한 젊은 인재들에게 엔론은 천국이었다.

그런데 지난 2001년, 엄청난 이변이 일어났다. 유명하고 총명한 인재들로 가득했던 엔론이 한순간에 무너지고 만 것이다. 그 수많은 똑똑한 인재들은 회사가 도산할 때까지 어떤 경고의 메시지도 읽지 못했고, 결국 퇴직금 한 푼 받지 못한 채 거리로 내몰렸다. 엔론에 막대한 돈을 빌려준 금융기관들도 연이어 문을 닫았다. 도대체 엔론에 무슨 일이 일어났던 것일까?

아이러니하게도 엔론이 몰락한 근본적인 이유는 바로 엔론이 업계에 등장한 지 15년 만에 1,700%의 초고속 성장을 거듭한 원인과 일치한다는 게 전문가들의 분석이다. 엔론의 '인재 제일주의'는 수많은 성공과 영웅담을 낳았지만 그 이상의 부작용도 생겼다.

엔론은 모든 직원을 A, B, C 세 등급으로 나눠 평가하고 A등급에게는 엄청난 보상과 자율성을 줬다. 그러자 회사에는 A등급 인재들이 넘쳐났고, 결국 엔론은 A등급 인재들만의 기업이 되어버렸다. 이들은 끊임없이 새로운 사업을 찾아 자리를 옮겨댔고 큰 실패를 하더라도 아름다운 경험으로 치장해버릴 뿐, 아무런 학습도 하지 않았다. C등급으로 분류된 직원들은 그들대로 의기소침해져서 팀플레이를 할 의지를 상실했다. 그 누구도 궂은일을 도맡아 하며 조직을 위해 꾸준히 기여하는 것을 바라지 않는 기업이 되어버렸다.

과거에는 '천재 1명이 1만 명을 먹여 살린다'는 말이 통했다. 엄격한 위계질서 속에서 전략적 선택은 소수의 천재가 담당하고 나머지 구성원들은 그 선택에 따라 열심히 실행하기만 해도 얼마든지 좋은 성과를 낼 수 있었기 때문이다. 그래서 탁월한 인재를 서로 데려가려고 '인재 쟁탈전(Talent War)'이 벌어졌다. 그러나 불확실성이 극도로 높아진 지금의 시대에 이런 방식으로 조직을 운영하면 심각한 문제가 발생할 수 있다.

탁월한 아이디어는 뛰어난 한 사람의 머리에서 나오는 게 아니라 많은 사람의 협업에서 비롯된다. 많은 아이디어들이 도출되다 보면 그중에 뛰어난 게 나오기 마련이다. 특히 좋은 아이디어는 초기에 매우 불합리하거나 취약한데, 여러 분야의 전문가들이 살을 붙이고 도와주어야 훌륭한 아이디어로 성장한다. 협업이 매우 중요하다는 얘기다.

여러 분야를 경험한 인재, 그리고 여성 인재

● 1960년대 말부터 카네기 멜론대의 아니타 울리(Anita Woolley) 교수를 비롯한 크리스토퍼 채브리스(Christopher Chabris), 나다 하슈미(Nada Hashmi), 톰 말론(Tom Malone) 등 교수 일행은 699명의 사람을 무작위로 추출하여 2~5명의 다양한 집단으로 나눈 다음 광범위한 형태의 브레인스토밍, 판단 및 기획 과제 등 집단 문제해결 능력을 평가했다.

그 결과 대부분의 사람이 일반적으로 집단의 성과를 높여줄 것이라고 기대하는 결속력이나 동기 부여, 만족감과 같은 요소들이 통계적 차원에서 별로 중요하지 않다는 사실을 확인할 수 있었다. 대신 '균등한 대화 기회', '사회직 감수성'과 너불어 놀랍게도 해당 집단에 포함된 '여성 비중'과 아주 강력한 상관관계가 있었다. 여성이 많이 포함된 조직일수록 성과가 우수했으며, 집단 내 여성 수와 집단 지능은 정비례했다.

영국의 직물 직공, 스위스의 시계공, 물리학 석사학위를 받은 미국의 수학자, 아일랜드의 전기 기술자, 독일의 유리 세공 기술자, 아프리카계 미국인 전기공학자, 귀머거리 전신 기술자를 한곳에 모아놓으면 어떤 일이 벌어질까? 에디슨의 경우, 이들 모두의 힘을 합하여 상업적 활용이 가능한 수백 건의 발명특허와 제품을 양산해냈다. 이른바 다양한 인재들로 구성된 최고의 팀을 만든 것이다.

앞에서 언급했듯이 탁월한 아이디어는 뛰어난 한 사람의 머리에서 나오는 게 아니라 많은 사람의 협업으로 이루어진다. 여기서 중요한 것은 사람의 수가 아니라 참여한 사람의 다양성이다. 이질적 지식과 경험을 가진 다양한 사람들이 참여할수록 독창적인 아이디어가 나올 가능성이 커지기 때문이다. 따라서 인재를 채용할 때 인종, 국가, 성별, 연령, 학력, 전공 등에서 다양성을 고려해야 한다.

이 중에서도 한국 기업은 특히 여성 인재의 비율을 높이는 데 보다 많은 노력을 기울일 필요가 있다. 앞의 카네기 멜론대 연구 결과에서 보듯이 조직 크리에이티브를 발휘하는 데 여성의 중요성이 큼에도 불구하고 한국 기업은 여성 인재, 특히 여성 리더의 비율이 현저히 낮기 때문이다.

잘 알다시피 미국의 세계적인 기업들은 임원은 말할 것도 없고 CEO에도 여성이 다수 포진해 있다. GM의 메리 바라(Mary Barra), 야후(Yahoo)의 마리사 메이어(Marissa Mayer), 듀폰(DuPont)의 엘렌 쿨먼(Ellen Kullman), 휴렛팩커드(Hewlett-Packard)의 멕 휘트먼(Meg Whitman), 오라클(Oracle)의 공동 CEO인 사프라 캣츠(Safra Catz)….

해가 갈수록 여성 CEO로 교체되는 비율이 높아지고 있다.

여성 리더 비율의 증가는 세계적인 추세다. 왜 그럴까? 1차적으로는 여성의 사회 참여가 늘어나는 만큼 그 비율도 따라서 증가하는 것으로 볼 수 있지만, 실제적으로는 21세기에 들어 이성보다 감성이 중요시되는 만큼 여성이 남성보다 더 뛰어난 리더십을 발휘하기 때문이라는 게 전문가들의 분석이다.

세계적인 리더십 개발 전문 컨설팅 회사인 젠거 포크먼(Zenger-Folkman)의 공동 대표인 잭 젠거(Jack Zenger)와 조셉 포크먼(Joseph Folkman)은 2011년 7,280명의 계층별 리더를 표본으로 동료와 상사, 부하 등으로 구성된 360도 평가를 통해 남성과 여성의 리더십 효과성을 조사했다. 그리고 그 결과를 2012년 3월 〈하버드비즈니스리뷰〉에 '남성보다 여성 리더가 더 뛰어난가?(Are Women Better Leaders Than Men?)'라는 제목으로 발표했다.

이들이 조사한 결과를 보면 조직 내에서 남성 리더의 비율이 훨씬 높았음에도 불구하고, '리더십 효과성(Leadership Effectiveness)'을 나타내는 16개 역량(Competency) 가운데 12개 분야에서 여성이 앞섰고, 3개 분야는 통계적으로 유의미한 차이가 없었으며, 단 1개 분야에서만 남성이 앞선 것으로 나타났다.

이렇듯 조직 크리에이티브를 촉진하는 데 여성의 참여가 중요하고, 리더십 효과성 면에서도 여성이 남성을 앞선다는 사실이 밝혀진 만큼 여성 인재의 채용을 늘리는 것은 지극히 당연한 일이 아니겠는가?

다양한 문화를 경험한 인재

● 2009년 5월호 〈인성과 사회심리학 저널(Journal of Personality and Social Psychology)〉에 따르면, 미국에 체류하고 있는 유학생들이 미국인 대학생들보다 훨씬 크리에이티브한 것으로 나타났다. 연구진은 외국 생활 경험이 창조력을 향상시키는 이유로 첫째, 외국에 오래 살면 고향에서 접해보지 못한 수많은 새로운 생각과 개념을 대하게 되므로 창조적인 사고를 많이 하게 되고, 둘째, 외국에 오래 머물면 문화적 차이를 피부로 느낄 기회가 많아서 여러 각도로 문제에 접근하게 되며, 셋째, 외국에 나가 있으면 새로운 생각을 좀 더쉽게 받아들일 수 있는 심리 상태가 되므로 창조력을 개발할 기회가 많아지는 것을 들었다.

이러한 연구 결과는 제1장에서 설명했듯이 개인 크리에이티브 발휘의 2가지 요소 가운데 하나가 '자원(resources)', 즉 '다양한 지식과 경험'이라는 측면에서 볼 때 지극히 당연한 결과라고 할 수 있다.

그렇다면 모든 외국 생활 경험이 창조력 향상에 도움이 되는 걸까? 최근 프레데릭 고다르(Frederic Godart) 교수가 이끄는 연구팀이 '해외에서 보낸 시간과 창조력의 관계'를 조사한 연구 결과가 그 답을 주고 있다.

이 연구팀은 패션 산업을 중심으로 스물한 번의 시즌에 걸쳐 수백 개의 패션 업체들이 발표한 컬렉션의 창조성을 바이어와 패션

미평가들이 어떻세 평가했는시를 추석했다.

　연구팀은 조르지오 아르마니(Giorgio Armani), 도나 카란(Donna Karan), 칼 라거펠트(Karl Larerfeld), 도나텔라 베르사체(Donatella Versace), 베라 왕(Vera Wang)과 같은 패션계 아이콘들의 해외 경험을 추적하는 등 크리에이티브 디렉터들의 경력을 살펴보았다. 그 결과, 가장 창조적인 컬렉션은 해외에서 가장 큰 경험을 한 크리에이티브 디렉터들이 일하고 있는 패션 업체에서 나왔지만, 여기에는 다음과 같은 3가지 반전이 있었다.

　첫째, 그들이 해외에서 '거주한' 시간은 중요하지 않았다. 해외에서 '근무한' 시간이 중요했다. 즉, 외국에서 디자인 활동에 적극적으로 관여했는지 여부가 새 컬렉션의 성공 여부를 가늠하는 지표가 되었다. 가장 창조적인 컬렉션은 두세 나라에서 근무한 경험이 있는 디렉터들로부터 나왔다.

　둘째, 크리에이티브 디렉터들이 근무한 외국 문화가 자신의 모국 문화와 다를수록 해외 근무 경험이 창조력에 큰 영향을 미쳤다. 미국인은 한국이나 일본에서 근무한 경우와 비교해볼 때, 캐나다에서 근무하면서 얻은 것은 별로 없었다.

　셋째, 다양한 문화권에 속한 여러 나라에서 근무했다는 것만으로는 충분하지 않았다. 가장 중요한 요소는 심층적 경험, 즉 해외 근무를 얼마나 오래 했는지 여부였다. 크리에이티브 디렉터들에게 단기 근무는 거의 도움이 되지 않았다. 디렉터들이 외국 문화에서 얻은 새로운 아이디어를 소화해서, 그것을 자신이 본래 지니고 있던 시각과 통합할 만한 충분한 시간이 없었기 때문이다. 연구 결과, 디렉터들이 35년 동안 해외에서 근무한 경우 가장 높은 창조력을 보였다.

구글이 그들의 '10가지 핵심 가치' 가운데 하나를 '다양성이 중요하다. 60억 인구를 상대하려면 우리부터 다양해야 한다'로 정하고, 세계 각국의 인재를 두루 채용하는 것도 이런 이유에서다.

게다가 이제는 바야흐로 글로벌 시대가 아닌가? 그러니 앞으로 다양한 문화를 경험한 인재들을 보다 적극적으로 채용할 필요가 있다.

3

크리에이티브한 인재, 이렇게 찾아라

● 서울대 산업공학과 조성준 교수가 '1년 이내에 그만둘 직원 찾기'라는 프로젝트를 진행한 결과, 빨리 그만두는 직원들은 다음과 같은 패턴을 보였다.

첫째, 멀리 사는 사람이었다. 입사할 때 "집이 먼데 다닐 수 있나요?"라고 물으면 열이면 열 모두 "네!"라고 대답하지만, 현실은 그

게 아니라는 것이다. 한국의 신입사원들은 일찍 퇴근할 수 없을뿐
더러 출근은 또 일찍 해야 한다. 안 그래도 힘든데 출퇴근에 4시간
을 쓰고 나면 잠을 못 자니 체력이 달려서 오래 못 다니는 것이다.
둘째, 집은 가깝더라도 통근 수단이 애매한 사람이었다. 버스를 세
번 갈아타야 하면 관둔다는 것이다. 셋째, 조직 내에서 따돌림을 당
하거나, 반대로 5개 이상의 소셜 네트워크에 가입한 사람이었다. 다
음으로 질문이 많은 사람, 지나치게 감성적인 사람 순이었다.

인사 관리 부서는 이런 사람들을 아예 뽑지 않으려 한다. 그런데
여기에는 윤리적인 문제가 있다. 집이 멀어도 열심히 다닐 수 있었
던 사람들까지 처음부터 배제돼버리기 때문이다.

만약 당신이 채용 담당자라면 어떻게 하겠는가? 이런 후보자는
아예 뽑지 않겠는가? 다른 방법을 찾아볼 수는 없겠는가? 실제로
재미있는 점은, 이런 데이터를 인사 관리 부서가 아니라 최고경영
자에게 보여주면 기숙사를 짓거나 통근버스를 준비하게 한다는
것이다.

크리에이티브한 인재는 어떻게 뽑아야 하나? 앞에서 '크리에이
티브한 인재의 특성'은 무엇이며 구체적으로 '어떤 인재를 뽑아야
하는지'에 관해 살펴보았지만 이는 어떤 사람이 크리에이티브한
인재인지를 아는 것과는 별개의 문제이며, 또한 결코 쉽지 않은 일
이다. 앞의 '빨리 그만두는 직원들'의 사례에서 보듯이 채용이라는
것이 단순히 '기술적'인 문제가 아니라 '의지'의 문제이기도 한 까

닭이다.

그렇다면 대체 크리에이티브한 인재를 뽑으려면 어떻게 해야 할까? 지금부터 그 핵심적인 내용을 살펴보기로 하자.

리더의 의지가 무엇보다 중요하다

● 한 선교사가 아프리카 오지로 복음을 전하러 갔다. 그 지역 원주민들은 아침에 눈을 뜨면 먼 길을 걸어가 물을 길어 오는 게 일과였다. 매일 똑같은 일을 반복하는 게 너무도 힘겨워 보였다. 선교사는 혹시나 해서 동네 주변을 샅샅이 뒤져보다가 수맥을 발견했다. 그는 기쁜 마음에 마을의 추장을 찾아갔다.

"마을 어귀 땅속에 수맥이 있는 것을 발견했으니 우물을 팝시다."

추장은 내일 부족 회의를 열어 상의해보겠다고 했다. 선교사는 당연히 우물을 파자는 의견에 동의할 것으로 믿었다. 하지만 부족 회의의 결과는 뜻밖이었다. 추장이 말했다.

"물 길으러 다니느라 바빠서 우물을 팔 시간이 없다네요."

마을 사람들이야 오늘 당장 가족이 먹어야 할 물이 급하니 그렇다고 하더라도, 리더인 추장은 물 문제의 중요성을 인식하고 근본적인 해결책을 찾아야 한다. 그럼에도 불구하고 자신이 해야 할 가장 중요한 일이 뭔지 모르고 있다는 게 문제다.

그렇다면 기업 경영에서 리더가 가장 중시해야 할 일이 무엇일까? 그것은 두말할 것 없이 '인재 관리'다. 기업(企業)은 그 한자가 의미하듯이 사람(人)이 모여서(止) 함께 일(業)을 하는 곳이며, 경영은 바로 이 '사람'에 관한 일이기 때문이다. 어떤 사람을 모아 어떻게 관리하느냐 하는 것, 즉 인재 관리에 기업의 성패가 달려 있다는 얘기다.

인재 관리는 크게 세 영역으로 나눌 수 있다. 어떻게 우수한 인재를 뽑을 것인가 하는 '인재 채용', 뽑은 인재를 어떻게 잘 키울 것인가 하는 '인재 육성', 이런 인재를 어떻게 오랫동안 붙들어둘 것인가 하는 '인재 유지'가 그것이다. 이 가운데 리더가 가장 많은 힘을 쏟아야 할 일은 인재 채용이다. 적합하지 않은 사람을 뽑아 우수한 인재로 키운다는 것은 비효율적일 뿐만 아니라 사실상 거의 불가능하기 때문이다.

리더라면 누구나 원하는 인재를 채용하는 데 어려움을 느껴보았을 것이다. 막상 채용공고를 내보면 지원하는 사람도 별로 없고, 지원자 중에서도 썩 마음에 드는 사람이 없는 경우가 많다. 그리고 때로 우수한 인재라고 뽑았는데 일을 시켜보면 영 아닌 경우도 있다. 그렇다면 왜 좋은 인재들이 우리 회사에 지원하지 않는 것일까?

그 이유는 명백하다. 리더가 말로는 인재의 중요성을 강조하면서도 이를 진정 '급선무'로 여기지 않기 때문이다. 우수한 인재를 채용하는 일이 기업의 성패를 좌우하는 중요한 일이라면 리더는 이 일에 가장 많은 시간을 쏟아야 한다. 그리고 어떻게 인재가 몰려드는 회사를 만들 것인지, 우수한 인재를 선발하려면 어떤 방법을 써야 할 것인지 실무자에게만 맡길 게 아니라 스스로 고민하고 또 고민해야 한다.

구글은 시쳇말로 '인재가 구름처럼 몰려드는' 회사다. 매년 수천 명의 신입사원을 모집하는 구글에는 통상 200만 명 이상이 지원하고, 이들의 이력서를 하나하나 검토하느라 채용 담당자만 수백 명을 두는 등 애를 먹고 있다. 그런데 이 많은 인재의 채용에 CEO가 직접 관여한다면 믿어지는가? 구글이 설립된 후 첫 5년간 창업자인 래리 페이지(Larry Page)와 세르게이 브린(Sergey Brin)은 면접에 둘 중 하나라도 꼭 참석했으며, 2015년 지주회사인 알파벳(Alphabet)으로 자리를 옮길 때까지만 해도 페이지는 모든 채용의 최종 승인을 담당했다고 한다. 이렇듯 리더가 인재 채용을 급선무로 여기니 조직을 우수한 인재로 채울 수밖에.

우수한 인재가 스스로 찾아오는
환경을 만들어라

● 이 회사에는 4가지 없는 게 있다.

첫째, '스펙'이 없다. 회사는 구직자들에게 능력을 묻기보다 "당신이 이 회사에 들어와서 당신 자신을 어떻게 성장시킬 것인가?"라는 미래 포트폴리오에 대해 더 묻는다. 특히 지원자가 얼마나 잠재력과 열정을 가지고 있는지를 눈여겨본다. 또한 정원을 정해놓지 않고 좋은 인재는 정원 없이 뽑는다.

둘째, '상대평가'가 없다. 회사는 그 사람이 가진 능력 자체가 온전히 중요한 것이기 때문에 누구보다 낫고 누구보다 못하고는 따질 필요가 없다고 생각한다. 그래서 인사고과를 할 때 '상대평가' 대신 자신이 세운 목표에 얼마나 도달했는지를 판단하는 '절대평가'를 실시한다.

셋째, '징벌'이 없다. 무징벌은 창립 이래 고수하고 있는 이 회사의 중요한 인사 원칙 가운데 하나다. 성과에서 가장 중요한 것이 열정인데, 징벌은 열정을 갉아먹는다고 여긴다. 그래서 잘못을 벌하는 대신 잘한 일을 칭찬할 뿐이다. 여태껏 정직이나 해고는 단 한 번도 없었다.

넷째, '정년'이 없다. 사람의 능력은 70~80세가 됐다고 갑자기 줄어들지 않는다. 경험 많고 연륜 있는 직원을 잃는 것은 기업으로서도 엄청난 손해다. 그래서 이 회사는 '채용에서 무덤까지!'라는 모토로 평생 고용 보장제를 시행하고 있다. 나이가 많다고 해서 밀려나는 일이 이 회사에서는 절대 없다.

앞의 내용을 보고는 매년 〈포춘〉이 선정하는 '미국에서 가장 일하기 좋은 100대 기업' 가운데 하나가 아닐까 하고 생각하는 사람이 있겠지만, 사실 이 회사는 건설과 기계 분야 공학 소프트웨어 세계 1위라는 타이틀을 가진 한국 중소기업 '마이다스아이티(MIDAS

IT)'다.

마이다스아이티는 이러한 '4무(無) 정책' 외에도 파격적인 복지 제도를 자랑한다. 그중에서도 이 회사의 이형우 대표가 남다른 공을 들이는 것은 바로 '식사'다. 이 회사의 식사는 대충 요깃거리로 때우는 수준이 아니다. 360명 규모의 식사에 14명의 직접 인원이 관여하고 있는데, 주방장과 부주방장은 모두 일류 호텔 출신이다. 셰프가 직접 엄선한 산지 직송의 재료 등 식재료 값만 1인당 1만 5천 원 정도인 고급 호텔식 뷔페가 마음껏 제공된다. 식사 때문에라도 이직하고 싶지 않다는 말이 나올 정도다.

식당 한편에는 즉석에서 원두를 갈아 내리는 커피와 제철 과일 등이 준비되어 있다. 물론 공짜다. 그뿐만 아니라 매월 1회 '시크릿 셰프(The Secret Chef)'라는 이벤트가 있다. 일류 호텔 셰프의 정성 가득한 반조리 형태의 음식 패키지를 레시피와 함께 제공하여 집에서 요리해 가족과 함께 먹을 수 있게 하는 행사다.

24시간 운영되는 사내 피트니스룸과 1년에 두 번씩 여는 마라톤 대회로 직원들의 건강을 챙기는 것도 이색적이다. 신입직원들에게는 운동복과 마라톤화도 지급된다. 실력이 늘어 보스턴 마라톤 대회에 참가하게 되면 참가비와 부대비용 전액을 지원한다.

낮잠 시간 70분이 공식적으로 보장되는 제도도 있다. 매일 정오가 지나면 판교에 위치한 세븐벤처빌딩의 마이다스아이티 동은 70분 동안 불이 꺼진다. 갓 입사한 직원들에게는 수면 베개도 선물로 준다. 두뇌를 많이 쓰는 직원들이 잠깐의 낮잠으로 정신적으로 쉬고, 기억을 정리하고, 정서적으로 안정화되기를 바라는 배려다.

　그런데 이렇게 좋은 복지 수준이 낮은 연봉에 대한 불만을 상쇄하는 도구로 사용되는 건 아닐까, 설마 이런 엄청난 혜택이 있는데 연봉까지 높을까, 하는 의구심이 든다. 하지만 이는 기우다. 마이다스아이티의 대졸 신입사원의 연봉은 웬만한 대기업에 버금가는 수준이다.

　인생의 목적은 행복이며 사람의 행복만이 경영을 완성하는 본질이라고 굳게 믿고 있는 CEO와 '인생의 터닝포인트'로 자기가 몸담은 회사를 손꼽는 직원들이 있는, 그래서 기술을 통해 인간의 행복을 지향하는 엔지니어들의 꿈이라 불리는 회사. 이런 회사에 우수한 인재가 500 : 1의 어마어마한 경쟁률을 뚫고 입사하려고 하는 것은 지극히 당연한 일이 아니겠는가.

　정말 뛰어난 인재는 온 세상을 돌아다닐 자유가 있다. 최고의 쇼를 선택하고 최고의 연봉을 챙길 권리가 있다. 조직은 점점 수동적인 입장으로 밀려난다. 그렇다고 손을 놓고 인재를 기다리기만 하면 될까?

　천만에! 뛰어난 인재를 끌어들이고 계속 보유하려면 무엇보다 조직이 일할 만한 곳이 되어야 한다. 인재가 두둑한 돈 봉투를 받을 뿐만 아니라 멋진 프로젝트를 추진할 수 있는 곳, 다시 말해 자신의 포트폴리오에 '멋진 이력'을 더하고 '나라는 브랜드'에 막대한 가치를 더할 수 있는 곳 말이다.

앉아서 기다리지 말고 찾아 나서라

● 적합한 R&D 책임자를 물색하던 내게 주변에서 한결같이 존 베일리를 추천했다. 타임플렉스(Timeplex)라는 기업에서 R&D 총책임자로 일하고 있는데 능력이 출중하다고들 했다. 존은 내 마음에 쏙 들었다. 성격도 좋은 데다가 젊고, 총명했고, 경험도 많았다.

"존, 나는 당신 같은 사람이 절실히 필요해요. 당신이 들어오면 반드시 회사를 성공시킬 수 있다고 확신합니다. 자일랜에 들어와 주지 않겠어요?"

"글쎄요. 저는 지금 맡고 있는 일이 많아서요."

"평생 월급쟁이로 있지 말고 회사를 크게 키워봅시다."

하지만 그는 우리 회사로 옮기겠다는 약속을 쉽사리 하지 않았다. 나는 "우리 회사에 자문이라도 해달라"고 부탁했다. 그렇게 해서 나는 존을 자주 만났고, 아무리 바빠도 한 달에 한 번 이상은 시간을 내서 함께 저녁을 먹으며 설득을 계속했다.

존이 마침내 '예스'를 한 것은 처음 만난 날부터 6개월이 지난 후였다. 만난 횟수나 들인 공으로 보면 삼고초려가 아니라 십고초려에 해당할 만한 경우였다.

실리콘밸리의 한국계 벤처 기업인 네트워크 장비 업체 자일랜(Xylan)을 창업하여 성공 신화를 쓴 스티브 김의 이야기다. 그는 자신의 책《꿈 희망 미래》에서 이렇게 존 베일리라는 탁월한 인재를 영입하자 그의 밑에서 일하던 10명 이상의 엔지니어들도 따라왔고, 이로 인해 자일랜이 큰 성공을 이룰 수 있었다고 회고한다.

가만히 앉아 있어도 우수한 인재들이 제 발로 찾아온다면 얼마나 좋을까마는 이는 꿈속에서나 가능한 일이다. 진짜 최고의 인재는 일자리를 찾지 않기 때문이다. 유능한 인재는 지금 있는 곳에서 충분한 보상을 받고 있으며 현재 상태에 만족한다. 그렇다면 어떻게 해야 할까?

가능하면 구글처럼 회사 내에 우수한 인재들을 추적하고 관리하는 전담 조직을 만드는 것이 좋다. 구글에는 '지하이어(gHire)'라는 조직이 있는데, 이 부서는 세계 최고의 인재를 찾아내고 배양한다는 목적으로 설립된 구글 내부의 리크루팅 회사다. 이 회사는 링크드인(LinkedIn)을 포함한 다양한 채널을 통해 잠재적인 후보군 명단을 작성하고 이들을 추적 관리한다.

만약 이와 같은 조직을 운영하기 어렵다면 우수한 인재들이 모여 있는 커뮤니티를 탐색하는 것도 좋은 방법이다. 창조적인 인재를 찾으려면 창조적인 커뮤니티에 관련된 사람들을 보내어 찾아보라는 말이다.

상상력이 있는 곳이라면 어디에나 창조적인 커뮤니티가 있기 마련이며, 이런 사람들은 같이 모이는 것을 좋아한다. 예컨대 오스트리아 빈의 커피하우스들에는 명석한 사람들이 넘쳐나 서로가 상호작용을 통해 영감을 주고받았다. 그곳에서 심리학자인 지그문트 프로이트(Sigmund Freud)가 오스트리아의 작곡가인 구스타프 말러(Gustav Mahler)에 대한 성신분석을 실시했고, 구스타프 클림트 (Gustav Klimt)는 비트겐슈타인(Ludwig Wittgenstein) 누이의 결혼식을 그렸다. 마찬가지로 전쟁 후에는 사무엘 베케트(Samuel Beckett), 어니스트 헤밍웨이(Ernest Hemingway), 제임스 조이스(James Joyce), 헨리 밀러(Henry Miller), 에즈라 파운드(Ezra Pound) 및 거트루드 스타인(Gertrude Stein)을 비롯한 전 세계 예술인들이 파리에 모여 출판인 및 서점 주인들 간에 비공식적인 네트워크를 쌓아 영감을 얻었을 뿐 아니라 서로에게 생계를 의지했다.

이런 커뮤니티가 과거에만 존재했던 것은 아니다. 공식적으로 기획된 모임이든 아니면 즉흥적인 회합이든 이런 모임은 주변을 찾아보면 항상 있다. 몇 안 되는 사람들이 모여 공상과학 소설이나 영화에 대해 이야기하는 모임부터 수많은 사람이 참석해 환상적인 프로젝트를 구성하는 모임에 이르기까지 다양한 커뮤니티가 형성되어 있다. 그리고 이러한 곳에는 잠재적인 인재 후보들이 늘 존재한다.

그럭저럭 괜찮은 사람을 뽑아
가르치겠다고 생각하지 마라

● 출생 직후부터 39년간 45마일 떨어진 각기 다른 환경에서 자란 일란성 쌍둥이가 있었다. 그들은 39년간 단 한 번도 교류한 적이 없었지만 동일한 모델에 동일한 색상의 차를 보유하고 있었고, 둘 다

줄담배를 피웠으며, 똑같은 이름의 강아지를 기르고 있었다. 또한 그들의 집에서 1,500마일이나 떨어진 동일한 해변에서 휴가를 즐기곤 했다.

이후 50년간 그들의 삶을 추적한 결과 만족도가 매우 비슷한 수준으로 유지되었으며, 심지어 업무나 회사가 바뀌었을 때도 삶의 만족도에는 거의 변화가 없었다.

또 다른 연구들에서도 한 개인의 삶에 대한 성향은 그 사람의 유전자에 의해 결정되고, 시간이 지나도 일정하게 유지되며, 심지어 일에 대한 성향에까지 전이된다는 점을 분명히 보여준다. 예컨대 활달함과 관련한 개인차는 적게는 35%에서 50%, 많게는 80%까지 유전자에 의해서 결정되는 것으로 밝혀졌다. '즐거움(fun)'을 추구하는 기업 사우스웨스트항공(Southwest Airlines)이 직원을 채용할 때 선천적으로 활달하고 외향적인 사람을 뽑는 데 집중하는 것도 이 때문이다.

아직도 더러 '그럭저럭 괜찮은 사람을 뽑아서 잘 교육하면 되지 않을까' 하고 생각하는 경영자들이 있는데, 그게 정말 가능할까?

결론적으로 말하자면 그럴 수도 있지만 그 효과는 크지 않다. 효과적인 교육을 설계하는 것은 매우 어려운 일이며, 어떤 전문가들은 심지어 교육이 잘 설계되어 있지 않거나 혹은 제대로 전달되지 않는 바람에 교육의 90퍼센트는 성과 개선이나 행동 개선에 지속적인 영향을 미치지 못한다고 말하기까지 한다. 평균적인 능력을 가진 사람을 교육을 통해 슈퍼스타로 키워내는 일은 불가능에 가까운 일이다.

그럼에도 불구하고 이런 일이 가능하다고 주장하는 사람도 있을 것이다. 물론 아주 틀린 말은 아니다. 평범한 직원이 위대한 인재로 탈바꿈한 사례가 적지 않지만, 이런 성공은 대부분 교육의 결과라기보다는 업무의 유형이나 맥락을 바꾼 결과다.

아인슈타인을 보자. 그는 대학을 졸업한 뒤 교사로 채용되는 데 실패했고, 가까스로 취업한 스위스 특허청에서는 제대로 승진을 하지 못했다. 그는 애초에 자기를 스위스 최고의 특허심사관으로 만들어줄 강의를 듣지 않았을 뿐 아니라 교육학 전공 학위도 받지 않았다. 이처럼 본업이 그다지 많은 지식을 필요로 하지 않은 덕분에 그는 본업과 전혀 관련이 없는 분야를 자유롭게 탐구할 수 있었고, 그 결과 물리학자로 성공할 수 있었다.

많은 기업이 기존 직원 교육에 얼마나 많은 예산을 들이는지 자랑함으로써 자사에 모자라는 점이나 자사가 잘못한 일을 감추고 호도하는 경향이 있다. 그렇다고 교육 비용의 지출 자체가 결과의 품질을 보증할 수 있을까? 이는 사람들이 "내 몸은 아주 좋아지고 있어. 이번 달에 50만 원이나 내고 헬스클럽에 등록했거든"이라고 하며 자랑하는 식이다.

결론적으로 기존 직원을 대상으로 한 교육·훈련 예산이 높게 잡혀 있다는 사실 자체는 그 회사가 사람에 많은 투자를 하고 있다는 증거가 될 수 없으며, 오히려 회사가 필요로 하는 인재를 제대로 채용하지 못했다는 증거일 뿐이다.

처음부터 우수한 인재를 채용하는 것이 중요한 또 다른 이유는 그들이 또 다른 우수한 인재를 끌어들이는 역할을 한다는 점이다. 최고 수준의 인재는 무리를 지어 이동하는 동물처럼 서로 따르는 경향이 있다. 이런 인재를 한 사람 구하면 더 많은 인재가 뒤를 잇는다. 전문성과 창조력을 갖춘 인재가 구글에 끌리는 것은 차별화된 구글의 복지 제도 때문이 아니라, 전문성과 창조력을 갖춘 최고의 인재들과 함께 근무하고 싶어서다.

자신만의 원칙을 정하라

● 한번은 어떤 직원이 내게 물었다.

"만일 우리가 인사 관리의 비책을 모든 사람에게 말해버리면 그 사람들이 우리 것을 몽땅 베끼지 않을까요? 그러면 우리가 갖고 있는 우월적인 경쟁력도 사라지지 않을까요?"

나는 설령 그렇게 된다 해도 우리가 손해를 볼 건 없다고 말했다.

"예를 들어 직원 채용을 더 잘한다고 해서 더 많은 인재를 뽑을 수 있는 것도 아닙니다. 어떤 사람이 회사에 들어와서 더 큰 성공을 거둘지 더 잘 파악한다는 뜻일 뿐이지요. 우리는 우리 회사에 들어와서 자기가 갖고 있는 역량을 최대한 발휘할 사람을 원하지, 다른 회사에서 일을 더 잘할 사람을 원하지 않으니까요."

구글의 최고인직자원책임자인 라즐로 복이 자신의 책《구글의 아침은 자유가 시작된다》를 통해 구글의 인사 관리에 관한 세세한 내용을 밝히려는 것을 우려한 직원과 대화를 나눈 내용이다. 복의 답변을 한마디로 요약하자면 구글의 인사 관리 방식은 어디까지나 구글이 원하는 인재를 채용하고 관리하는 것이지, 모든 기업에 통용되는 방식이 아니라는 것이다.

사실 이 책에는 구글이 어떻게 탁월한 인재를 뽑고, 육성하고, 동기를 부여하는지, 그리고 이를 위해 그동안 어떤 시행착오를 거쳤는지 그들의 인사 관리에 관한 모든 것이 '매뉴얼'이라고 할 만큼 자세하게 소개되어 있다. 직원이 우려할 만하다.

그러나 이러한 구글의 방식이 다른 기업에 참고는 되겠지만 복의 말처럼 그대로 적용될 수는 없다. 기업마다 사업이 다르고 환경이 다르고 조직문화가 다른 만큼 원하는 인재도 각기 다르며, 이러한 인재를 채용하는 방식도 저마다 달라야 하는 것이다. 무릇 세상 모든 일이 그러하듯 인재를 채용하는 일에도 왕도가 있을 수 없는 법. 저마다 필요한 인재를 저마다의 방식으로 뽑는 것이 최선의 길이다.

그러려면 무엇보다 자신만의 채용 원칙을 정하고 그 원칙을 철저히 지키는 것이 중요하다. 예컨대 구글은 최고의 인재를 선발하기 위해 다음과 같은 두 가지 핵심 원칙을 적용하고 있다.

첫째, '천천히 채용하라'는 원칙이다. 이에 관해 라즐로 복은 이렇게 말한다.

"지원자들 가운데 최대로 잡아도 10%만이 장차 최고의 성과를 낼 것이므로, 보다 많은 지원자가 찾아오도록 유인해야 하고 또 보다 많은 사람을 면접장으로 불러들여야 한다. 사실 대부분의 업종에서 최고의 성과를 내는 사람들은 대개 새로운 일자리를 찾지 않는다. 지금 있는 곳에서 최고의 성과를 내면서 성공을 즐기고 있기 때문이다. 그런 면에서 어떤 회사의 인적자원 담당자가 한창 잘나가는 업계 최고의 인재를 채용할 가능성은 높지 않다."

그래서 적임자를 찾을 때까지 시간을 두고 기다려야 하며, 아무리 자리가 비어 있어도 기준에 부합하지 않으면 절대로 채용하지 않는다는 것이다. 실제로 구글은 프로젝트를 끌고 갈 적임자를 찾지 못해 부서를 없애거나 심지어 사업 자체를 포기하는 경우까지 있다.

둘째, '자기보다 더 나은 사람을 채용하라'는 원칙이다. 이 원칙은 앞의 원칙과 같은 맥락으로 볼 수 있는데, 이렇듯 인재 채용에 보다 많은 시간을 들일 뿐 아니라 자기보다 더 나은 사람이 나타나길 기다리기 위해서는 채용 문제에 관한 한 관리자가 권한을 포기할 필요가 있다.

그래서 실제로 구글에 새로 발을 들여놓은 관리자들은 이를 무척이나 싫어한다. 관리자는 자기 기준에 따라 자기 손으로 직접 팀원을 선발하고 싶어 하기 때문이다. 그러나 6개월 이상의 시간이 지나면 비록 자신들에게 채용 결정권이 없다는 사실이 그리 유쾌하지는 않지만 채용한 직원들의 수준이 과거에 경험했던 사람들의 수준보다 너 높나는 사실을 깨닫고, 이런 엄격한 채용 과정이 바람직하다고 인정한다고 한다.

사내 인재를 활용하라

● 여러분은 정말 이색적인 경력이 있는 사람을 알고 있을지도 모르겠다. K2를 정복했다든가 올림픽 수준의 하키 실력이 있는 사람, 비평가의 극찬을 받은 소설을 출간한 사람, 대학 시절 내내 우수한 성적을 받고 미술 전시회를 한 번 연 다음 비영리사업을 시작한 사람, 4개 국어를 하고 특허를 3개나 따낸 사람, 인기를 끄는 게임용 앱을 100개나 코드화한 사람, 밴드에서 리드 기타를 치는 사람, 브루노 마스와 무대에서 한 번 춤을 춰본 사람 등등. 만일 이런 사람을 적어도 한 사람이라도 알고 있다면 여러분과 함께 근무하는 사람들이 모두 그 사람을 알고 싶어 할 것은 당연하다.

구글의 전임 CEO 에릭 슈미트가 쓴 《구글은 어떻게 일하는가》에서 옮긴 이야기다. 그는 이 이야기를 예로 들면서 "그렇다면 왜 직원 채용을 채용 담당자에게만 맡기는가? 누군가 뛰어난 능력이 있다는 것을 모두가 안다면, 왜 그런 사람을 채용하는 것이 모든 사람의 업무여서는 안 된다는 것인가?"라며, 채용 업무가 채용 담당자만의 일이 아님을 강조한다.

우수한 인재를 지속적으로 선발하는 일은 무엇보다 이 일이 채용 담당자의 독점적인 업무가 아니라는 것을 이해하는 데서 시작되어야 한다. 그렇다고 해서 경험과 통찰력을 갖춘 뛰어난 채용 담당자의 역할을 무시하는 것은 아니다. 분명 이들의 능력은 우수한 인재를 뽑는 데 없어서는 안 될 요소다.

하지만 소규모의 회사라면 모르겠지만 회사가 일정 규모 이상으로 커지면 문제가 생긴다. 좋은 인재를 빈자리에 충원하는 것보다 머릿수를 채우는 일을 우선시하는 관리자들에게 끌려가게 되기 때문이다. 다시 말해 엄선된 인재를 찾는 것을 포기하고 별 능력이 없는 사람을 뽑거나 적당히 반반씩 섞어 모집해버리자는 유혹을 받기 쉽다는 것이다.

에릭 슈미트가 강조했듯이 구글은 초기에 그리고 그 뒤 여러 해 동안 가장 뛰어난 신입직원을 뽑는 방법으로 사내 직원 추천을 활용했다. 어느 시점에서는 신입직원의 절반 이상이 다른 직원의 추천을 통해 채용됐다. 그런데 2009년에 이르자 그 비율이 점차 줄어들기 시작했고, 이에 놀란 구글은 신입직원 추천이 채용으로 이어질 때 이 사람을 추천한 직원에게 베푸는 보상 수준을 높이기도 했다. 이후 보상 수준과 형식이 달라지기는 했지만 이러한 구글의 사내 직원 추천 제도는 지금도 이어지고 있다.

구글 외에도 많은 기업이 이 제도를 선호하고 있는데, 이 제도의 가장 큰 장점은 어느 정도 검증된 인재를 뽑을 수 있다는 것이다. 그 외에도 사내 직원들이 지인을 추천함으로써 회사에 대한 자부심과 충성도기 높아진다는 점, 너불어 자신이 추천한 사람이 채용된 후에는 그 사람이 조직에 잘 적응하고 성장하도록 관심을 갖고 지원하므로 개인 역량의 향상은 물론 업무 성과도 높아진다는 점 등의 부수적인 효과도 있다.

유능한 인재를 찾아내고 싶은가? 그렇다면 사내의 유능한 인재를 적극적으로 활용하라. 앞에서도 언급했듯이 유능한 인재는 끼리끼리 어울리는 법이다.

면접 환상을 경계하라

● 심리학자 로빈 도스(Robyn Dawes)는 텍사스대학교 의학전문대학원에서 지원자 800명을 면접하고 그 결과를 1점에서 7점까지 점수로 매겼다. 이 점수는 지원자의 성적, 출신 학교와 더불어 합격 여부에 큰 영향을 미쳤다. 대학원은 점수가 상위 350위 안에 든 학생들 중에서만 합격생을 선발했다.

그런데 예기치 않게 텍사스 주의회가 신입생을 50명 더 뽑으라고 요구했다. 하지만 그런 통보를 받았을 무렵 추가로 뽑을 만한 대상자는 면접에서 하위 점수를 받은 학생들밖에 남아 있지 않았다. 결국 대학원 측은 면접 점수가 700~800등인 학생들 중에서 50명을 선발할 수밖에 없었다.

다행히도 신입생들은 누가 면접 점수 700등대이고 누가 100등대인지 알지 못했고, 결국 우연치 않게 면접을 잘 본 사람과 못 본 사람의 향후 성과를 판단해볼 수 있게 되었다. 그렇다면 이 두 그룹 사이에 성적 차이가 있었을까? 없었다. 두 그룹 모두 학위와 우등상을 받은 비율이 동일했다.

하지만 면접 점수 하위권 학생이 학업 성적은 좋을 수 있겠지만 면접을 잘 본 학생은 사회적 기술이 더 뛰어나지 않을까? 그러니 학생들이 대인관계가 중요한 실제 병동에서 레지던트 생활을 시작하고 나면 사회성이 발달한 사람과 그렇지 못한 사람 사이에 뚜렷한 차이가 생기지 않을까?

천만의 말씀. 두 그룹 모두 레지던트 첫해를 비슷하게 훌륭한 성적으로 마쳤다. 면접 점수는 말 그대로 '면접을 잘 보는 능력'을 제외하고는 그 어떤 능력과도 연관성이 없었던 셈이다.

면접 과정에서 이뤄지는 평가의 대부분은 처음 3분에서 5분 사이에 혹은 그보다 더 일찍 이뤄진다는 자료도 많다. 나머지 시간에는 그렇게 쌓인 편견을 확인하는 데 소요된다는 것이다. 면접관은 무의식적으로 자기와 닮은 지원자에게 끌리며, 이는 제아무리 훌륭한 면접 기법을 활용한다고 해도 소용이 없다는 것이 많은 연구를 통해 밝혀진 사실이다.

이런 결과에도 불구하고 아직도 많은 기업이 직원을 채용하는 데 면접을 '전가의 보도(傳家之寶)'로 여긴다. 그렇다면 면접의 효용성에 대한 근거가 희박한데도 왜 우리는 그토록 면접에 의존하는 것일까? 자신이 훌륭한 면섭관이 될 수 있다고 믿기 때문이다. 사람들은 자신이 바버라 월터스(Barbara Walters)나 마이크 월리스(Mike Wallice) 같은 TV 쇼 진행자처럼 인터뷰에 능숙하다고 착각한다. 우리는 면접 한 번으로 상대방을 제대로 파악할 수 있다고 자신한다. 심리학자 리처드 니스벳(Richard Nisbett)은 이것을 '면접 환상(interview illusion)'이라고 부른다.

이는 면접을 통해 실제 파악한 것보다 더 많은 정보를 습득했다고 믿는 성향을 가리킨다. 그는 대학원 입학 과정에서 면접을 학점 못지않게 중요시할 때가 많다며 이렇게 말한다.

"고작 지원 서류를 검토하거나 30분간 면접을 보고 나서 20~40명의 교수들이 3년 반 동안 내린 평가를 모두 합친 것보다 더 정확한 판단을 내릴 수 있다니, 이처럼 불합리한 생각이 어디 있습니까?"

최근 많은 기업이 신입사원을 뽑을 때 스펙보다 사내 직원들의 추천을 우선시하고, 지원자에게 미래에 할 일을 미리 주고 샘플 테스트를 해보거나, 아니면 일정 기간 수습 기간을 거친 후 정식으로 채용하는 경향이 늘어나는 것도 이 때문이다. 사람은 오랜 기간 겪어보지 않고는 결코 진면목을 파악할 수 없다. 이것이 면접으로 능력 있는 인재를 뽑을 수 있다고 착각하는 면접 환상에서 벗어나야 하는 이유다.

감에 의존하지 말고
데이터에 근거하여 결정하라

● 삼성그룹이 빅데이터와 텍스트 마이닝(text mining) 기술을 활용해 2015년 신입사원을 뽑은 것으로 확인됐다. 삼성은 앞으로도 신입사원 공채에 이를 적극 활용하고 적용 범위를 넓힐 계획이다. 삼성그룹 미래전략실 핵심 관계자는 지난 12월 29일 "삼성인력개발원에서 지난 1월 빅데이터와 텍스트 마이닝 기술을 적용한 분석 프로그램을 개발했다"며 "이를 상반기 공채에 부분적으로 활용했고, 10월에 있었던 신입사원 공채에서는 활용 비율을 더욱 늘렸다"고 말했다.

삼성인력개발원이 개발한 프로그램은 지난 20년간 신입사원들이 제출한 이력서와 자기소개서를 텍스트 마이닝 기법을 활용해 분석한 뒤 이를 데이터베이스로 만들었다. 여기에 신입사원들이 입사한 후 달성한 성과와 경력을 추적해 빅데이터화했다.

신입사원 지원자가 제출한 이력서와 자기소개서를 삼성인력개발원이 개발한 프로그램을 활용해 분석하면 이 지원자가 입사 후 어느 정도의 성과를 달성할 수 있을지를 빅데이터 프로그램이 전망하게 된다. 삼성그룹은 2015년 공채에서 이를 적극적으로 활용한 것이다.

앞의 글은 2015년 12월 30일 자 〈매일경제〉에 실린 '관리의 삼성, 올 신입사원 빅데이터로 뽑았다'라는 제목의 기사 일부다.

물론 빅데이터 프로그램만으로 신입사원을 뽑은 것은 아니다. 삼성그룹은 2015년 하반기 공채에서 직무적합성평가를 통과한 지원자에게만 '삼성고시'로 불리는 삼성직무적성검사(GSAT) 응시 자격을 줬고, 이 GSAT 시험 뒤 면접을 통해 합격자를 선발했다. 여기서 빅데이터 프로그램으로 분석한 자료는 당락에 결정적인 역할을 했다. 예를 들어 GSAT에서 아무리 높은 점수를 받았더라도 빅데이터 프로그램 분석 결과 향후 성과가 좋지 않을 것으로 전망되면 탈락하는 식이다. 삼성그룹 관계자는 "실제로 GSAT 점수는 낮았지만 빅데이터 분석에서 높은 점수를 받아 합격한 지원자들이 많았다"고 말했다.

빅데이터 프로그램은 또 자기소개서에 특정 또는 지나치게 많은 미사여구를 쓴 지원자를 선별해 거의 전원 탈락시키는 데도 활용됐다. 삼성그룹 핵심 관계자는 "지난 20년간 신입사원 자기소개서를 빅데이터로 분석해보니 지나치게 많은 미사여구를 쓴 신입사원들이 입사 후 이룬 성과가 평균에 훨씬 못 미쳤다"고 말했다.

삼성그룹은 빅데이터 분석 결과를 신입사원 선발뿐 아니라 합격자들을 적재적소에 배치하는 데도 적극 활용했다. 삼성전자 관계자는 "이 프로그램 분석 결과 중 가장 의미 있는 자료가 합격자가 어떤 자리에서 어떤 성과를 냈느냐 하는 점이기 때문에 인력 배치에도 도움이 될 것으로 보인다"고 말했다.

이렇듯 채용을 포함한 인사 관리 전반에 걸쳐 데이터를 가장 적극적으로 활용하는 기업은 구글이다. 오래전부터 구글은 인재를 추천받는 방식부터 접수 서류의 내용은 물론 면접 팀의 구성과 면접 횟수, 그리고 질문 내용에 이르기까지 채용 방법과 그 결과를 데이터화해서 정확도를 높여가고 있다. 그뿐만 아니라 탁월한 팀을 만드는 핵심적인 리더십의 요소가 무엇인지, 어떠한 방식의 교육이 인재 육성에 효과적인지, 심지어 어떤 보상 형태가 직원들의 동기부여에 실질적으로 기여하는지 등 감(感)이 아닌 데이터에 근거하여 의사결정을 하고 있다.

이게 전부가 아니다. 구글은 채용, 해고, 급여, 승진 등과 같은 인사 문제에는 절대로 의사결정자가 일방적으로 결정할 수 없도록 규정하고 있다. 인사에 관한 문제는 사람마다 시각이 다를 수 있기에 신중에 신중을 기하는 것이다.

많은 기업의 리더들이 기술적인 문제를 다룰 때는 과학적 엄밀성을 요구하다가도 일상적인 경영 활동, 특히 인사 문제에서는 자신의 경험이나 감에 의존하는 경향이 있는데, 이는 아주 잘못된 관행이다. 경영은 과학이 아니라고 하지만 가능한 한 과학적인 방법으로 의사결정을 하는 것이 올바른 경영이라는 것. 어쩔 수 없이 감에 의존한 의사결정을 해야 하는 경우도 있겠지만 결코 감이 과학적 판단에 앞설 수 없다는 것을 염두에 두어야 한다는 말이다.

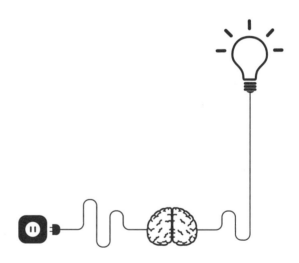

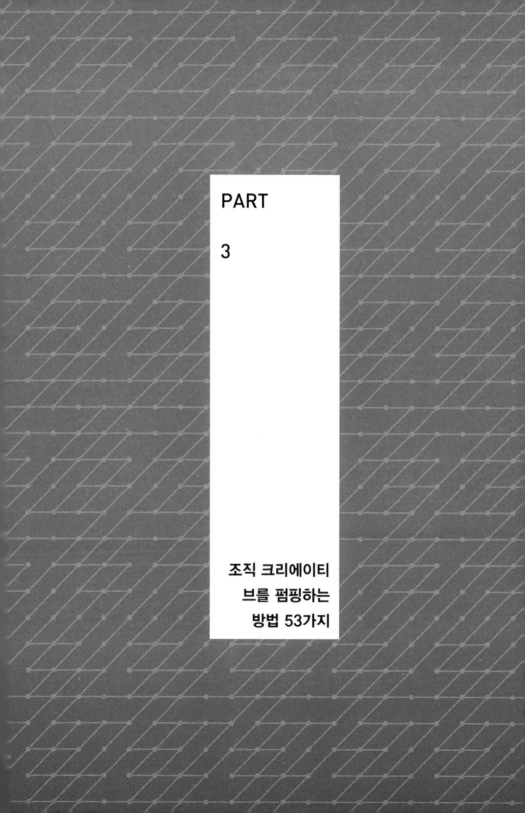

PART

3

조직 크리에이티
브를 펌핑하는
방법 53가지

1
행복한 직원이 크리에이티브를 발휘한다

● 코넬대학의 앨리스 아이센(Alice Isen) 교수는 학생들을 두 그룹으로 나눠 한 그룹에는 감사의 표시라며 사탕 몇 개를 나눠주고 다른 그룹에는 아무것도 주지 않았다. 그리고 다음과 같은 창의성 테스트 문제를 풀게 했다.

빈방의 천장에 밧줄 두 개가 늘어뜨려져 있다. 밧줄은 거의 바닥에

닿을 정도로 늘어져 있다. 문제는 이 두 밧줄의 끝을 묶어 연결하는 것이다. 그런데 하나의 밧줄을 잡고 다른 밧줄 가까이 가면 줄이 짧아서 닿지 않는다. 주위를 둘러봐도 방 안에는 나무 의자 하나가 있을 뿐이다. 자, 과연 해결 방법은 무엇일까?

해결 방법은 한 밧줄 끝에 의자를 묶어서 추처럼 흔드는 것이다. 밧줄 하나에 의자를 매달아서 흔든다. 그러고는 다른 밧줄을 끌어와서는, 의자를 추로 삼아 흔들리는 밧줄이 다가올 때 잡아서 의자를 풀고 두 밧줄을 묶으면 된다. 문제의 핵심은 의자라는 사물을 밧줄을 흔들 수 있는 일종의 무거운 추로 바라볼 수 있느냐 하는 '기능적 고정성'을 극복하는 능력이다.

실험 결과, 두 그룹 사이에 지능이나 학력 수준에 차이가 없었음에도 불구하고 사탕을 받아 기분이 좋아진 그룹이 훨씬 문제를 잘 해결했다.

이 실험 결과는 긍정적인 정서는 일시적으로 유발된 아주 작은 것이라 할지라도 인지 능력을 뚜렷하게 향상시킨다는 것을 말해준다. 이후 많은 연구를 통해 긍정적 정서가 사고의 유연성을 높이고, 창의성과 문제해결 능력을 향상시키는 것으로 확인됐다. 결론적으로 행복한 사람이 크리에이티브를 발휘한다는 것이다. 요즘 많은 기업이 '일하기 좋은 회사'를 주창하고 있는 것도 이 때문이다.

미국의 경제 전문지 〈포춘〉은 매년 초 '미국에서 가장 일하기 좋은 100대 기업(100 Best Companies to Work for)'을 선정하여 발표하고 있는데, 여기에 뽑힌 기업을 통상 'GWP(Great Workplace)'라고 부른다. 직원들이 일하기 좋은 최고의 직장이라는 뜻이다. 그렇다면 과연 GWP 기업의 경영 성과는 어떨까?

10년 동안 〈포춘〉이 선정한 GWP 기업의 재무 성과를 분석한 결과 'S&P 500대 기업'과 'Frank-Russell 3000 기업'에 비해 사업의 위험도 같은 다른 요소를 감안해도 포트폴리오 수익률이 2배 이상 높으며, 해를 거듭할수록 성과 차이가 더 벌어지는 것으로 나타났다. 이는 결국 직원 만족도가 높은 기업일수록 외적 환경에 크게 좌우되지 않고 지속 성장이 가능한 기업으로 번영할 수 있음을 시사한다.

이러한 결과는 GWP 기업 이직률이 일반 기업의 평균 이직률보다 월등히 낮다는 점과도 관련이 있다. 제조업의 경우 GWP 기업 이직률은 8%인 데 비해 일반 기업은 16%였고, 서비스업은 GWP 기업이 19%, 일반 기업은 50%로 큰 차이를 보였다. 소매유통업의 경우는 GWP 기업이 14%에 머문 반면 일반 기업은 무려 53%에 이르렀다. 결국 GWP 기업은 일반 기업보다 퇴사와 재고용에 따른 비용을 훨씬 더 절약하고 있는 셈이다.

사람은 왜 일을 하는가? 사람은 기본적으로 생계를 유지하기 위해 일한다. 빵 없이는 살 수 없기 때문이다. 하지만 사람이 빵만으로 살 수 없듯이 생계를 위해서만 일을 하는 것은 아니다. 사람은 생계를 위해 돈을 버는 한편 자신의 욕망을 충족시키고, 꿈을 성취하고, 행복을 유지하기 위해 일한다. 일터는 부가가치를 창출하는 곳이어야 할 뿐 아니라 직원들의 성장이 이루어지는 곳이어야 하며, 나아가 즐거움과 재미를 느낄 수 있는 곳이어야 한다.

오늘날 직장인들은 잠자는 시간을 제외한 대부분의 시간을 일터에서 보낸다. 일터가 무미건조하고 일하는 것이 고통이라면 이는 참으로 불행한 일이다. 그뿐만 아니라 일터가 즐거움과 보람을 주지 못하면 직원들의 열정을 끌어낼 수 없고, 결과적으로 좋은 성과를 기대할 수 없다. 다시 말해 직원이 행복해야 성과가 난다는 말이다.

"자포스를 만난 것은 내 인생 최고의 행운이다. 매일 아침 눈뜨면 회사 갈 생각에 가슴이 설렌다. 주말에는 월요일이 너무 멀게 느껴져 참을 수 없을 정도다."

이는 2009년 이후 연속 GWP 상위권 기업으로 선정된 세계 최대의 온라인 신발 판매 회사 자포스(Zappos)의 어느 직원이 한 말이다. 이토록 행복한 직원들로 구성된 회사가 어찌 탁월한 성과를 내지 않겠는가?

01_ 직원 행복도를 높여라

군이 연구 결과를 들먹이지 않더라도 행복한 직원이 더 높은 창의성과 생산성을 발휘한다는 것은 이제 상식으로 통한다. 구글을 포함한 세계적인 기업들이 직원 행복도를 높이기 위해 많은 노력을 기울이는 것도 이 때문이다.

문제는 인간의 적응력이 워낙 뛰어나 행복이 오래 유지되지 않는 다는 것이다. 승진을 했거나 새로운 고객을 유치했거나 자기만의 사무실이 생겨 행복한 것도 잠시, 긍정적인 감정은 점차 사라지고 그리 오래가지 않아 평소의 기분으로 돌아가 버린다.

그렇다면 어떻게 해야 할까? 최근 심리학자들은 인간의 적응 과정을 늦춰서 행복 경험을 연장하는 방법에 관해 연구하기 시작했는데, 미국의 사회심리학자 론 프리드먼(Ron Friedman)은 다음과 같은 여섯 가지 요소를 고려하라고 조언한다.

첫째, 빈도가 크기보다 중요하다.

긍정적 경험은 익숙함이 필요하다. 횟수가 늘어날수록 행복의 기준치로 돌아가는 데 오래 걸린다. 결국 자주 느끼는 작은 기쁨이 가끔씩 느끼는 커다란 기쁨보다 행복을 오래 유지하게 만든다. 예컨대 1년 동안 주말마다 가는 짧은 여행이 단 한 차례 2주일의 휴가 여행보다 낫다.

이는 기업 관점에서 매우 심오한 의미가 있다. 긍정적인 연례행사는 분기별로 나눠져 있어야 더 기분 좋다. 연말에 보너스를 몰아서 지급하는 것보다 분기별로 나눠서 지급하는 것이 너 효과적이다. 그리고 최신 에스프레소 머신을 구비하거나 냉장고에 맛있는 간식을 채워 넣는 등 비교적 저렴한 혜택이 일 년에 한 번 하는 큰 폭의 연봉 인상보다 직원들의 일상적 행복 지수를 지속시켜주는 데 효과적이다.

직원의 관점에서 보자면 이러한 각종 혜택은 일시적으로 기분을 좋게 해주는 것 이상이다. 회사가 직원에게 신경을 쓰고 있다는 확실한 메시지를 전달한다. 금전적 보너스는 성과급이지만 작은 혜택은 심리적 효과를 촉진하여 동기 부여에 기여한다. 연구에 따르면 현금과 동일한 가치의 복지 혜택이 현금 보너스보다 동기 부여에 훨씬 효과적이다.

둘째, 다양성을 제공하라.

다양성은 행복에 적응되는 것을 늦춘다. 뇌는 상황에 빠르게 적응하도록 되어 있어, 아무리 긍정적인 사건이라도 반복적으로 발생하면 감동이 떨어진다. 예측 가능한 환경에서는 뇌가 자동 조절 장치 모드로 바뀌면서 변화에 둔감해진다. 다양한 경험을 제공해야 행복한 감정이 지속적으로 유지된다.

직장에 다양성을 제공하는 좋은 방법은 계절마다 직원들을 위한 이벤트를 만드는 것이다. 회계 및 금융 자문 전문 업체 플랜트앤모란(Plante&Moran)에서는 더운 계절에는 아이스크림을, 기온이 떨어지면 애플 사이다와 도넛을 직원들에게 나눠준다. 여름에는 바비큐 파티, 가을에는 해산물 파티와 핼러윈 호박 조각 대회, 겨울에는 칠리 만들기 대회 등의 이벤트가 회사의 전통으로 자리 잡았다.

셋째, 예상하지 못한 기쁨이 더 크다.

심리학 교수 소냐 류보머스키(Sonja Lyubomirsky)는 남녀가 초기 데이트를 할 때 서로에게 강한 매력을 느끼는 것이 새로운 면을 보기 때문이라고 한다. 데이트 초기의 남녀는 서로의 관심사, 과거, 목표 등 새로운 면을 발견하는 재미로 서로에게 몰입한다. 하지만 시간이 지나면서 서로에 대한 새로운 발견이 시들해지면 상대에 대한 매력도가 떨어지게 된다.

직장도 마찬가지다. 처음 합류할 때는 매일 새로운 사람을 만나고 새로운 장소를 탐구하며 회사의 새로운 관행을 배우며 즐거워한다. 그러나 어느 날 놀라움이 멈추며 행복감도 떨어진다. 회사에 대한 거의 모든 것을 알게 되고 대부분의 상황이 뻔히 예측되기 때문이다. 놀라움을 활용한 행복감 유지가 필요한 이유다.

영화관을 통째로 빌려서 전 직원이 함께 영화를 관람하거나, 하루 동안 마사지 테라피스트를 불러 사무실을 돌아다니며 마사지를 해주거나, 생일을 맞은 직원에게 연예인 성대모사 전문가가 전화를 걸게 하는 방법 등이 있을 수 있다. 중요한 것은 일시적 개선이 아니라 긍정적 기대를 지속적으로 제공하는 환경을 만드는 것이다. 그런데 역설적이게도 대부분의 기업은 해고, 부서 개편, 상품 단종 등 부정적 정보를 놀라움에 활용하는 경우가 많아 아쉽다.

넷째, 경험이 물품보다 더 의미 있다.

연구 결과에 따르면 열기구 타기, 와인 수업, 해외 여행 같은 경험이 평면 TV, 비싼 양복, 명품 가방 등과 같은 물품 구매보다 행복지수를 더 올려준다. 경험에는 다른 사람들이 개입되고, 타인과 함께하면서 행복감이 더 높아지기 때문이다. 경험은 새로운 생각과 환경에 노출시켜 지적 호기심을 키우고 시야를 넓혀주는 반면, 물품은 혼자 사용하며 즐기는 경우가 많아 효과가 제한적이다.

또한 경험은 물품과 달리 시간이 흐를수록 더 좋아진다. 예전에 다녀온 여행을 떠올려보라. 연구에 따르면 사람은 과거의 일을 대개 긍정적으로 기억하는 경향이 있다. 하지만 옷장 서랍에 넣어둔 값비싼 시계는 어떤가? 긁힌 자국이라도 나면 처음 샀을 때만큼 멋져 보이지 않는다.

부서별 예산과 관련된 선택을 할 때 이 사실을 떠올리는 것이 좋다. 콘퍼런스에 보내거나, 단체 여행을 후원하거나, 주말 가족 여행 보내주기 등과 같은 예산에 관심을 가져야 한다. 직원들의 경험에 투자하는 것이 새로운 사무실 가구나 전화 시스템 업그레이드에 투자하는 것보다 훨씬 가치 있다. 물론 사무실 비품이나 전화 시스템이 직원들에게 좌절감을 줄 정도라면 그쪽에 투자하는 것이 합리적이다.

다섯째, 오감을 활용하라.

연구에 따르면 카페, 향초 가게, 빵집 앞에서 이유도 없이 냄새만으로도 행복해진다고 한다. 흥미롭게도 이런 기분 변화는 행동에도 영향을 끼친다. 행복감은 타인을 기꺼이 도우려 하게 하고 경쟁심을 누그러트리고 너그럽게 만든다.

음악 역시 무의식적으로 기분을 좋게 한다. 심박수는 우리가 듣는 소리와 동조하는 경향이 있다. 테크노 음악을 들으면 맥박이 빨라지는 반면 느린 음악을 들으면 맥박이 느려지고 긴장이 풀린다. 소매 업체들은 오랫동안 쇼핑객들에게 영향을 끼치는 도구로 음악을 사용해왔고, 그 효과 역시 이미 증명되었다.

이를 활용하면 평범한 직장에서도 직원들의 기분을 상승시켜줄 수 있다. 휴게실에 라벤더 향주머니나 생화를 놓아두면 기분이 전환된다. 복도에 재즈가 흐르거나 휴게실에 직원들이 좋아하는 노래를 틀어주는 것도 그렇다. 오감을 활용한 직장 환경 변화는 의외로 큰 효과를 낸다.

여섯째, 감사는 행복이다.

심리학자들은 삶에서 감사한 부분을 생각하는 것만으로도 관점이 바뀌는 효과가 있음을 발견했다. 현재 상황에 감사한 마음을 가지는 것만으로도 행복 지수가 올라가고 미래도 낙관하면서 업무의 질이 올라간다는 것이다.

연구자들은 삶에 감사하는 마음을 갖는 방법으로 감사 일기를 쓰라고 권한다. 매일 감사한 일을 쓰는 것만으로 건강한 사고방식이 길러지고 우울증에 빠질 위험이 줄어든다. 하지만 이는 개인에게는 효과적일 수 있지만 조직 차원에서 시행하기에는 어려움이 따를 수 있다. 그렇다면 직원들이 감사함을 느끼게 하려면 어떤 방법이 좋을까?

몇 주에 한 번씩 공동의 성과를 공유하는 시간을 마련하는 것도 좋은 방법이다. 각자 해야 힐 일을 논의하는 일반적인 회의와는 달리, 성취된 것을 토론하는 회의를 자주 갖는 것이다. 이런 형태의 회의에서는 직원들이 자신의 성취에 대한 동료의 도움과 공헌에 감사하는 마음을 드러낼 가능성이 크며, 조직 내 감사를 표현하는 관행이 만들어지기도 한다.

02 활발한 대화가 행복감을 높인다

웨어러블 센서를 활용한 인간 행동 연구의 세계 1인자로 통하는 일본 히타치(Hitachi) 중앙연구소장 야노 가즈오(失野和男) 공동 연구팀은 '비즈니스 마이크로스코프(Business Microscope)'라는 이름의 명찰형 웨어러블 센서를 이용하여, '모시모시핫라인'이라는 콜센터를 대상으로 사람의 신체 움직임이 의미하는 바를 찾아내는 실험을 했다.

이 콜센터에는 전화를 걸어 상품과 서비스를 판매하는 발신 콜센터와, 고객으로부터 상품과 서비스 관련 문의 전화만 받는 착신 콜센터가 있다. 실험은 상품과 서비스를 판매하는 발신 콜센터를 대상으로 했다.

연구팀은 전화를 거는 상담원과 감독, 지원하는 슈퍼바이저 등 모든 관계자에게 명찰형 센서를 목에 걸게 하고 대화 여부, 시각별 머문 위치, 센서의 흔들림 패턴 등을 측정했다. 또 상담원 숙련도나 근무 연수 같은 데이터를 연결해서 개인 특성을 파악하기 위해 설문 조사도 함께 실시했다. 1시간 동안 전화를 걸어 판매에 성공한 건수를 수주율이라고 하는데, 이 데이터도 수집했다.

실험 결과 놀라운 사실이 드러났다. 콜센터 수주율은 매일 달라지는데, 처음에 연구팀은 그것이 날마다 상담원이 교체되기 때문일 것이라고 생각했다. 상담원 중에는 1주일에 며칠만 일하는 사람이 많았고, 이 때문에 상담원의 평균 숙련도가 날마다 오르락내리락했다. 따라서 숙련도가 높은 상담원이 많은 날에는 수주율이 올라가고, 반대로 숙련도가 낮은 사람이 많으면 내려갈 거라고 예상한 것이다.

그러나 데이터 분석 결과 그런 상관관계는 나타나지 않았다. 관계자들은 아무런 의심 없이 숙련도가 수주율에 큰 영향을 미친다고 믿었지만 사실이 아니었다. 또한 전화 업무가 적성에 맞는 사람이 있고 그렇지 않은 사람이 있다고 믿었지만, 분석 결과를 보니 개인의 성향과 수주율은 관계가 없었다.

수주율은 뜻밖에도 다른 요소와 관계가 있었다. 그것은 휴게실에서 나누는 대화의 '활발도'였다. 상담원들이 휴식 시간에 잡담을 많이 나누는 날에는 수주율이 올라갔고, 그렇지 않은 날에는 수주율이 내려갔다. 대화의 활발도는 상담원이 목에 건 센서의 흔들림 패턴을 지표로 만든 것으로, 대화가 활발하면 신체 움직임이 많아지고, 이것이 가속도 센서에 나타난다.

그러나 대화의 활발도와 수주율의 관계만 보면 어느 쪽이 원인이고 어느 쪽이 결과인지 알 수 없다. 상담원들이 휴게실에서 대화를 활발하게 나누었기 때문에 수주가 호조를 띠었다고도 볼 수 있는 한편, 수주가 호조를 띠었기 때문에 일이 잘 풀린 성취감에 취해 내화도 탄력을 받아 더 활발했다고 볼 수도 있다.

그래서 연구팀은 휴식 시간에 더 많은 대화를 나누도록 유도하기 위해 정책적으로 비슷한 또래의 상담원을 4명씩 한 팀으로 묶어 동시에 쉬게 했다. 그 결과 대화 활발도가 10% 높아지고 수주율이 13% 상승했다. 이로써 대화 활발도와 수주의 인과관계가 명확해졌고 아주 간단한 정책만 펴도 생산성을 크게 향상시킬 수 있다는 사실을 알게 되었다.

이런 결과는 콜센터에만 국한된 것일까? 혹시 전화를 걸어 상품과 서비스를 판매하는 업무에서만 나타나는 독특한 현상은 아닐까? 아니면 회사의 문화나 업무 방식과 관련 있는 것은 아닐까? 더욱이 남의 눈치를 잘 보고 주위 분위기에 쉽게 영향을 받는 일본인의 특성 때문은 아닐까? 가령 개인주의적인 성향이 강한 미국에서는 전혀 다른 결과가 나오지 않을까? 이런 의문에 어떤 답을 내리느냐에 따라 결과에 대한 의미와 해석이 완전히 달라진다.

사실 답은 이미 나와 있다. 착신 콜센터를 대상으로, 그것도 미국 은행을 대상으로 한 실험이 MIT 미디어랩 알렉스 펜틀랜드(Alex Pentland) 연구팀에 의해 이미 실시되었다.

이 실험에서는 전화 상담원의 생산성 지표인 1건당 처리 시간을 기준으로 삼았는데, 이 역시 상담원의 휴식 중 대화 활발도에 크게 영향을 받고 있었다. 또 숙련도나 성격, 능력 등 다른 요인을 모두 합해도 휴식 시간 중 대화 활발도가 미치는 영향보다 적었다. 그래서 따로따로 쉬어야 했던 상담원들을 정책적으로 가급적 몇 명씩 같이 쉬게 했더니 생산성이 최대 20%나 향상되었다. 급기야 모든 콜센터에서 이 정책을 시행함으로써 1000만 달러 이상의 비용 절감 효과를 거둘 수 있었다.

여기서 중요한 사실은 착신 콜센터냐 발신 콜센터냐 하는 직무 문제도, 국가별 문화 차이도 결과에 영향을 미치지 않았다는 점이다. 같은 콜센터라고 해도 발신 부서와 착신 부서는 업무 성격이 서로 다르다. 게다가 미국과 일본은 사내 규칙과 절차, 문화 등이 크게 다르다. 그런데도 같은 결과가 나온 것이다.

03 행복은 전염된다

또 한 가지 흥미로운 점은 신체의 활발한 움직임은 전염된다는 것이다. 주위 사람들이 활기차면 자신도 활발해지기 쉽고, 주위 사람들의 움직임이 정체되어 있으면 자신도 정체된다. 이것은 방대한 데이터 측정과 분석을 통해 확인된 사실이다. 우리는 단순하게 자신의 신체는 자신의 마음이나 뇌가 지배한다고 여기지만, 실제로는 주위 사람들에게서 상당한 영향을 받고, 동시에 주기도 한다.

나아가 신체 움직임의 활발도와 행복의 연관성은 중요한 의미를 갖는다. 신체 움직임이 전파된다는 사실은 행복 역시 이 사람에게서 저 사람으로 연쇄적으로 전염된다는 것을 의미하기 때문이다. 집단적 신체 움직임이 활발해짐으로써 주관적 행복이 영향을 받는다는 사실이 증명된 것이다.

이를 인정한다면 행복이란 사실 집단 현상인 셈이다. 행복은 개인 안에서 폐쇄적으로 생겨나는 현상이라기보다 오히려 집단 안에서 사람과 사람 사이의 상호작용으로 일어나는 현상이라고 봐야 한다. 그리고 집단의 행복은 기업의 실적과 생산성 향상에 기여한다.

앞에서 콜센터라는 개인적인 성격이 뚜렷한 상담 업무에서도 집단의 힘이 크게 좌우했음을 확인했다. 신체 움직임이 연쇄적으로 활발하게 일어나는 조직에서는 생산성이 올라갔고, 반대로 그 연쇄가 일어나지 않는 조직에서는 신체 움직임의 스위치가 꺼지면서 생산성이 떨어졌다.

이 같은 효과를 거두려면 사람들의 활동을 부추길 수 있는 환경 조성이 필요하다. 특히 휴식 시간과 점심시간이 중요하다. 쉬는 시간은 다음 업무에 큰 영향을 주기 때문이다.

04 신체 움직임이 많아야 행복하다

신체 움직임의 연쇄작용이 조직의 성과에 큰 영향을 미친다는 결과는 그 밖의 다른 실험을 통해서도 밝혀졌다. 연구팀은 다양한 업종의 회사를 대상으로 센서를 이용해 신체 움직임을 측정하고 동시에 설문 조사를 실시했다.

그중 소프트웨어 개발, 연구개발, 설계, 관리직 등 휴식 시간이 일정하지 않은 11개 조직 630명의 직원을 대상으로 조사한 결과에 따르면, 직원의 스트레스 수준과 행복도가 활발한 움직임과 강한 상관관계를 보였다. 스트레스 수준이 높고 행복도가 낮은 조직의 신체 움직임 평균은 낮았고, 스트레스 수준이 낮고 행복도가 높은 조직의 신체 움직임 평균은 높았다.

또한 에너지, 정보, 전자, 재료 등 폭넓은 분야에서 일하는 기술자를 대상으로 조사한 결과도 있다. 이들은 같은 기술자라고 해도 일의 성격이 크게 다르다. 온종일 개인용 컴퓨터 앞에 앉아 있는 사람, 현장에서 대형 발전기를 작동하는 사람, 청정실에서 시제품을 만드는 사람, 실험실에서 전기회로를 측정하는 사람 등이 있었으며 기술자 간에 의사소통을 하는 방식과 양도 모두 달랐다. 하지만 대화를 하는 동안 신체를 활발하게 움직이는 직원일수록 문제해결을 위해 창의적으로 생각하고 접근하는 경향이 컸다. 반면 대화 시간의 길이는 창의성과 큰 상관관계가 없는 것으로 밝혀졌다.

이 같은 결과를 종합하면 대량의 데이터가 보여주는 결론은 단순하다. 한 사람의 신체 움직임이 주위 다른 사람의 움직임을 유도하고 이 연쇄작용에 따라 집단적인 신체 움직임이 생겨난다는 것이다. 이로써 적극적인 행동 스위치가 켜지고 그 결과 직원의 행복이 증진되고 생산성과 창의성이 향상된다.

05 직원의 직무 만족도를 측정하라

그렇다면 직원의 행복도(만족도)를 종합적으로 평가하려면 어떻게 해야 할까? 가장 대표적인 방법으로 미국의 경제 전문지 〈포춘〉이 매년 초 '미국에서 가장 일하기 좋은 100대 기업'을 선정할 때 사용하는 '신뢰경영지수(Trust Index)'를 들 수 있다.

신뢰경영지수는 직원을 중심으로 한 '경영진과의 관계', '자신의 일과의 관계', '다른 동료와의 관계' 등 3가지 영역으로 구분되어 있고, 경영진과의 관계는 '믿음'과 '존중', '공정성', 자신의 일과의 관계는 '자부심', 그리고 다른 동료와의 관계는 '동료애' 등 5가지 지표로 구성되어 있다.

결국 일하기 좋은 기업이란 '조직 내에 믿음과 존중, 공정성의 가치가 실현되고, 자신의 일에 대해 자부심을 느끼며, 동료 간에 끈끈한 동료애가 있는 곳'이라는 얘기다.

최근에는 'eNPS(직원 순추천지수)'라는 새로운 방법이 쓰이고 있는데, 이는 종래의 '고객 순추천지수(Net Promoter Score)'를 직원에게 적용한 것으로, 자신의 회사를 주위 사람들에게 추천할 의향이 있느냐를 0~10의 단계로 묻는 방식이다.

정확도는 다소 떨어질지 모르겠지만 이 같은 조사로 직원들의 직무 만족도를 매일 측정하는 회사가 있다. 오스트레일리아의 소프트웨어 회사 아틀라시안(Atlassian)이다.

세계 각국에 있는 아틀라시안의 빌딩 출입구에는 아이패드가 놓여 있으며, 여기에는 '무드앱(MoodApp)'이라는 모바일 앱이 깔려 있다. 거기에는 다음과 같은 질문이 디스플레이되며, 질문은 매주 바뀐다.

- 오늘 하루 어땠나요?
- 아틀라시안은 일할 만한 직장인가요?

- 당신의 리더는 당신이 어떤 일을 좋아하고 싫어하는지 알고 있나요?
- 자신의 일을 스스로 통제할 수 있는 자유가 있다고 느끼나요?

직원들은 퇴근을 하면서 이런 질문에 대해 5단계로 표시된 이모 티콘을 눌러 체크함으로써 자신의 만족도를 표현한다. 그리고 이 결 과는 매일매일 인사 관리 부서에 집계되어 회사 정책에 반영된다.

06 구글의 파격적인 복지 프로그램, 생각보다 비싸지 않다

● 우리는 직원에게 일반적이지 않은 혜택을 제공합니다. 무료 식 사와 무료 검진 그리고 세탁 서비스 등이 그런 것들입니다. 직원에 게 제공하는 이런 혜택이 장기적으로 회사에 커다란 이익으로 돌아 올 것임을 알기 때문에 우리는 이런 부분을 늘 세심하게 신경 씁니 다. 이런 혜택의 폭이 앞으로 점점 더 커질 거라고 기대해도 좋습니 다. 우리는 소탐대실의 어리석음을 저지르지는 않을 것입니다. 직원 이 상당한 시간을 절약할 수 있고 직원의 건강과 생산성을 높일 수 있는 혜택을 중시하는 이유도 여기에 있습니다.

이 내용은 구글의 두 창업자가 2004년 기업공개 때 발표한 편지 에 포함된 것으로, 구글이 직원들에게 파격적이라 할 만큼의 복지 프로그램을 제공하는 이유를 잘 설명하고 있다. 한마디로 직원들에게 혜택을 베풀면 결국 그 이상의 이익으로 돌아온다는 것이다.

그렇다면 이와 같은 특별한 복지 프로그램의 운영은 구글이라서 가능한 것일까? 구글의 최고인적자원책임자인 라즐로 복은 결코 그렇지 않다고 말한다. 사람들은 대부분 구글이 직원을 위해 마련한 특별한 프로그램들에 엄청난 돈을 쓴다고 생각하지만, 카페와 셔틀버스를 제외하면 대부분 돈이 들지 않거나, 들어도 아주 조금밖에 들지 않는다는 것이다.

구글이 제공하는 복지 프로그램의 대부분은 직원들이 직장에서 힘들게 일하고 집으로 돌아가 온갖 잡일에 시달리는 고충을 조금이라도 덜어주고 보다 편리한 생활을 영위할 수 있게 해주기 위한 서비스다. 다음의 것들이 대표적이다.

- **현금자동입출금(ATM) 서비스**
- **자전거 수리**
- **세차 및 엔진오일 교환**
- **드라이클리닝**(바구니에 세탁물을 넣고 며칠 뒤에 세탁된 옷을 찾아간다)
- **신선한 유기 농산물 및 육류 배달**
- **휴일 장터**(회사에 장이 서고 상인들이 온갖 물건을 판다)
- **이동 이발관 및 미용실**(전용 의자를 갖춘 거대한 버스들이 주기적으로 찾아온다)
- **이동 도서관**(구글 지사가 있는 도시의 지방자치단체가 제공한다)

이런 서비스를 위해 구글이 따로 지불하는 돈은 없다. 구글은 이런 서비스를 제공하고자 하는 사업자를 모아줄 뿐이다. 경우에 따라 회사가 직원 대신 나서서 가격 할인 협상을 하고, 채소 배달과 같은 몇 가지는 직원들이 직접 나서서 해당 서비스를 조직하기도 한다.

회사가 비용을 부담하는 서비스도 일부 있지만 지출되는 비용에 비하면 직원들에게 제공되는 혜택은 엄청나다.

예를 들어 공용 자동차를 비치하여 차가 없는 직원들이 필요할 때 사용하게 한다든가, 컨시어지 서비스 팀을 운영하여 직원들이 여행 계획을 세우거나 꽃이나 선물을 사거나 배관공을 불러야 하는 등의 일이 생겼을 때 직원들을 도와준다.

이렇듯 구글이 실시하는 독특한 복지 프로그램들이 다른 회사들에서도 충분히 적용 가능함에도 불구하고 쉽게 확산하지 않는 이유는 뭘까?

비용이 많이 들 거라든지, 직원들이 이를 당연한 누려야 할 권리라고 여길 거라든지, 직원들의 기대가 점점 커져 뒷감당이 되지 않을 거라는 등 여러 가지 이유를 들기도 하지만, 보다 근본적인 이유는 직원의 행복도가 조직의 성과에 얼마나 크게 작용하는지에 대한 경영자의 인식이 부족한 것이다. 행복한 직원이 그렇지 않은 직원보다 생산성이 37%, 창의성이 300% 높다는 등의 정량적인 연구 결과가 속속 나오고 있는데도 말이다.

<u>07</u> 기업 자산의 95%는 직원

미국 노스캐롤라이나 주에 위치한 소프트웨어 업체 SAS(SAS Institute)의 CEO 짐 굿나잇(Jim Goodnight) 회장은 '기업 자산의 95%는 직원이며, 이 자산을 잘 보살피는 것이 리더의 역할'이라고 강조하며 이를 실천하고 있다. 그는 이렇게 말한다.

"매일 저녁 내 자산의 95%가 운전을 해서 회사 정문을 빠져나갑니다. 그들이 매일 아침 다시 이곳으로 돌아오도록 환경을 조성하는 것이 내 임무이지요. 그들이 SAS에 제공하는 창조력이 우리의 경쟁우위 요소이기 때문입니다."

회사에 많은 자산이 있지만 그중에서도 가장 중요한 자산이 바로 직원이라는 확고한 철학을 가진 짐 굿나잇 회장은 창업 이래 직원들이 매일 아침 출근하고 싶어 하는 '꿈의 직장'을 만들기 위해 노력했고, 그 결과로 SAS는 〈포춘〉이 '미국에서 가장 일하기 좋은 100대 기업'을 발표하기 시작한 1998년부터 2016년까지 19년 동안 연속으로 '일하기 좋은 기업' 상위에 랭크되었다.

미국 동부 노스캐롤라이나 주 캐리 시에 위치한 본사는 넓은 숲속에 25개의 건물이 듬성듬성 자리하고 있어 그들의 표현대로 대학 캠퍼스라는 말이 더 어울린다. 깔끔하게 잘 정돈된 잔디와 정원, 곳곳에 세워진 다양한 미술 작품과 조각품들을 보면 마치 공원과 같다.

SAS의 직원들에게는 모두 개인 사무실이 주어진다. 갓 입사한 신입사원이든 오래 근무한 임원이든 직급에 관계없이 모두 같은 크기다. CEO인 짐 굿나잇 회장도 마찬가지다. SAS에서는 어느 직원이 몇 시에 출근하는지 아무도 신경 쓰지 않는다. 근무 시간은 주당 35시간이고, 직원 스스로 그 시간 안에서 원하는 시간을 정해 일하면 된다.

SAS에는 비정규직이 없다. 레크리에이션 강사부터 미용사, 정원사, 예술 작품을 설치하는 미술가 등 직원들의 복지를 위해 일하는 200여 명에 달하는 인원을 포함한 모든 직원이 정직원이다. 이들을 모두 정직원으로 고용한 이유에 대한 짐 굿나잇 회장의 답변은 간단하다.

"프로그램 개발자와 마찬가지로 정원을 관리하고 직원들을 위해 요리를 하는 사람들도 회사를 위해 일합니다. 그들 모두 회사의 성공을 뒷받침하는 인재이기 때문에 정직원으로 고용한 거죠."

그렇다면 회사가 이렇듯 직원들에게 최상의 근무 환경을 만들어주면서 기대하는 것은 무엇일까? 그것은 '문제해결을 위한 독창성 개발'이라는 SAS의 기업 정신과 관련이 있다. 짐 굿나잇 회장은 회사의 성장을 위해서는 무엇보다도 직원들 개인의 창조력이 가장 중요한데, 이는 직원들이 일 이외의 모든 스트레스로부터 벗어나야 발휘될 수 있다고 생각한다. 다음은 그의 말이다.

"창조적인 조직을 만들기 위해서 이를 방해하는 요소를 모두 제거하는 것은 리더의 임무입니다. 우리 제품은 창조적 사고를 통해 만들어지는 것이고, 그렇기 때문에 창조력을 발휘할 수 있도록 직원들의 머리를 쉬게 해줄 필요가 있습니다."

이러한 짐 굿나잇 회장의 경영 철학이 비현실적이라고 생각하는 사람이 있을 수도 있다. 그러나 SAS가 단지 미국에서 가장 일하기 좋은 기업, 놀라운 복지 제도를 가진 회사이기만 한 것은 아니다. SAS는 복지 제도를 확대해가면서도 창립 이후 35년 동안 계속 흑자를 기록하며 성장해왔다. 2009년 전 세계에 불어닥친 금융위기 때에도 SAS는 복지 제도를 그대로 유지하면서 흑자를 냈다.

실제로 이런 놀라운 성과를 목격한 많은 기업이 짐 굿나잇 회장의 경영 철학을 배우기 위해 SAS 캠퍼스를 방문하고 있다. 그중 대표적인 기업이 바로 구글이다. 현재 구글이 직원들에게 제공하는 무료 식사 등의 프로그램은 SAS의 복지 제도를 벤치마킹한 것이기도 하다. 이처럼 구글을 비롯한 전 세계의 많은 기업들이 SAS의 경영 방식을 벤치마킹해서 성공적으로 회사를 운영하고 있다.

짐 굿나잇 회장은 자신의 방식에 여전히 의구심을 가지고 있는 사람들에게, 자신이 하고 있는 일은 아주 평범하고 당연한 일이라며 다음과 같이 말한다.

"내가 하는 이 모든 일들은 괴짜 경영이 아닙니다. 나로서는 다른 기업들이 왜 이렇게 하지 않는지 오히려 놀라울 뿐입니다."

'최고의 대우! 직원을 왕처럼 대우하는 회사(BEST place to work and treated like a King)'

이는 미국의 CBS 방송 시사 프로그램 〈60분(60 Minutes)〉에서 SAS를 소개한 문구다. 이 한 줄의 말은 지금까지 이야기한 짐 굿나잇 회장의 철학을 잘 대변해준다. 많은 언론사가 그에게 이렇게 묻곤 한다. "기술, 고객, 직원 가운데 어느 것이 가장 우선인가?" 그때마다 그는 항상 셋 중에 가장 중요한 것은 '직원'이라고 대답한다.

흔히 회사가 성공하기 위해서는 고객에게 최고의 서비스를 제공해야 한다고들 말한다. 그러나 짐 굿나잇 회장은 기업의 리더가 최고의 대우를 해주어야 하는 대상은 고객이 아니라 직원이라고 주장한다. 직원이 만족하고 행복해하면 그들은 자연스럽게 고객을 만족시키기 위해 최선을 다하게 되고, 그 결과 기업의 이윤이 늘어나고 회사가 성장하게 된다는 것이다. 다음은 그의 말이다.

"SAS의 기업 철학 중 중요한 부분은 여기에서 일하는 직원들을 믿는 것입니다. 만약 직원들이 발전할 것이라고 믿고 그들을 진심으로 대우한다면, 직원들은 그 기대에 맞추어 스스로 성장하고 발전하기 위해 노력할 겁니다. 회사가 크기 위해서는 고객이 있어야 합니다. 그리고 그 고객을 만족시킬 수 있는 사람은 바로 직원입니다. 회사의 리더라면 이 점을 절대 잊지 말아야 합니다. 가장 좋은 고객 관리란 업무에 뛰어나고 자신의 일을 즐기는 직원을 회사에 붙잡아두는 것입니다."

2

크리에이티브는
여유, 자유, 자율을
먹고 자란다

● 2016년 2월 홋카이도대학 하세가와 에이스케(長谷川英祐) 교수 연구팀은 개미 집단에 일하지 않는 개미가 일정 부분 존재하는데 이는 장기 존속을 위해 반드시 필요하다는 연구 결과를 영국 학술 지 〈사이언티픽 리포트〉에 발표했다.

열심히 일하는 개미들만 모아 집단을 구성해도 어느 정도 시간이 지나면 일하지 않는 개미가 반드시 20~30% 나타난다는 것은 이미 밝혀진 사실이지만, 이 연구는 자연계의 '비효율적인 존재'로 취급받아온 이 '게으름뱅이 개미'의 존재 이유를 밝힌 것이다.

연구팀은 일본에 서식하고 있는 시와쿠시 개미를 사육해 개체마다 특정한 색을 입혀 식별할 수 있도록 했다. 이어 한 달 정도 지난 뒤 1,200마리로 구성된 8개 개미 집단의 행동을 관찰했다.

개미를 집단이 아닌 개체의 움직임으로 확인할 수 있게 되자 놀라운 사실이 발견됐다. 각 개미 집단에선 일하지 않는 개미들이 나타났고, 이들은 그냥 놀기만 하는 게 아니었던 것이다. 열심히 일하던 개미가 지쳐 휴식에 들어가게 되면, 놀고 있던 개미들이 일을 시작했다.

이어 연구팀은 컴퓨터 시뮬레이션을 통해 모든 개미가 한꺼번에 일하고 동시에 피곤해지는 집단과, 각 개미의 일하는 정도가 다른 집단을 비교했다. 근면한 개미만 모인 집단은 모두가 지쳐, 집단 존속에 꼭 필요한 알의 뒷바라지 작업에 문제가 발생하는 것으로 나타났다. 결국 게으른 개미가 있는 집단이 성실한 개미로만 구성된 집단보다 더 오래 존속한다는 결과가 나온 것이다.

하세가와 교수는 언론과의 인터뷰에서 이렇게 말했다.

"이번 연구를 통해 일하지 않는 개미가 일정 정도 포함된 비효율적인 시스템이 집단의 존속에 불가결하다는 사실이 확인됐다. 인간 조직도 단기적 효율이나 성과보다 장기적 관점을 갖고 운영하는 게 중요하다는 점을 시사한다."

효율성을 높이기 위해 기업은 한 치의 느슨함도 없이 완벽한 운영을 하고자 끊임없이 노력한다. 물론 좋은 일이다. 그 누구도 재고와 운영자본, 비용을 줄이자는 목표에 반대할 수 없다. 그러나 계속해서 모든 느슨함과 여유를 쥐어짜면 창조의 여지도 그만큼 사라진다는 게 문제다. 창조는 시간을 필요로 한다. 이는 책상 위에 발을 얹고 허공을 응시할 수 있을 만큼 방해받지 않는 연속적인 시간이어야 한다. 촌각을 다투는 조급함이나 출퇴근 시간처럼 정해진 테두리 안에서 흥미로운 어떤 것을 창조하는 것은 사실상 불가능하다.

수북이 쌓여가는 이메일과 메모, 반복되는 회의로 하루가 채워지는 게 직원 대부분의 일상인 바쁜 환경 속에서 사람들의 주의력은 수천 개의 작은 파편처럼 산만해지고 만다. 게다가 요즘은 휴대전화가 일상화되면서 직원들은 언제든 연락 가능한 상태에 있으려는 욕구가 매우 강하다. 언제나 휴대전화를 귀에 달고 사는 극심한 '노모포비아(Nomophobia, No-Mobile-Phobia의 줄임말로, 휴대전화가 없으면 불안한 증상)'에 시달리는 사람이 어떻게 생각할 수 있겠는가?

생산 라인은 스위치를 누르면 작동하지만 크리에이티브는 그렇지 않다. 직원들을 생산 라인에 적응하도록 훈련시킬 수는 있다. 그러나 그렇게 해서는 크리에이티브를 뽑아낼 수 없다. 뛰어난 아이디어가 나오려면 '창조적 여백'이 필요하다. 크리에이티브는 여유와 자유, 그리고 자율을 먹고 자라기 때문이다.

<u>08</u> 창조적 여백을 중시하는 기업

● 일본 변두리 가쓰야마의 작은 빵집 '다루마리'는 사람들 사이에서 희한한 가게로 통한다. 오래된 집에 붙어사는 천연 균으로 빵을 만드는 데다 쉬는 날이 많기 때문이다. 다루마리는 목, 금, 토, 일 나흘만 영업하고 수요일은 재료를 준비한다. 그리고 매년 한 달은 장기 휴가를 간다. 이에 대해 빵집 주인인 와타나베 이타루(渡邊格)는 이렇게 말한다.

"빵에 대해 더 파고들고 기술력을 높이는 것도 좋지만, 빵만 보이고 세상이 안 보이면 어떤 것을 만들어야 할지 알 수 없습니다. 음식이나 술, 공예품, 음악 등 다른 모든 분야에서 자극을 받아 아이디어를 얻고, 지금보다 나은 재료가 없을지 안테나를 높이 세워야 하지요. 빵 이외의 것들과 만나는 시간은 감성을 풍부하게 하고, 삶의 폭과 깊이를 더하며, 견문을 넓혀 사회의 움직임을 느끼는 눈을 기를 수 있게 해줍니다."

인간의 뇌는 휴식이 필요하다. 휴식이 없는 뇌는 단순히 작동하기만 할 뿐, 크리에이티브한 일을 할 수 없다. 아인슈타인이 "창조력은 낭비되는 시간의 찌꺼기다"라고 말했듯이 휴식은 낭비하는 시간이 아니라 재창조를 위한 시간이다.

이는 캘리포니아대학교 로렌 프랭크(Loren Frank) 교수의 쥐 실험으로도 확인되었다. 그는 쥐에게 낯선 미로를 탐색하도록 하며 뇌파를 기록했다. 새로운 경험을 할 경우, 쥐 뇌의 해마 부위에 새로운 뇌파가 나타나는데 이는 장기 기억, 즉 학습을 의미한다. 그런데 놀랍게도 새로운 뇌파는 오직 미로를 탐색한 후에 휴식을 갖는 쥐에게만 나타났다. 탐색 후 휴식을 취하지 않은 쥐에게는 학습 뇌파가 나오지 않았다. 결국 기억을 하지 못하니 나중에 써먹지 못하게 된 것이다. 학습에 휴식이 꼭 필요하다는 얘기다.

일찍이 이러한 휴식의 중요성을 인식하고 직원들에게 적극적으로 창조적 여백을 제공하는 기업이 있다.

7년마다 1년씩 개인에게 안식년 휴가를 주는 기업도 있고, 앞서 소개했듯이 1년에 한 달을 쉬는 빵집도 있다. 그런데 7년마다 1년씩 문을 닫는 회사가 있다면 믿어지겠는가? 비록 큰 회사는 아니지만 그런 곳이 있다.

미국 뉴욕에 있는 그래픽디자인 회사 사그마이스터앤월시 (Sagmeister and Walsh)는 7년에 한 번씩 1년 동안 작업실 문을 닫는다. 이 회사의 창업자이자 CEO인 스테판 사그마이스터(Stefan Sagmeister)는 이에 대해 이렇게 말한다.

"첫 번째 안식년을 마친 뒤 7년 동안 우리가 디자인한 모든 작품은 안식년 기간 동안 품었던 사고를 밑바탕으로 한 것이었습니다."

영국 런던에 있는 커뮤니케이션 대행사 글로벌 톨로런스(Global Tolerance)도 회사 전체가 1년 동안 안식년을 보낸다. 설립자 사이먼 코헨(Simon Cohen)이 이러한 반직관적인 선택을 할 당시 회사는 빠르게 성장하며 사회적으로 유명한 인사들을 고객으로 유치하는 등 성공가도를 달리고 있었다. 하지만 코헨은 회사와 전 직원에게 휴식과 함께 성찰의 시간이 필요하다는 결정을 내렸다.

그러려면 1년 동안 모든 사업을 중단해야 했는데, 현실적으로 결코 쉬운 일이 아니었다. 인사부 직원들은 회사가 1년 동안 문을 닫는 사례는 어디에서도 찾아볼 수 없는 사례라며 반발했다. 하지만 회사는 경쟁 기업에 고객을 빼앗기는 일이 없도록 만반의 준비를 하고는 1년간의 안식년을 가졌고, 이후 직원들은 더욱 건강하고 강해져서 돌아왔다.

앞의 두 회사처럼 1년이라는 긴 기간은 아니지만 1개월 동안 핵심 부서를 제외한 회사의 모든 부서를 놀게 한 회사가 있다. 업무용 웹 기반 응용 프로그램을 개발하는 소프트웨어 회사인 써티세븐시그널스(37signals)가 바로 그곳이다.

2012년 6월, 이 회사의 공동 창업자이자 CEO인 제이슨 프라이드(Jason Fried)는 '앞으로 1개월 동안 고객 서비스와 서버 유지 관리를 제외한 일을 일절 하지 않으면 어떻게 될까?' 하는 자신의 생각을 실행에 옮겼다. 원가 절감이나 대량 해고가 목적이 아니라 '여백(white space)'이 업무에 어떤 영향을 주는지 실험한 것이다.

모든 직원에게 월급은 변함없이 지급되었고 특별한 일정이나 과제도 제시하지 않았다. 한마디로 '의도적인 여백'을 만든 것이다. 그 취지에 대해 프라이드는 이렇게 말한다.

"직원들이 연속해서 오래 쉬고 나면 실적이 개선되리라고 생각했어요. 1개월을 쉬면 개인 용무도 보겠지만, 회사 일도 생각할 겁니다.”

참으로 대담한 발상이었다. 냉소적인 사람들은 직원들이 생각 없이 인터넷을 뒤지거나, 친구들과 장시간 점심을 먹거나, 놓친 TV 프로그램을 볼 것으로 생각했다. 실제로 처음 며칠 동안 직원들은 일상 업무가 사라진 생활에 안주하려는 듯했다. 그러나 곧 달라졌다. 프라이드는 비즈니스 잡지 〈잉크(Inc.)〉의 칼럼에 그 결과를 이렇게 밝혔다.

“직원들은 모든 부문에서 다양한 방법을 찾아냈습니다. 우리 제품을 판매하는 새로운 방법, 고객에게 우리 시스템 상태를 지속적으로 알리는 더 나은 방법, 신입직원을 다른 부서에 소개하는 더 좋은 방법 등을 찾아냈죠. 그 창의성과 세련미와 실행력에 저는 깜짝 놀랐습니다.”

이처럼 회사가 통째로 쉬지는 않지만 적극적으로 직원들의 휴가 사용을 권장하는 회사가 늘어나고 있는 것도 같은 맥락이다.

보스턴컨설팅그룹(Boston Consulting Group)은 직원들의 월차 유급휴가를 감독한다. 개인적인 시간을 너무 많이 쓰는 사람을 잡아내려는 것이 아니라 휴가를 더 많이 쓰도록 장려하기 위함이다. 이에 한발 더 나아가 IBM, 에버노트(Evernote), 넷플릭스(Netflix) 같은 기업들은 아예 휴가 기간 제한을 없앴으며, 버진 그룹(Virgin Group)도 이에 가세해 '무제한 휴가(unlimited vacation)' 정책을 시범 운영 중이다.

이 같은 정책을 가장 적극적으로 실시하는 회사로 덴버에 위치한 소프트웨어 회사 풀컨택트(FullContact)를 들 수 있는데, 이 회사는 2012년에 직원들의 가족 휴가에 7,500달러를 지불하는 제도를 도입했다. 단, 여기에는 다음과 같은 세 가지 단서가 붙는다. '돈은 오로지 휴가에만 사용할 수 있고, 휴가 기간에는 회사와 연락을 끊어야 하며, 휴가 기간에는 일하면 안 된다'는 것이다.

<u>09</u> 퇴근 후 인터넷 접근을 제한하는 기업

● 중소기업을 운영하는 두 사장이 모처럼 만나 맥주를 마시면서 한 사장이 자기 회사 직원 덕분에 프로젝트 하나가 정말 잘되었다고 크게 자랑을 했다. 그 말을 들은 친구도 정말 훌륭한 직원이라고 맞장구를 쳤다. 그런데 그게 마음에 불을 붙였는지, 그는 지금 당장 그 직원에게 전화를 걸어 다시 한 번 칭찬해줘야겠다고 했다.

그러자 친구가 그를 말리며 이렇게 말했다.

"그만두게. 자네가 아무리 좋은 뜻으로 전화해도 근무 시간 외 상사한테 오는 전화는 무조건 스트레스야. 나도 얼마 전에야 그런 사실을 알았다네. 그러니까 정말 그 직원을 위한다면 내일 아침 회사에 가서 칭찬하게나."

인터넷과 스마트폰 사용이 대중화되면서 점점 직장과 직장 밖의 경계가 무너지고 있다. 장소에 관계없이 24시간 연결되어 있어, 퇴근 후 몸은 직장을 빠져나와도 마음은 여전히 직장을 벗어나지 못하는 상태다. 이러한 연결 상태는 중독적이다. 자신이 필요한 존재이고 유능하고 생산적인 존재라고까지 느끼게 해준다.

하지만 지속적인 연결에는 대가가 따른다. 이메일과 문자 메시지, 전화의 맹공격은 뇌를 계속된 긴급 사태로 만들어 스트레스 반응을 일으킨다. 2010년 〈응용 심리학 저널(Journal of Applied Psychology)〉에 발표된 연구에 따르면, 근무 외 시간에 직장과 심리적으로 분리되지 않으면 정서적 탈진이 심해진다.

그럼에도 여전히 많은 기업이 암묵적으로 직원들에게 밤낮없이 대기하라고 요구한다. 상사가 한밤중에 이메일을 보낸다면 밤낮없이 대기하는 문화를 지지한다는 의미다. 퇴근 후에도 업무 스트레스가 집까지 흘러 들어오고, 직장 상사의 퉁명스러운 이메일 한 통이 단란한 저녁 식사 시간이나 즐거운 주말을 망쳐놓는다.

물론 직장과 꼭 연결되어야만 하는 상황도 있겠지만 모든 직원의 로그인이 필수적인 상황은 드물다. 직원들을 제대로 쉬게 하는 것이 회사 입장에서도 이익이다. 야근이 잦고 주말 근무까지 한다면 업무에 오래 집중하지 못한다. 최근 이러한 문제를 인식하고 직원들이 충분히 재충전할 수 있도록 제도화하는 회사가 늘어나고 있다.

폭스바겐(Volkswagen)은 1회 교대 근무 시간이 끝나면 30분 후에 이메일 서버를 껐다가 다음 교대 시간 직전에 다시 켠다. 인터넷 접근을 제한하는 회사는 폭스바겐뿐만이 아니다. 시카고에 있는 임파워퍼블릭릴레이션스(Empower Public Relations)도 일과 후 '이메일 차단 정책'을 실시하여 일과 후 직원들의 업무 부담을 없앴다.

또 다른 독일계 자동차 회사 다임러(Daimler)는 직원들의 휴가 기간 동안 도착한 이메일을 자동으로 삭제한 후 발신인에게 해당 직원의 부재중에 대신 연락할 수 있는 담당자를 알려주는 프로그램을 구축하여 운영하고 있다.

10 ─ 낮잠 권하는 기업

● 코네티컷 주 브리스틀에 있는 야드금속회사(Yard Metals)의 크레이그야드(Craigyard) 사장은 330명의 직원 중 몇 명이 자동차나 책상에서 낮잠을 자고 있는 것을 목격했다. 하지만 크레이그야드 사장은 그들에게 경고성 이메일을 보내거나 징계하는 일 따위를 하지 않았다. 그는 설문 조사를 통해 직원들에게 낮잠을 잘 수 있는 편안한 장소를 원하느냐고 물었다. 직원들은 그렇다고 대답했고, 이후 언세라도 이용 가능하며, 절빈쯤 기대어 누울 수 있는 안락의자가 마련된 '낮잠 방'을 갖게 되었다.

낮잠이 기분 전환, 창의성 제고, 기억력 개선에 효과가 있다는 것은 오래전부터 널리 알려진 사실로, 이를 잘 활용한 사람은 바로 에디슨이다.

에디슨은 빽빽한 스케줄에도 불구하고 평생 하루에 4~6시간 이상 자지 않았다. 대신 거의 매일 가볍게 한두 시간 낮잠을 잤다. 그는 짧은 낮잠에서 깨어날 때 조금도 미적거리지 않았다. 그리고 깨어남과 동시에 곧바로 다음 임무에 흠뻑 빠질 준비가 되어 있었다. 직원들은 에디슨의 수면 습관을 다음과 같이 묘사한다.

"서재를 지나가다가 문 근처의 후미진 곳에 놓인 간이침대에 시선이 꽂혔다. 방 분위기와는 전혀 어울리지 않는 그 침대에 간간이 에디슨이 몸을 누인다. 각종 실험으로 빼곡한 업무에 지친 몸을 위해, 순식간에 깊고 달콤한 잠에 빠져들었다가도 깨어나는 동시에 그의 모든 능력은 일할 준비가 된다. 간이침대를 벗어난 그는 단 한 순간의 머뭇거림도 없이 업무에 복귀한다."

이 세상 그 어떤 중요한 일도 에디슨의 낮잠을 막을 수 없었다. 하지만 그의 낮잠은 시간 낭비가 아니었다. 멘로 파크 시절의 에디슨은 종종 머리맡에 화학책을 둔 채 잠들었다가 화학 실험에 필요한 새로운 아이디어를 갖고 깨어나곤 했다.

수면 연구가 사라 메드닉(Sara Mednick)은 20~30분간의 낮잠이 생산성 증가, 기민성 증가, 운동 반사 빨라짐, 정확성 증가, 인지 능력 강화, 체력 강화, 의사결정 개선, 기분 전환, 창의성 증대, 기억력 증대, 스트레스 감소, 약물과 알코올 의존 감소, 편두통과 위염 빈도 감소, 체중 감소 촉진, 심장 질환 및 당뇨와 암 위험 최소화 등의 효과가 있다고 밝혔다.

스타벅스에 다녀오는 데 걸리는 것과 똑같은 시간치고는 엄청난 효과다. 일부 연구에서는 낮잠 이후 학습이 하룻밤 숙면 이후만큼 효과적이라고 밝혔다. 그럼에도 대부분의 사람은 휴식과 에너지 충전이 필요하다는 몸의 신호를 무시한다. 이는 낮잠에 대한 오해 때문이다.

우리 몸의 에너지 수치는 점심시간 이후로 떨어지는데 점심을 너무 많이 먹어서 나른함을 느낀다고 생각하기 쉽다. 하지만 연구에 따르면 사람들은 깨어난 지 8시간이 지나면 점심 식사와 상관없이 나른함을 느낀다. 믿기 어렵다면 아침 식사를 하고 난 후를 떠올려보라. 하루의 첫 식사는 기운을 샘솟게 한다. 그런데 두 번째 식사는 왜 그렇지 않을까?

낮잠에 대한 또 다른 오해는 낮에 휴식을 취하면 정신이 몽롱해지거나 밤의 수면 주기에 방해된다는 믿음이다. 하지만 이 역시 너무 깊이 잠들 경우에만 적용된다. 수면 주기의 다섯 단계가 모두 진행되는 밤 수면과 달리 낮잠은 깊은 잠으로 빠져들기 전에 깨어나야 가장 효과적이다.

우리가 낮잠을 무시하는 가장 큰 이유는 근무 시간과 생산성을 동일시하는 점인지도 모른다. 이는 큰 실수다. 성과란 전적으로 노력에 의한 것이라고 생각하면 휴식을 취하는 사람이 전부 게으름뱅이로 보인다. 과거 분업화된 공장에서 일하는 근로자의 가치는 일하는 시간과 관련이 있었다. 그러나 오늘날과 같은 창조경제에서는 생각의 깊이와 질이 중요하고, 질적 사고는 에너지 수치와 직접적인 관계가 있다.

이러한 이유로 직장에서의 낮잠에 대한 인식이 조금씩 바뀌고 있다. 실제로 일부 기업에서는 잠이 성과를 개선해준다는 강한 믿음으로 직원들이 근무 시간에 잠을 잘 수 있도록 많은 예산을 투자하기도 한다.

낮잠에 아낌없는 지원을 보내는 허핑턴포스트(Huffington Post), AOL, P&G, 시스코(Cisco)는 사무실에 에너지팟(Energy Pod)이라는 낮잠 전용 침대를 설치했다. 약 8,000달러(약 900만 원)나 하는 에너지팟은 롤스로이스급 낮잠 침대라 할 수 있다. 인체공학적으로 설계된 대형 캡슐 안의 가죽 소파에 누우면 두 발이 가슴 높이로 비스듬히 올라간 상태로 고정되어 혈액 순환이 좋아진다. 캡슐 모양이 빛을 차단하고 잔잔한 음악은 수면에 도움을 준다. 20분간의 평화로운 휴식이 끝나면 부드러운 진동 알람이 직원을 깨운다.

야후와 타임워너(Time Warner)는 직원의 낮잠을 위해 해당 지역 스파를 활용하고 있다. 직원들은 아로마 테라피와 자연의 소리가 준비된 전용 룸에서 재충전의 시간을 가진다. 자포스와 밴앤제리스(Ben&Jerry's), 심지어 나이키(NIKE)도 직원의 낮잠과 명상을 위한 '조용한 공간'을 제공한다.

모든 직장이 조용한 방을 따로 마련할 수 있을 만큼 운이 좋지는 않다. 워크맨 출판사(Walkman Publishing)는 그래도 포기하지 않았다. 뉴욕에 있는 이 출판사는 직원들에게 요가 매트와 안대를 제공하여 파티션을 치거나 책상 아래에서 낮잠을 자도록 한다.

11_ 직원에게 '자유 시간'을 주는 기업

● 음악에 전혀 관심이 없던 데이브 마이어스(Dave Myers)라는 한 연구원은 어느 날 전선 피복으로 사용되는 재료로 산악자전거 바퀴 살을 실험적으로 코팅해본 결과 보호 작용이 훌륭하다는 것을 발견 했다.

기존 강철로 된 기타 줄은 땀과 기름이 묻었을 때 음색이 달라지는 것에서 착안한 연구원은 이를 기타 줄에 적용하기로 하고 동료를 모았다. 그리고 3년간의 연구 끝에 음색을 3배나 오래 유지하는 기 타 줄을 만들었다. 이렇게 개발된 전자 기타 줄은 지금까지도 인기 를 누리며 전문가들 사이에 두터운 마니아층이 형성돼 있다.

아직도 많은 기업이 직원에게 온종일 주어진 직무에만 열중하고 다른 일에 일절 신경을 쓰지 못하도록 통제한다. 그래서 심지어 어 떤 회사는 근무 시간 중에 업무와 직접적인 관련이 없는 인터넷 사 이트를 차단하기까지 한다. 오롯이 주어진 직무에 전념해야 업무 효율이 높아진다고 생각하기 때문이다.

그런다고 직원들이 하루 종일 자신의 직무만 생각할까? 한마디 로 불가능하다. '상상력'이라는 놈이 가만히 내버려 두지 않기 때문 이다. 사람은 하루에도 오만 가지 생각을 한다. 또한 주어진 직무가 자신의 적성에 맞고 좋아하는 일이라면 모를까, 그렇지 않은 경우 자신의 관심 분야를 기웃거릴 수밖에 없다.

직원들에게 본연의 직무와 직접 관련이 없는 분야에 일정 시간을 할애할 수 있도록 '자유 시간'을 주면 어떨까? 그러면 훨씬 다양한 아이디어가 나오지 않을까?

이런 발상으로 성공한 대표적 기업이 3M이다. 잘 아는 대로 3M은 이른바 '15% 룰(Rule)'이라는 이름으로 기술 부문 직원에게 근무 시간의 최대 15%를 상사의 승인 없이 본인이 선택한 프로젝트에 할애할 수 있도록 했다. 제1장에서 언급한 바 있는 '포스트잇'이 바로 이 룰에 의해 개발된 3M의 대표적 사례다.

3M이 오랜 기간 이 제도를 운영하여 성공을 거두자 이후 많은 회사가 직원이 원하는 내재적 동기 부여형 프로젝트를 추진할 수 있는 자유 시간 부여 실험에 나서고 있다. 아웃도어 소재 '고어텍스'로 유명한 고어(W. L. Gore & Associates)도 그중 하나다. 앞에서 소개한 엘릭서 기타 줄은 이러한 자유 시간을 통해 개발된 고어의 신제품이다.

일반인에게 고어는 섬유 소재 전문 회사로 알려져 있지만, 원래는 절연 전선 케이블인 멀티 테트(Multi-Tet)를 최초로 생산한 일종의 전선 회사였다. 이후 혁신 활동을 통해 지금은 동맥류 치료용 의료기기에서 우주복을 만드는 고성능 섬유 소재에 이르기까지 다양한 사업을 펼치고 있다.

고어 혁신의 주된 동력은 '직원이 임의로 쓸 수 있는 시간'이다. 고어는 모든 직원에게 1주일에 한나절(근무 시간의 약 10%)의 자유 시간을 허용한다. 직원은 자신이 선택한 창의적 주제를 연구하기 위해 온전히 그 시간을 쓸 수 있다. 그들에게 주어진 주요 업무를 완수하기만 하면 된다.

3M과 더불어 이러한 자유 시간을 가장 적극적으로 활용하여 성과를 거두고 있는 기업으로 구글을 들 수 있다.

구글에는 '20% 시간(20 percent time)'이라는 게 있다. 일명 '20% 룰'로 불리는데, 구글 엔지니어들은 근무 시간의 20%를 현재 맡고 있는 일과 상관없이 자신이 하고 싶은 일을 할 수 있다. 새로운 프로젝트를 시작하거나 이미 진행 중인 프로젝트에 참여할 수도 있다. 업무와 상관없는 일을 하면서 새로운 아이디어를 얻는 것이 장기적으로 창의성에 도움이 된다고 생각해서다.

구글 검색창의 자동 완성(Google Suggest) 기능, 구글 나우(Google Now), 구글 뉴스(Google News), 구글 지도(Google Map)의 이동 정보를 포함한 많은 아이디어가 정규 프로젝트가 아닌 '20% 시간 프로젝트'를 통해 개발된 것은 잘 알려진 사실이다.

그런데 왜 다른 기업은 이 제도를 도입하지 않는 걸까? 이에 대해 더러 "20%라는 시간을 제 마음대로 쓸 수 있다고? 그만큼 인력의 여유가 있다는 말이지 뭐" 또는 "구글이니까 가능한 일이지"라고 말하는 사람들이 있다. 그렇다면 과연 이 제도의 본질은 무엇일까? 이에 대해 구글의 전임 CEO인 에릭 슈미트는 이렇게 말한다.

"엔지니어들은 작업 시간의 20%를 투자해 무엇이든 할 수 있다. 그런데 이에 대해 일반적으로 잘못 알려져 있는데, 이것은 시간이 아니라 자유의 개념이다. 이 프로그램은 금요일마다 회사의 구내 공간이 여름 캠프장으로 바뀐다거나 모든 엔지니어가 창의적인 방식으로 게으름을 피운다거나 하는 의미가 아니다. 사실상 120%의 시간과 같다고 할 수 있다. 20% 시간은 권위적인 관리자에게 견제와 균형의 역할을 하며, 하지 않아도 될 일을 허용하는 방법이기도 하다. 일반적으로 사람들에게 자유를 허용할 때 그들은 허황된 꿈을 좇느라 시간을 낭비하지 않는다. 소프트웨어 엔지니어는 오페라 각본을 쓰는 것이 아니라 컴퓨터 부호를 쓴다. 20% 시간의 가장 귀중한 성과는 거기서 나오는 제품이나 특이한 기능이 아니다. 사람들이 뭔가 새로운 일에 매달릴 때 배우는 교훈이 가장 소중한 성과다. 20% 프로젝트는 대부분 사람이 정기적으로 함께 근무하지 않는 동료들과 일상적인 업무 외의 기술을 훈련하고 발전하게 만든다. 비록 이 프로젝트가 뭔가 새롭고 놀라운 혁신으로 이어지는 경우가 드물다고 해도, 전문성과 창의력에서 아주 뛰어난 결과를 얻는다. 20%의 시간은 한 기업이 활용할 수 있는 최고의 교육 프로그램일지도 모른다."

결론적으로 이 제도의 본질은 직원에게 회사가 부여한 직무와 관련 없는 일에 일절 신경 쓰지 말라고 억압하는 것과는 달리, 주어진 직무의 원활한 수행을 전제로 자신이 하고 싶은 일을 맘껏 해볼 수 있는 자유를 줌으로써 직원의 크리에이티브를 끌어낸다는 것이다.

2002년에 설립된 오스트레일리아의 소프트웨어 회사 아틀라시안은 설립 초기부터 직원들에게 분기별로 '페덱스 데이(FeDex Day)'라는 이름으로 24시간의 자유 시간을 주고 있다. 목요일 오후 2시가 되면 아틀라시안의 모든 엔지니어는 자신이 원하는 사람과 자신이 원하는 방식으로 프로젝트를 수행한다. 그들은 대부분 밤새워 일하며, 금요일 오후 4시가 되면 모두가 참석한 가운데 맥주와 초콜릿 케이크가 가득한 요란한 회의실에서 자신의 결과를 발표한다.

아틀라시안은 이를 통해 수많은 소프트웨어 버그 수정과 신제품 개발 아이디어를 얻었으며, 이에 고무되어 2008년 봄부터는 분기별 24시간이 아니라 근무 시간의 20%를 자신이 원하는 어떤 프로젝트라도 수행할 수 있도록 공식화했다.

유리제품 회사인 코닝(Corning)에서도 연구자에게 10%의 자유 시간을 제공한다. 연구자는 그 시간을 활용해 이상한 아이디어와 씨름할 뿐 아니라 상사들이 폐기할 법한 프로젝트를 되살려낸다.

트위터(Twitter)는 '해킹 주간(Hack weeks)'을 정기적으로 운영하고 있다. 회사 측의 배려로 직원들은 1주일 내내 정상적인 직무 범위 밖의 프로젝트를 추진할 수 있다. 해킹 주간에는 소프트웨어의 문제점을 개선하는 경우가 많지만, 다른 일을 해도 무방하다. 예를 들어 몇몇 직원은 팀을 결성한 뒤 유쾌하고 흥미진진한 내용의 신입사원 모집 영상을 제작했다. 해킹 주산은 대성공을 거뒀고, 덕분에 트위터의 공동 창업자인 잭 도시(Jack Dorsey)는 훗날 새로 설립한 전자 결제 업체 스퀘어(Square)에도 그 구상을 적용하여 여러 가지 멋진 프로젝트가 탄생하기도 했다.

페이스북(Facebook) 직원들은 1개월에 한 번씩 12시간 동안 진행되는 '해커톤(hack-a-thon: 해킹과 마라톤의 합성어로 단기간에 소프트웨어를 개발하는 활동)'에 참가한다. 직원들은 저녁 8시부터 다음 날 아침 8시까지 단체 철야 작업에 참가해 개인별 혹은 팀별로 새로운 프로젝트를 실험한다. 해커톤에는 '각 프로젝트는 정규 업무의 일부분이 아니어야 하며, 다음 날 아침 실험 내용과 성과를 간략히 발표해야 한다'는 2가지 규칙만 존재한다.

12 — 3M의 '15% 룰' 탄생 비화

1925년, 딕 드류(Dick Drew)는 3M에서 사포 판매를 맡고 있었다. 그는 업무 성격상 자동차 차체 공장을 자주 방문했는데, 여러 공장에 비슷한 문제가 있었다. 작업자가 자동차 수리를 마친 뒤 차체를 두 가지 이상의 색으로 도색할 때, 일단 전체를 한 가지 색깔로 칠한 다음 나머지 색깔을 칠할 부분을 제외한 곳에 두꺼운 방습지를 붙인 뒤 두 번째 도색을 했다. 그런데 방습지의 접착력이 너무 강해, 도색 후 떼어낼 때 먼저 칠한 색깔의 페인트가 벗겨지곤 했다.

드류는 자동차 차체에 부착된 방습지를 보고 자기 서류 가방 안의 사포 견본을 떠올렸다. 사포는 기본적으로 접착성 종이에 연마제를 바른 것으로, 연마제를 바르지 않을 경우 차체 공장에서 사용하는 방습지와 비슷했다. 사무실로 돌아온 드류는 사포로 실험을 시작했다. 실험 결과 사포 제작에 쓰이는 접착제는 자동차 차체 공장에서 사용하는 것보다 접착력이 약했지만 작업자의 고민을 해결해줄 만큼은 아니었다. 그래서 그는 접착력을 줄일 수 있는 이상적인 제조법을 연구하기 시작했다.

이후 적절한 제조법을 발견했으나 아직 해결하지 못한 문제가 있었다. 그것은 접착제를 종이에 바르는 적절한 방법이었다. 연마재를 추가로 바르지 않았기 때문에 종이의 끈적끈적한 한쪽 면이 그대로 노출되었고, 결과적으로 서로 달라붙어 종이를 포장해 판매하기가 어려웠다.

그때 드류의 상사인 윌리엄 맥나이트(William L. McKnight)가 개입했다. 그는 드류가 몇 달 동안이나 근무 시간에 접착성 종이를 만드는 모습을 지켜보고는 그 일을 그만두라고 했다. 그는 드류에게 사포를 제조해 판매하는 회사의 직원임을 명심하라고 했고, 그렇게 하기 싫으면 다른 회사를 찾아보라고 경고했다.

그러나 드류는 맥나이트의 말을 따르지 않았다. 그는 근무 시간에는 자제했지만, 다른 직원들이 퇴근한 뒤 혼자 남아 실험을 계속했다. 그리고 결국 포장 문제의 해법을 찾아냈다. 새로 만들어낸 종이는 접착력이 약했기 때문에 리본처럼 둥글게 말 수 있었고, 필요한 경우 두루마리 형태에서 하나씩 떼어낼 수 있었다. 원래의 아이디어가 떠오른 지 1년도 되지 않아 드류는 보호 테이프, 이른바 '마스킹 테이프(Masking Tape)'를 발명했다.

그가 발명한 마스킹 테이프는 보다 향상된 자동차 도색 방법을 기대했던 차체 공장뿐만 아니라 거의 모든 사람에게 필요한 제품으로 드러났고, 3M은 드류가 원래의 아이디어를 떠올린 지 3년이 지나지 않아 사포보다 마스킹 테이프를 더 많이 판매하게 되었다.

맥나이트는 드류가 자신의 지시를 어떤 식으로 어겼는지 생생히 기억하고 있었다. 하지만 그는 드류를 징계하지 않았다. 대신 그는 드류의 창조적 일탈에 주목했고, 회사를 재편했다. 1929년에 3M의 사장 자리에 오른 직후 맥나이트는 3M의 기술 부문 직원들은 근무 시간의 최대 15%를 상사의 승인 없이 본인이 선택한 프로젝트에 할애할 수 있다는 '15% 룰'을 내놓았고 오늘날까지 시행되고 있다.

<u>13</u> 기술을 가지고 노는 기업

● 2013년 7월, 영국에 본사를 둔 한 글로벌 가전제품 회사에서는 그들이 취급하는 품목과는 전혀 상관없는 별난 행사가 열렸다. 'Airborne 2013'이라 불린 이 행사는 어떤 것이든 날아다니는 물건을 만들어서 가장 잘 나는 것을 만든 사람이 이기는 일종의 게임이다. 행사가 진행되는 동안 직원들은 업무를 멈추고 행사장에 모여 성공적으로 비행하거나 때로는 실패하는 비행체들을 보며 열광했다. 행사에는 크고 작은 다양한 형태의 비행체들이 출현했다.

날개 없는 선풍기, 먼지 봉투 없는 청소기, 소리 없는 헤어드라이어 등 기존의 관념을 뛰어넘는 획기적인 상품으로 세계를 놀라게 한 창조 기업 다이슨(Dyson)에서 매년 실시하고 있는 '다이슨 챌린지(Dyson Challenge)'라는 행사의 2103년 모습을 스케치한 것이다.

매년 주제를 바꿔 열리고 있는 이 행사는 엔지니어가 자신의 기술을 가지고 일만 하는 것이 아니라 놀 수 있는 장을 마련해줌으로써 자연스럽게 무엇인가를 창조할 수 있는 환경을 만들어주는 데 그 목적이 있다.

2014년에 진행된 다이슨 챌린지는 다이슨 청소기의 원활하고 정확한 움직임을 위해 개발된 '볼 테크놀로지(Ball Technology)'를 활용해 각종 장애물을 빠르고 정확하게 넘는 레이스가, 2015년에는 골판지(cardboard)로 만든 무선조종 미니 자동차로 언덕, 모래, 물, 화염 등 다양한 장애물을 빨리 통과하는 레이스가 진행됐다.

다이슨에서는 직원의 창의성을 자극하고 새로운 아이디어를 얻기 위해 이러한 연례행사를 포함한 다양한 이벤트가 수시로 열리는데, 이에 관해 다이슨의 수석 디자인 엔지니어 매트 스틸(Matt Steel)은 2014년 〈동아비즈니스리뷰〉와의 인터뷰에서 "다이슨은 새로운 아이디어를 어떻게 낚아 올리나?"라는 질문에 이렇게 답했다.

"기술을 가지고 많이 논다(play with technologies a lot). 통상 가전제품 회사에서는 '자, 이제 선풍기를 만들어보자' 하면서 제품 개발을 시작하지만 우리는 미리 어떤 제품을 생각하거나 정해놓고 출발하지 않는다. 연구 부서에 속한 사람들이 이런저런 기술을 가지고 노는 과정에서 어떤 아이디어가 떠오르고, 그것을 기존 제품과 어떻게 연결할 수 있을지 고민하면서 새로운 제품이 탄생한다.

여기서 중요한 것은 다른 분야와의 결합이다. 예컨대 '날개 없는 선풍기'로 불리는 에어 멀티플라이어(air multiplier)는 핸드 드라이어를 가지고 놀다가 그 원리를 깨닫고 흥미로워한 것이 발단이 됐다. 핸드 드라이어로 물기를 말릴 때 주변 공기가 흡수됐다가 얇은 층으로 분사되는 것을 포착하고 이 원리를 선풍기에 적용하면서 개발이 시작됐다. 먼지 봉투 없는 청소기는 목재 가공소에서 나무 부스러기가 날리지 않도록 흡수하는 광경을 보고 착안했다. 모두 전혀 다른 제품에서 싹이 텄다.

날개 없는 선풍기를 만들겠다고 선풍기 자체에만 매몰돼서는 아이디어가 나오지 않는다. 한발 떨어져 이것저것 결합하고 끊임없이 연결하려고 시도할 때 비로소 창의적인 아이디어가 나온다. 정색하고 덤벼든다고 해결되는 일은 많지 않다. 놀고 즐길 때 새로운 아이디어가 나오는 것이다.

하나 더, 일상에서 느끼는 불편들을 꼼꼼히 관찰하는 것이 중요하다. 쓸 때마다 불평하면서도 무심코 넘기거나 당연하게 받아들이는 일들이 적지 않다. 이런 문제나 불편을 해소하는 것이야말로 좋은 아이디어가 된다."

일본의 자동차 회사 혼다(Honda)도 1970년부터 사내 직원을 대상으로 '아이디어 콘테스트(I-Con)'라는 이름의, 다이슨과 유사한 행사를 개최하고 있다. 이 콘테스트의 유일한 조건은 '제품으로 연결될 만한 것은 출품하지 않는다'는 것이다. 언뜻 이해하기 힘든 이 조건은, 이 콘테스트의 취지가 '일을 떠나 젊은 직원들이 자유롭게 창조의 세계에서 즐길 수 있는 장을 제공하는 것'임을 알게 한다.

실용화를 전제로 하지 않는다는 조건이 붙긴 했지만, 간혹 제품 개발로 이어지는 경우도 있다. 음주운전을 단속하는 '알코올 감지기'를 비롯해 '롤러스루고고', '호핑' 등은 직원들의 출품작을 기반으로 한 것이다.

출품작은 사업소별로 선별되는데, 각각의 사업소에는 출품작을 만들기 위한 창작실이 있다. 기계 설비가 갖춰진 것은 물론이며, 그에 필요한 비용도 회사가 부담한다. 상용화를 염두에 둔 것도 아닌데 어째서 이렇게까지 지원하는 것일까? 창업자인 혼다 소이치로(本田章一郎)는 이렇게 말한다.

"어떤 아이디어든 그것을 해보는 것이 중요하다. 자기 손으로 직접 만들어봐야 처음으로 아이디어가 자신의 일부가 되는 느낌을 받을 수 있다. 게다가 혼자 만들지 않고 여럿이 함께 만든다는 점, 이 또한 빼놓을 수 없는 강점이다."

14 자율의 힘은 세다

● 어느 가전제품 회사에서 혁신적이며 미래 지향적 디자인의 TV를 출시했다. 한 언론 기자가 비결을 물었다.
"멋진 TV로군요. 어떻게 이런 기발한 디자인을 생각해냈죠?"
디자인 책임자가 씽긋이 웃으면서 답했다.
"사장님이 너무 바빠 이번 디자인에 신경 쓸 겨를이 없었습니다."

매일 창조를 부르짖는 리더가 오히려 창조의 걸림돌이 되는 것을 종종 목격하곤 한다. '크리에이티브는 자율을 먹고 자란다'는 창조의 본질을 잘 모르기 때문이다.

창조력과 자율의 관계는 그동안 많은 학자에 의해 검증되었다. 창조력의 대가로 불리는 하버드대학교 경영대학원 석좌교수 테레사 애머빌(Teresa Amabile)도 그중 한 사람이다.

애머빌은 유치원 아동들을 대상으로 창조력 실험을 했다. 아동들을 두 집단으로 나누어 콜라주를 만들게 하면서 한 집단에는 아이들이 원하는 재료를 마음대로 고를 수 있도록 한 반면 다른 집단에는 실험자가 지정한 재료를 사용하도록 했다. 실험 결과, 스스로 재료를 고른 아이들이 더 창조적이고 성의 있게 작품을 만들었다.

자율성이란 선택권이 자신에게 있다고 인식하고 싶어 하는 욕구다. 또 자신의 행위가 자신의 의지에서 나왔다고 느끼고 싶은 욕구다. 자기가 하는 행동의 원천이 바로 자신이라는 인식이다. 자율성 욕구의 좋은 사례는 아기에게 밥을 먹일 때 발견할 수 있다. 아기 입에 음식이 담긴 숟가락을 갖다 대면 아기는 숟가락을 손으로 잡으며 스스로 먹으려고 한다. 자신이 입으로 음식을 가져가는 행위의 주체가 되고자 하는 것이다.

지난 30년 동안 다양한 연구를 진행한 결과, 어른 역시 자율성에 대한 심리적 욕구를 결코 포기하지 않는다는 사실이 밝혀졌다. 예를 들어 제조공장에 근무하는 생산직 직원에게 생산라인을 알아서 멈출 수 있는 권한을 부여했을 때 생산성이 급격히 향상되었다. 투자은행에 근무하는 사무직 직원 역시 높은 수준의 자율성을 부여받을 때 업무 생산성이 높아졌다.

군이 여러 이론을 들먹이지 않더라도 이제 더 이상 직원을 통제하는 방식으로는 경쟁력을 확보할 수 없다는 것이 상식이다. 직원이 매사 리더의 통제에 따라 움직인다면 기계나 다름없다. 이러한 조직 분위기에서 직원들은 일에 대한 의욕을 잃게 되고 창의력을 발휘하지 못한다.

그뿐만 아니라 리더가 권한을 독점할 경우 혁신, 특히 파괴적 혁신이 일어날 가능성이 줄어든다. 리더가 자신의 낡은 지적 자본(intellectual capital)을 바탕으로 조직의 변화를 방해하기 때문이다. 리더의 판단이 잘못될 경우 기업을 위험에 빠뜨릴 수 있다는 말이다. 마이크로소프트(Microsoft)가 그랬다.

빌 게이츠(Bill Gates)는 수년간 마이크로소프트의 '최고 소프트웨어 아키텍트(Chief Software Architect)'라는 직책에 있었다. 그래서 마이크로소프트에서는 그의 승인이 떨어져야 대단위 소프트웨어 개발 계획을 진행할 수 있었다. 그런데 애석하게도 게이츠는 특정한 프리즘을 통해 세상을 바라보았다. 그것은 컴퓨터 중심, 상품 중심, 마이크로소프트의 전통 산업 고객을 중심으로 바라보는 프리즘이었다. 이로써 마이크로소프트는 웹과 오픈 소스, 클라우드 컴퓨팅으로 업계 패러다임이 전환되었을 때 후발 주자가 되는 비운을 맞았으며 지금도 어려움에 처해 있다.

이를 알면서도 아직도 많은 기업이 직원의 자율성을 상당히 제한하고 있는 게 현실이다. 이러한 상태에서는 적응성이 뛰어난 조직을 구축할 수 없다. 소수의 리더가 중대한 의사 결정을 내리고 직원들을 수동적으로 따르게 하는 조직은 직원의 열정과 역량을 끌어낼 수 없다는 말이다.

직원의 의욕을 높이고 그들의 잠재 능력을 마음껏 발휘하도록 하는 열쇠는 인센티브와 같은 대증요법이 아니라 '업무에 대한 자율성'이다. 아무리 역량이 뛰어난 직원이라도 자율성을 잃고 수동적으로 업무를 수행하다 보면 능력은 금세 빛을 잃고, 그저 윗사람의 입만 쳐다보는 '똑똑한 바보'가 되고 만다.

직원을 옭아맨 통제의 사슬을 끊어라. 그들에게 자율성을 부여하라. "넌 시키는 일이나 하라"며 모든 권한을 통제하면서 직원의 능력이 기업의 경쟁력으로 이어지기를 기대하는 것은 어불성설이다. 직원 스스로 자신과 자신의 업무를 통제하도록 만들 때 기업 경쟁력의 기초는 탄탄해진다. 자율은 참 힘이 세다.

<u>15</u> 자율이 넘치는 조직을 만들어라

구성원에게 자율권을 부여하는 것은 결코 쉬운 일이 아니다. 어느 날 갑자기 스스로 일을 찾아서 성과를 내보라고 한다면 구성원들은 선장 잃은 선원처럼 우왕좌왕하게 될 것이다. 그렇다면 자율적으로 움직이는 조직을 만들려면 어떻게 해야 할까? LG경제연구원의 박지원 책임연구원은 다음과 같은 다섯 가지 요소를 고려하라고 조언한다.

첫째, 비전과 철학부터 공유하라.

자율성 부여가 성공하기 위해서는 구성원들이 기업의 철학이나 가치 범주 안에서 자율성을 발휘해야 한다. 구성원들이 제각각 마음대로 행동한다면 이는 진정한 의미의 자율성이 아니며 조직에도 부정적 영향을 초래하기 때문이다. 자율성 부여가 회사 전체 목적에 걸맞게 움직이도록 하기 위해서는 구성원들이 회사의 경영 철학이나 가치를 깊이 이해하고 공유해야 한다. 구성원들은 무엇을 위한 자율인지 이해하고, 어떻게 행동하는 것이 옳은지 스스로 판단하면서 최소한 회사에 누가 되는 행동을 자제할 수 있어야 한다.

둘째, 철저한 책임의식을 강조하라.

구성원에게 자율성을 부여할 때 나타나는 문제 중 하나는 적당히 일하고 자유롭게 놀면서 진정한 자율의 문화를 흐리게 만드는 소수의 '무임승차자'가 존재한다는 것이다. 이런 구성원들은 자신에게 주어지는 책임은 무시한 채 권한만을 쉽게 받아들인다. 결국 구성원들의 강한 책임의식이 바탕이 되어야만 비로소 진정한 자율성이 구현될 수 있다는 얘기다. 따라서 자율에는 반드시 책임이 수반됨을 구성원들에게 명시할 필요가 있다.

셋째, 작고 유연하게 움직여라.

기업이 성장하면 규모가 확대된다. 규모 확대는 기업 내 위계질서와 관료주의를 강화하고, 실패에 대한 두려움을 키워 조직이 점점 보수적으로 변하게 만든다. 이 경우 구성원들은 리더에게 의지한 채 주인의식을 상실하고, 기업은 의사결정 단계가 증가하면서 속도가 저하되는 '대기업 병'에 걸리게 된다. 대기업 병을 앓게 되면 엄격한 위계질서와 직급 간 격차 때문에 구성원 간 아이디어 교환이 원활하게 이루어지지도 않고 결국 구성원의 동기 역시 떨어진다.

구성원 자율성이 지속되기 위해서는 대기업 병을 예방하고 관료주의를 타파하기 위한 조직 차원의 노력이 병행되어야 한다. 특히 소규모 조직으로 운영할수록 수평적 문화를 형성할 수 있고, 더 자유로운 커뮤니케이션이 가능하며, 각 구성원의 권한이 커진다는 점에서 구성원 자율성 확대에 더 효과적이다.

넷째, 시스템적으로 협력을 유도하라.

자율은 구성원의 주도성과 능동성을 강조한 것이지, '혼자 알아서 해보는 것'을 의미하지는 않는다. 혼자 고민하고 혼자 판단하는 것은 개인의 논리나 편협한 사고에 빠질 수 있어 오히려 위험하다. 올바른 자율이 시도되기 위해서는 구성원 스스로 고민하고 행동하고 결정하되, 구성원들 간의 원활한 협력 체계를 구축함으로써 집단 창조력을 발현하도록 해야 한다. 구성원들이 다양한 아이디어와 피드백을 주고받음으로써 적극적인 협력이 이루어질 수 있는 시스템을 구축해야 한다는 말이다.

구글은 사내 통신망을 통해 회사 내부에서 진행되는 프로젝트를 검색하고, 구성원들과 상호 의사소통하고 자유롭게 피드백을 얻거나 도움을 부탁하는 시스템을 갖추고 있다. 또한 모든 연구원은 1주일마다 개인 활동과 성과를 요약하여 사내 웹사이트에 올리게 되어 있다. 누구나 목록을 검색하여 비슷한 프로젝트를 연구하는 동료가 있는지 확인하거나 어떤 일이 진행되고 있는지 추세를 따라갈 수 있다. 그리고 비슷한 프로젝트를 연구한 동료에게 자문이나 도움을 자유롭게 구할 수 있다. 구글은 이러한 개방성과 자유로운 의사소통 시스템이 구성원들의 자율성에 큰 도움이 된다고 한다.

다섯째, 인내 비용(Endurance Cost)을 견뎌라.

구성원에게 자율성을 부여하기 위해서는 회사나 리더가 인내심을 갖고 구성원들이 성과를 창출해낼 때까지 기다려줄 수 있어야 한다. 빠른 성과가 나오지 않는다는 이유로, 또는 내가 하던 방식과 다르다는 이유로 참지 못하고 구성원의 업무에 개입하기 시작하는 순간, 구성원의 자율성 부여는 불가능해진다.

특히 인내 비용의 대표적 요소는 실패 비용인데, 이를 감당하기 위해 기업은 실패를 관리하고 실패를 회복하는 역량을 강화하는 것이 무엇보다 중요하다. 아무래도 구성원의 자율권 부여가 시작되면 초기에는 실패 가능성이 높아질 수밖에 없다. 따라서 회사나 리더가 실패를 관리하고, 실패를 통한 학습을 장려함으로써 반복되는 실패를 최소화하는 데 적극 노력할 필요가 있다.

물론 리더 입장에서 실패는 항상 두려운 존재다. 따라서 리더에게만 인내 비용을 감수하라고 하기 전에 조직 차원에서도 인내 비용을 견딜 수 있는 장치를 마련해둘 필요가 있다. 처음부터 완벽하게 잘할 필요가 없다는 공감대를 형성하거나, 의미 있는 시도에 대해서는 결과보다는 과정을 평가하고, 조직 전체적으로 아이디어를 주고 협력하는 분위기를 마련하는 것 등이 필요하다.

　이상 자율적으로 움직이는 조직을 만들기 위한 다섯 가지 고려해야 할 점을 살펴보았다. 그러나 무엇보다 중요한 것은 리더와 구성원 간의 신뢰다. 시스템을 구축해놓는다 하더라도 상호 신뢰가 없다면 진정한 자율권 부여가 어려울 뿐 아니라 구성원도 자발적으로 헌신하기보다 자율성을 악용할 우려가 있다. 기업은 구성원을 인간적으로 믿고, 구성원 역시 능동적 주체자로서의 자세를 회복할 필요가 있다.

<u>16</u> 파격적인 방법으로 자율을 추구하는 기업

● 1980년 설립 후 한 해 매출 18조 원, 직원 9만 명에 이르는 유기농 식품 전문 유통 업체 홀푸드마켓(Whole Foods Market)의 창립자이자 CEO인 존 매키(John Mackey)의 업무 위임 방식은 아주 독특하다. 마치 그림자처럼 움직이기 때문에 그가 회사에 없는 것처럼 느껴질 정도다. 어떻게 140명의 계산대 직원이 한 팀이 되어 일사불란하게 움직이느냐는 어느 기자의 질문에 그는 이렇게 답했다.

"거참, 문제가 될 수도 있겠군요. 그렇게 큰 팀이라면 기본 운영 원칙에 혼선이 올 수도 있을 겁니다. 하지만 솔직히 나는 그들이 문제를 어떻게 해결하는지 전혀 모릅니다. 그건 내 일이 아니니까요. 궁금하시다면 전화해서 물어보십시오. 장담하건대 그들은 분명 그들 나름의 방식으로 문제를 해결할 겁니다. 그 방식이 뭔지 나도 궁금하네요."

'완벽한 식품(Whole Foods), 완벽한 직원(Whole People), 완벽한 지구(Whole Planet)'라는 기업 모토에서 짐작할 수 있듯이 홀푸드마켓은 직원들을 전적으로(whole) 신뢰하며 최대한의 자율성을 부여한다. 모든 일을 스스로 판단하고 책임을 다하는 직원들이 좋은 성과를 내는 것은 당연한 일이다. 이 회사가 빠르게 성장하게 된 바탕에는 바로 이러한 자율 문화가 자리하고 있다.

홀푸드마켓은 점포 내 팀 단위로 권한을 위임하고 있다. 각 매장은 약 8개의 팀으로 구성되어 있고, 각 팀은 가격 결정이나 주문, 채용, 매장 내 제품 홍보 등 운영상 중요한 모든 결정을 스스로 내린다. 본사에서 내려오는 규칙도 최소화하여 운영되고 있다. 대신 각 팀은 수익으로 평가를 받으며 그에 대한 책임을 스스로 진다.

예를 들어 각 팀의 노동생산성이 분기마다 평가되는데, 4주마다한 번씩 모든 상점의 팀을 대상으로 노동 시간당 이윤을 계산한다. 그리고 일정 수준을 넘는 성과를 낸 팀은 다음 급여 일에 보너스를 받는다. 이로 인해 각 팀원은 자신의 권한에 막중한 책임감을 느끼고 신중한 의사결정을 내린다. 각 팀원이 갖고 있는 채용 권한의 예를 보자. 각 팀원은 함께 일할 동료를 채용하는 권한을 가지고 있지만, 단순히 친분이나 개인적 선호에 의해 채용하지는 않는다. 신입 동료가 제 역량을 발휘하고 제대로 일해야 팀 성과가 높아지기 때문에 오히려 스스로 엄격하고 꼼꼼하게 신규 인력 채용을 검토한다.

자율권과 함께 책임의식을 강조하는 홀푸드마켓의 이러한 시스템은 구성원들의 동기 부여를 높이는 반면 관료적 통제는 더욱 줄어들게 하며, 구성원들의 충성도 제고에 효과를 보이고 있다.

앞에서 소개한 고어 또한 자율적 조직 운영으로 잘 알려진 기업이다. 고어에는 관리 계층도, 조직도도, 보스도 없다. 고어의 핵심 부서는 스스로 관리하는 소규모 팀으로 구성되어 있다.

설립자 빌 고어(W. L. Gore)는 사다리 같은 계층보다 창살처럼 생긴 회사를 그렸다. 이론상 창살 구조에 기반을 둔 건축은 조직의 모든 사람을 서로 연결한다. 의사소통은 개인 대 개인, 팀 대 팀으로 직접 이루어진다. 빌 고어는 듀폰에서 겪은 경험을 떠올리며 일찌감치 이 창살 구조에 주목했다. 그의 목표는 '허울을 제거하자'는 것이었다.

고어 본사를 돌아다니거나 회의에 참석해보면 보스나 임원이라는 단어를 들을 수 없다. 이런 용어는 고어의 평등 이념과 상반되기 때문에 대화나 문서에서 실질적으로 금지되어 있다.

고어에는 계급이나 직함이 없지만, 일부 직원은 '리더'라는 호칭을 얻는다. 하지만 상급 리더가 하급 리더를 임명하지는 않는다. 오히려 동료들이 그럴 만하다고 판단할 때 리더를 선출한다. 리더 호칭을 받은 사람은 일을 해내고 팀을 뛰어나게 이끌어가는 능력을 행사함으로써 영향력을 발휘한다. 고어에서 팀 성공에 크게 이바지하고 거듭 성과를 내는 사람은 추종자를 모을 수 있다. 리더로서 봉사해달라고 거듭 요청받은 사람은 자신의 명함에 '리더'라는 단어를 자유롭게 쓸 수 있다. 이런 명칭을 지닌 고어 직원의 비율은 10% 정도다.

고어에 입사한 신입직원은 대부분 당혹스러워한다. 누구에게 보고하고, 의사결정권자는 누구이고, 어떤 단계로 경력을 쌓아야 하는지 등을 분명히 알 수 없기 때문이다. 다른 기업은 이런 질문에 분명한 답을 주지만 고어에서는 그렇지 않다.

신입직원은 폭넓은 직무를 수행하게 되는데, 회사는 신입직원이 조직을 충분히 탐구하고 파악할 수 있도록 '후견인'을 붙여준다. 후견인은 회사에서 사용하는 특수 용어를 알기 쉽게 풀어주고, 업무를 소개하며 신입직원의 정착을 돕는다. 몇 달 동안, 신입직원들은 여러 팀을 옮기며 교육을 받는다. 각 팀에 머물 때마다 후견인은 신입직원을 부분적으로 시험한다. 신입직원의 적성을 파악하고 어느 팀 혹은 업무에 맞는지를 찾아주는 것이 후견인의 몫이다. 고어답게 직원은 자유롭게 새로운 후견인을 구할 수도 있다. 마찬가지로 팀은 신입직원을 선택할 때 자유롭게 받아들이거나 거부할 수 있다.

고어에서 업무는 배정되는 게 아니라 본인이 선택하는 것이다. 직원은 어떤 요청에도 '아니요'라고 자유롭게 말할 수 있지만, '예'로 받아들인다면 그 약속은 신성한 맹세가 된다. 따라서 회사는 신입직원이 능력 이상의 책임을 지지 않도록 규칙적으로 주의를 준다. 서투른 약속이 평가와 보상에 영향을 주기 때문이다.

직원에게 유례없는 자유를 허용하지만, 고어는 그에 따른 책임도 철저히 묻는다. 1년에 한 번씩, 직원은 종합 평가를 받는다. 대개 동료 20명에게서 평가 자료를 수집한다. 회사는 이 정보를 평가 대상자와 같은 분야에서 일하는 사람들로 구성된 보상위원회와 공유한다. 직원 각자는 종합적인 공헌도에 따라 사업 부서의 다른 직원과 비교해 등급이 결정된다. 이 등급이 상대적 보수를 결정한다. 고어의 보상 시스템에서 연공서열은 전혀 힘을 쓰지 못한다. 이를테면 경험이 풍부한 업무 리더도 박사 학위를 가진 연구원보다 적게 받을 수 있다는 뜻이다.

고어의 보상 시스템이 더 많은 가치를 올리는 직원과 그렇지 못한 직원을 엄격하게 구분하지만, 회사는 깊은 공동체 의식을 만들기 위해 노력한다. 직원은 모두 사주(社主)다. 고어에서 1년을 근무한 신입직원은 봉급의 일정 부분을 주식 형태로 받는다. 오래 근무할수록 더 많은 주식을 받게 되고 직원은 회사를 떠날 때 이를 현금으로 바꿀 수 있다. 고어 주식의 배당금은 직원의 안락한 노후를 보장한다.

한편 고어는 이러한 창살 구조 조직의 원활한 운영을 위해, 몇몇 예외를 제외하고는 어떤 건물이나 공장에서도 200명 이상 근무하지 못하도록 제한하고 있다. 부서가 커질수록 사람들이 중요한 결정에서 얻는 몫이 적어지고 완수하겠다는 동기가 줄어든다고 생각하기 때문이다.

아직 완전히 정착되지는 않았지만, 앞서 소개한 어느 기업보다 더 파격적인 자율을 추구하는 기업이 있다. 미국의 혁신적인 온라인 신발 의류 유통기업 자포스가 바로 그곳이다. 이 회사의 CEO인 토니 셰이(Tony Hsieh)가 추구하는 조직은 홀라크라시(Holacracy)다.

홀라크라시는 '전체'를 뜻하는 그리스어 'holos'와 '통치'를 의미하는 'cracy'가 합쳐진 말로, 수직적 상명하달식 의사결정이 아니라 수평적 의사결정을 통해 유기적으로 협력하는 조직 형태를 말한다. 보스와 그렇지 않은 사람으로 나누어 그에 따라 서로의 행동 방식을 정하는 '수직적 의사결정'을 없앤 것이다.

그렇다면 토니 셰이가 획기적인 조직 개편을 단행하게 된 이유는 무엇일까? 이는 자포스가 2009년 세계 최대 인터넷 판매 업체인 아마존(Amazon)에 매각되었을 때로 거슬러 올라간다. 토니 셰이는 자포스가 아마존에 편입되면서 안정적인 입지를 구축하게 되었지만 회사 내에 많은 관리자가 생겨나면서 '자포스 특유의 문화'가 사라져가는 것을 목격했다. '고객만족을 최우선으로 유연하게 사고하고 행동하라. 약간의 독특함을 추구하라'는 사명 아래 캐주얼한 옷과 문신, 격식 없는 인테리어, 애완견을 데리고 출근하는 등 자유분방한 분위기였던 자포스만의 문화가 흐려지고 있었던 것이다.

토니 셰이의 결단 아래 자포스 조직은 여러 개의 '서클(circle)'로 재편되었다. 서클은 목표 달성을 위해 구성원 간 '자율'을 기본으로 하며 필요할 때마다 회의를 통해 의사결정을 하는 것이 원칙인데, 모든 직원은 동등한 입장에서 누구나 자유롭게 회사에 대한 의견을 개진하고, 자신의 역할을 스스로 찾기 위해 더욱 적극적으로 움직일 수 있다. 특정인이 지위와 권력을 내세워 의사결정을 좌지우지할 수 없게 됨에 따라 계층 구조는 자연스럽게 사라지게 된다.

그렇다고 홀라크라시에 '리더'가 없는 것은 아니다. 만약 어떤 사람이 뛰어난 전문성으로 동료를 돕고 남다른 영향력을 갖게 된다면 '리더'가 된다. 하지만 그가 가진 권력은 작은 책임을 가진 사람에게도 동등하게 주어지는 것이다. 즉, 홀라크라시 내에서의 리더는 인위적인 '직급'이 아니라 자연적으로 발생한 '영향력'을 기준으로 만들어지는 것이다.

외부 전문가들은 이러한 자포스의 시도에 대해 '완벽한 수평 구조가 아니며, 암묵적 서열을 만드는 시스템'이라고 지적하기도 했다. 표면적으로만 보스가 없을 뿐, 무의식적으로 사람들은 누가 조직을 이끄는 사람인지 알고 있다는 것이다. 〈월스트리스저널〉은 홀라크라시를 도입한 기업 가운데 20%가 1년 안에 이 방식을 포기했다고 밝히며, 자포스의 도전이 성공하기 힘들 거라고 예측하기도 했다.

실제로 홀라크라시 도입 이후 20%가량의 직원이 자포스를 떠났다. 사표를 낸 직원 대부분이 수직적 의사결정 과정에 익숙한 관리자 급이었다. 그러나 자포스의 조직 개편이 실패했다고 보기엔 아직 이르다. 자율적인 조직 운영이 얼마나 중요한지 CEO인 토니 셰이가 너무나 잘 알고 있을 뿐 아니라 이를 실현하려는 의지가 매우 강하기 때문이다.

3

소통 없이
탁월한 아이디어를
기대하지 마라

● 1981년 미네소타대학교 심리학 교수 낸시 로리(Nancy Lowry)와
데이비드 존슨(David Johnson) 연구진은 초등학교 5학년과 6학년 학
생들을 여러 개의 팀으로 나눈 뒤 공동 보고서 작성 과제를 냈다. 연
구진은 전체의 절반에 해당하는 팀에는 보고서를 작성하는 과정에
서 합의가 필요할 때 마찰을 피하고 타협하라고 말했다. 그리고 나

머지 절반의 팀에는 서로의 아이디어에 귀 기울이되, 필요한 경우 비판하라고 말했다.

그 결과, 후자 팀들이 작성한 보고서가 조사의 충실도와 논리적 표현 측면에서 더 뛰어났고, 여러 개의 아이디어를 조합해 더 확실하고 포괄적인 최종 결과를 내놓았다.

어떤 회사가 좋은 회사인가? 많은 사람이 평화롭고 안정적인 회사를 꿈꾼다. 아무런 마찰 없이 조용히 구성원 모두가 화합하며 같은 목표를 향해 일사불란하게 나아가는 회사, 그러면서도 계속 좋은 성과를 내는 그런 회사 말이다. 하지만 이는 꿈에 불과하다. 단언컨대 그런 회사는 없다. 갈수록 치열해지는 경쟁 속에서 이런 회사를 꿈꿀 수는 있다. 하지만 유감스럽게도 조용하면서 좋은 성과를 내는 회사는 없을뿐더러 역설적이게도 좋은 회사일수록 오히려 더 시끄럽다. 다시 말해 시끄러운 조직이 성공한다는 말이다.

기계 부품은 마찰이 없어야 한다. 그래야 조용하고 오래간다. 그러나 기업에서는 마찰이 없으면 오히려 나쁘다. 종종 비난의 대상이 되긴 해도 마찰에는 이점이 많다. 마찰은 구성원이 자신의 재능과 열정을 발휘하는 과정에서 필연적으로 나타나는 것으로, 이를 통해 조직 성장과 발전이 이루어지기 때문이다.

조용한 조직의 경우 겉으로는 별다른 문제가 없어 보일 수도 있지만, 이는 물 위에 떠 있는 빙산의 일부이며, 수면 아래 수많은 문제점이 감춰져 있을 가능성이 크다. 조직이 조용하다는 것은 구성원들의 의견이 활발히 논의되지 않고 있다는 것으로, 이는 대부분 잘못된 의사결정으로 이어진다. 이에 대해 스탠퍼드대학교의 로버트 서튼(Robert Sutton) 교수는 이렇게 말한다.

"지속적인 논쟁은 많은 아이디어를 생각해내고 검증하는 것이며, 지식과 관점이 다양하다는 의미이기도 하다."

두 사람의 의견이 항상 똑같으면 둘 중 하나는 필요 없다는 말이 있다. 소통에는 반드시 불협화음이 따른다. '침묵은 금'이라는 격언이 있지만 기업 경영에서 침묵은 독약이고, 사망의 전조에 다름 아니다. 리더는 조직 내에서 큰 소리로 싸우는 것을 당연시하고 또 일부러라도 그렇게 장려할 필요가 있다.

모름지기 리더는 조용한 조직을 꿈꿀 게 아니라 어떻게 하면 조직을 시끄럽게 만들 수 있을지 고민해야 한다. '어떻게 하면 우리 조직이 더 나은 일을 해낼 수 있을까'에 관한 과제를 계속해서 던지고, 구성원들로 하여금 치열하게 고민하고 논쟁하게 함으로써 그들이 가진 모든 재능과 열정을 끌어내야 한다. 소통 없는 조직에서 창조를 기대하는 것은 물도 주지 않고 화초가 무럭무럭 자라기를 기대하는 것과 같다.

17_ 창조적 마찰이 탁월한 아이디어를 끌어낸다

'마찰'이란 서로 다른 이해나 의견이 충돌하는 것을 말한다. 탁월한 아이디어는 이런 마찰을 통해 탄생한다. 최상의 해결책은 천재한 사람의 머리에서 번개처럼 떠오르는 것이 아니라 수많은 사람이서로 의견을 제시하고 갑론을박하는 과정에서 나온다.

가혹하거나 비판적인 언어를 쓰지 않으면서 창조적 마찰을 일으키는 방법의 하나로 '플러싱(Plussing)'이라는 게 있다. 플러싱의 목표는 간단하다. 어떤 아이디어를 비판할 때마다 그 비판에 어떤 플러스 요소가 포함되어야 한다. 다시 말해 상대를 깎아내리기 위한 비판이 아니라 새로운 시각을 제공하는 건설적 비판을 하라는 것이다.

이러한 플러싱 기법을 잘 활용하는 회사로 〈토이 스토리〉 〈인크레더블〉 〈니모를 찾아서〉 〈몬스터 주식회사〉 〈카〉 등을 제작한 애니메이션 영화사 픽사를 들 수 있다.

픽사의 애니메이터들은 완성도에 상관없이 매일 자신의 시안을 중앙 컴퓨터에 저장해 다른 애니메이터들이 리뷰를 할 수 있게 한다. 그런 다음 팀원들은 캐릭터별 애니메이션 감독, 영화감독과 함께 매일 아침 회의를 한다. 애니메이터들은 시리얼 그릇을 들고 소파에 앉을 때부터 회의가 재미있지 않을 것임을 안다. 다음은 〈토이 스토리 3〉의 책임 애니메이터인 바비 포네스타(Bobby Podesta)의 말이다.

"전날 무엇을 잘못했는지 낱낱이 깨닫는 것으로 하루를 시작하고 싶은 사람은 아무도 없지요. 하지만 우리는 알고 있습니다. 최고의 작품을 만들고 싶다면 어느 정도의 타협은 받아들여야 한다는 것, 사무실에 늦게까지 남아 있어야 한다는 것, 비판을 감당해야 한다는 것, 때때로 기분이 상할지도 모른다는 것을 말이죠."

그럼에도 픽사에서는 비판이 걷잡을 수 없이 번지지 않도록, 실수가 지나치게 사기를 떨어뜨리지 않도록 하기 위해 많은 노력을 기울인다. 그래서 픽사의 팀장들은 플러싱의 중요성을 강조한다. 포데스타는 다음과 같이 말을 잇는다.

"우리는 하루의 대부분을 이런 집단 회의로 보내기 때문에 그 회의들을 화기애애하게 유지하는 게 정말 중요합니다. 우리가 하는 일이 서로를 쏴서 쓰러뜨리는 게 전부라면 정말 우울해질 수 있지요. 그래서 비판을 할 때는 거기에 반드시 약간의 다른 뭔가를 섞으려 노력합니다. 우리가 그 즉시 나아갈 수 있도록 하는, 그 순간부터 실수에 집중하는 것이 아니라 그것을 고치는 방법에 집중하도록 하는 새로운 아이디어를 말입니다."

플러싱이 제대로 작동하면 믿을 수 없을 만큼 효과적이고 창의적인 돌파구가 생긴다. 비판이 깜짝 선물처럼 느껴지면서 십중팔구 방 안의 모든 사람이 각자 한 가지씩 플러스를 떠올리고, 새로운 발상이 영화를 진전시킨다. 포데스타에 따르면, 최고의 해결 방안들 중 많은 것은 회의가 끝난 후 떠오른다. 계속해서 아침의 대화를 곰곰이 생각하기 때문이다. 그의 말을 들어보자.

"몇 시간이 지났는데도 모여서 얘기했던 것에 관해 여전히 생각할 때가 많습니다. 어쩌면 박살이 나서 그때까지 약간 속이 뒤집혀 있을지도 모르지요. 아니면 노출된 문제가 정말로 힘든 문제여서 제안된 해결 방안들이 모두 마땅치 않은 것인지도 모르고요. 하지만 그것은 문제를 뇌에게 잠시 맡겨둔 것과 같습니다. 그러면 어느 순간 다른 뭔가를 할 때 더 좋은 해답이 떠오릅니다. 그 얼굴을 어떻게 살려야 하는지, 아니면 그 장면이 어떻게 가야 하는지 갑자기 깨닫게 되죠. 여전히 플러싱을 하는 겁니다."

그래서 픽사 공정이 그토록 효과적인 것이다. 집단은 비판적 토론을 하지만 그 토론은 예기치 않은 것들, 가차 없는 이의 제기에서 출현하는 혁신적 아이디어들과 함께 가슴을 관통하는 토론이 된다. 픽사 감독인 리 언크리치(Lee Unkrich)는 〈토이 스토리 3〉의 한 장면이 떠 있는 컴퓨터 화면을 가리키며 이렇게 말한다.

"만일 이걸 저 혼자 만든다면 영화는 고리타분해질 겁니다. 저에게는 날마다 굉장한 발상으로 저 자신을 놀라게 할 능력이 없으니까요. 그런 종류의 마법은 집단에서만 나올 수 있습니다."

<u>18</u> 애빌린 패러독스를 경계하라

조지 워싱턴대학의 제리 하비(Jerry Harvey) 교수는 어느 7월의 무더운 여름날, 부모님을 모시고 아내와 함께 텍사스로 가족여행을 떠났다. 일행은 에어컨이 없는 낡은 뷰익 자동차로 애빌린이라는 마을에 도착했다. 다들 여행지를 선정할 때 아무런 이의를 제기하지 않았지만 알고 보니 모두가 그곳을 처음부터 내켜지 않았다.

"아니, 이럴 수가! 누가 시킨 것도 아니고 정상적인 사고를 하는 성인 4명이 170킬로미터가 넘는 길을 달려오는 동안 아무런 불평도 하지 않았다니. 살인적인 더위에 지옥 같은 사막을 지나오느라 모래폭풍도 참아냈고, 이제 애빌린이라는 동네에 와서 구멍가게 같은 식당에서 입에 넣기도 싫은 음식으로 허기를 달래고 있잖아. 그런데 뭐라고? 다들 처음부터 여기 오는 것이 싫었단 말이야?"

사람들은 마음속으로 동의하지 않으면서도 자기만 다르게 생각한다는 느낌이 들면 아무 말도 하지 않는다. 그러면 어떤 상황이 벌어질까? 사람들은 이의를 제기하는 사람만이 반대자라고 생각한다. 아무 말도 하지 않으면 반대 의견이 없는 것으로 간주하는 것이다. 사회 심리학에서 이와 같은 현상을 '다원적 무지' 또는 '애빌린 패러독스'라고 한다.

애빌린 패러독스는 특히 상사와 부하 사이에 더 심하게 나타난다. 한마디로 '일방 소통(one-way communication)'이 이뤄지는 것이다. 소통이 정보 전달을 목적으로 한다면 쌍방향(two-way)이 아닌 단방향(one-way)으로 흘러도 될 듯하다. 그러나 피터 드러커(Peter Drucker)는 이렇게 말한다.

"소통(communication)과 정보(information)는 다른 것이다. 오히려 정반대이거나 상호 보완적 위치에 있다."

소통은 듣는 사람이 이해해야만 비로소 의미가 있다. 말하는 사람의 문제가 아니다. 그러나 말하는 사람과 듣는 사람은 서로 다른 전제로 세계를 바라본다. 사람마다 경험과 능력도 다르다. 같은 언어를 사용해도 서로 다른 의미로 받아들인다. 이때부터 문제나 대립이 생기며 이럴 때 어떻게 하느냐가 중요하다.

그러면 이런 대립이나 문제를 어떻게 마주해야 할까? 벨기에 연구소 IMEC의 프랭키 카토아(Francky Catthoor) 교수는 여기에는 3가지 태도가 있다고 한다.

첫째는 건설적(critical) 논의를 거쳐 대립을 뛰어넘는 해결책을 찾는 것이다. 둘째는 리더의 의견을 따르는 것, 즉 추종(follow)하는 것이다. 셋째는 입장이나 의견 차이를 좁히는 데 소극적인 자세를 보이며, 대립을 해소하려면 상대가 태도를 바꾸어야 한다는 입장을 취하는 것이다. 이를 회의적(skeptical) 태도라고 한다.

건설적 태도가 3가지 태도 중 가장 바람직하며, 이를 100%로 보고 그렇게 되도록 지향한다는 것이 카토아 교수의 소통 이론이다.

추종적 태도는 상명하복의 조직에서는 아무런 문제가 없을 듯하다. 상사가 비범한 사람이어서 모든 것을 다 파악하고 있고 능력 면에서도 부하보다 뛰어나다면 그럴 수 있다. 그러나 현실은 다르다. 현장 사정은 부하가 더 잘 알고 현장 업무 능력도 부하가 뛰어난 측면이 있다. 이때는 부하의 지식이나 능력을 상사의 식견이나 권한과 접목하는 것이 필요하다.

회의적 태도는 쌍방 모두의 시간과 에너지를 빼앗는다. 적극적으로 들으려고 하지 않는 사람을 설득하려면 엄청난 시간과 에너지가 필요하다. 한편 자신이 알거나 믿는 것이 아닌, 새로운 것에 귀 기울이지 않으면 변화는 일어나지 않으며 독선에 빠지게 된다. 또 회의적인 태도를 취하는 것 자체가 정신 건강에 좋지 않다.

회의적 태도는 조직의 힘을 약화시키는 질병이다. 그럼에도 회의적 태도는 사람들 사이에 습관처럼 널리 퍼져 있다. 이런 태도를 취하면 일시적으로는 편하고 쓸데없는 일을 하지 않아도 될 것 같기 때문이다. 하지만 장기적으로는 조직도 사람도 갉아먹는다.

카토아 교수의 이론은 소통이라는 복잡한 현상을 3가지 형태로 명확하게 나누었다는 점에서 예리함이 빛난다. 그러나 애석하게도 그의 이론은 정성적이다.

이에 대한 정량적 근거가 최근에 확보되었다. 일본 히토츠바시대학 누마가미 츠요시(沼上幹) 교수팀이 독자적으로 108개 기업을 대상으로 '조직의 무게'라는 주제로 대규모 조사를 벌였다. 그 결과 '건설적'인 대화를 통해 문제를 해결하는 것이 기업의 수익성과 밀접한 관련이 있다는 사실을 밝혀냈는데, '무거운' 기업보다 그렇지 않은 기업의 평균 이익률이 0.2σ(표준편차)나 높게 나타났다. 반대로 문제해결 과정에서 '추종적' 행동이나 '회의적' 태도를 취하면 기업의 수익성도 낮게 나타났다.

한 기업에서 추종적 태도나 회의적 태도를 취하는 직원이 많으면 그 조직의 움직임은 무거워진다. '무거운 조직'이란 내부적인 조정이 많고, 조직이 이완되어 있으며, 창조적 도전이 거의 없는 조직을 가리킨다.

<u>19</u> 악마의 변호인을 활용하라

● 미국 어느 회사에는 특이한 목적으로 구성된 팀이 있다. 바로 여섯 명의 부사장과 이사로 구성된 '반대 전담 팀'이다. 이 팀의 목적은 어떤 사업을 추진하기에 앞서 타당성 여부를 조사하는 실사 팀이 구성되면 철저히 반대 입장에서 사안을 바라보고 분석하는 것이다.

한번은 규모가 큰 제조 업체가 이 회사에 인수합병을 제안해왔다. 누가 봐도 수지맞는 절호의 기회처럼 보였지만, 이 회사의 CEO는 반대 팀의 보고를 받은 뒤 숙고 끝에 인수합병 제안을 거부했다. 반대 팀의 철저한 시장 분석 결과, 몇 년 사이 그 기업의 성장은 둔화가 예상됐고 부진할 확률이 높았기 때문이다. 실제로 이 회사가 매출을 두 배로 올리는 기간 동안, 그 기업의 매출은 계속 곤두박질치고 말았다.

미국의 잔디 깎기 기계 생산 업체 토로(TORO)의 이야기다. 이 회사 CEO인 켄 멜로즈(Ken Melrose) 회장은 '반대 전담 팀'의 운영에 관해 이렇게 말한다.

"거대한 조직 안에서 규모가 큰 프로젝트를 진행할 때, 직원들이 반대의 입장에 서는 것은 쉽지 않습니다. 이제 막 발견한 미개척 시장이 전도유망해 보일 때는 특히 그렇죠. 다른 경쟁 업체가 뛰어들기 전에 일단 시작하고 보자는 목소리가 분위기를 주도하니까요.

그러나 이럴 때일수록 반대 입장이 필요합니다. 철저히 기업의 입장에서 비판적 관점을 유지하려는 노력이 있을 때, 사안을 보다 객관적이고 냉철하게 바라볼 수 있습니다."

이처럼 애빌린 패러독스를 막기 위한 수단의 하나로, 어떤 집단의 의견에 의도적으로 반대 입장을 취하면서 선의의 비판자 역할을 하는 사람이나 조직을 '악마의 변호인(devil's advocate)'이라고 한다. 이는 가톨릭교회의 성인(sainthood) 추대 심사에서 추천 후보의 불가 이유를 집요하게 주장하는 역할을 맡는 사람을 '악마(devil)'라 부른 데서 유래된 개념으로, 이들은 모두가 찬성할 때 반대 의견을 제시하면서 토론을 활성화하거나 대안을 모색하는 역할을 한다.

토로와 비슷한 개념으로 '방해꾼(The Blocker)'이라는 이름의 악마의 변호인을 활용하는 회사가 있다. 미국 브리밍햄에 있는 시트린 그룹(Citrin Group)이 바로 그곳이다. 그룹의 창업자이자 CEO인 조너선 시트린(Jonathan Citrin)은 비효율적인 회의의 근절을 위해 모든 회의에서 한 명을 지목해 '방해꾼' 역할을 맡긴다. 방해꾼이 하는 일은 시트린이 하는 모든 일에 반대하는 것이다. 그렇게 하면 해당 쟁점에 대한 진지한 논쟁이 이루어지고 보다 깊이 있는 검토가 가능해진다. 그리고 무엇보다 좋은 점은 윗사람 의견에는 언제나 찬성하려는 아랫사람의 본능을 막을 수 있다는 것이다.

그렇다고 해서 이 방법을 아무렇게나 적용해서는 곤란하다. 2012년 캘리포니아대학 챌런 네메스(Charlan Jeanne Nemeth) 교수가 '소수자 영향 이론(Minority Influence Theory)'이라는 제목의 논문을 통해 악마의 변호인이 무작정 통하는 것은 아니라고 밝혔다.

네메스의 연구에서 착안한 한 연구에서 독일 기업 경영자들과 정부 고위 관료 200여 명에게 생산 시설을 해외로 이전할 회사의 대표를 맡도록 하고, 그들에게 두 나라(페루와 케냐라고 하자)를 제시하고, 관련된 자료를 읽게 한 후 한 나라를 선택하게 했다. 페루를 선호한 사람들은 마찬가지로 페루를 선택한 다른 두 명과 함께 한 집단을 만들게 하고, 각 나라에 대해 더 구체적인 정보를 담은 10여 개의 자료를 보게 했다. 자료의 절반은 페루를, 나머지 절반은 케냐를 추천하는 내용이었지만, 그들은 자료를 모두 읽을 시간이 없었다.

조사 결과, 페루를 선호한 실험 대상자들은 페루를 추천한 자료를 26%나 더 많이 읽은 것으로 나타났다. 이는 심리학자들이 말하는 확증 편향(confirmation bias) 현상이다. 즉, 사람은 자신의 선호도를 뒷받침해주는 정보만 받아들이고 자신의 의견에 반박하는 정보는 무시한다는 것이다.

그런데 페루를 선호하는 다수의 의견을 반박하면서 페루의 단점을 규명하고 다수가 내린 가정에 의문을 던지는 악마의 변호인을 투입하자, 실험 대상자들은 이전보다는 좀 더 균형 잡힌 시각을 지니게 되었다. 그들은 케냐를 추천하는 자료보다 페루를 추천하는 자료를 2% 더 많이 읽었다. 그러나 악마의 변호인 주장은 그들의 생각을 바꾸는 데는 역부족이었다. 실험 대상자들은 읽을 자료들을 고루 선택함으로써 표면적으로는 악마의 변호인의 의견을 존중하는 척했지만, 본래 지니고 있던 선호도에 대한 확신은 겨우 4% 하락하는 데 불과했다. 확증 편향에 사로잡힌 사람들은 자신의 의견을 뒷받침하는 주장을 더 설득력 있게 받아들이고, 그렇지 않은 주장은 평가절하한 것이다.

그렇다면 어떤 방법이 효과적일까? 연구자들은 페루를 선호한 실험 대상자 2명과 한 팀이 될 사람을 달리 선정했다. 페루를 선택한 사람 중 케냐를 변호할 사람을 선정하는 대신, 실제로 케냐를 선호한 사람을 세 번째 구성원으로 선정했다. 그랬더니 집단은 다수의 선호도를 뒷받침하는 자료보다 반박하는 자료를 14%나 더 많이 선택했다. 그리고 본래 선택에 대해 가졌던 확신이 15% 감소했다.

결론적으로 악마의 변호인을 지정하는 방법도 유용하지만, 중요한 것은 반대를 위한 반대가 아닌 진정성이 수반되어야 한다는 말이다. 이에 대해 네메스는 다음과 같이 설명한다.

"반대를 위한 반대는 효과가 없다. 반대하는 척하는 것, 이를테면 역할을 하는 척하는 것도 효과가 없다. 진실을 추구하기 위해서라든지, 최고의 해결책을 찾기 위해서가 아니라 다른 어떤 이유로 악마의 변호인 역할을 할 경우에는 효과가 없다. 그러나 반대하는 사람이 진정성이 있다고 여겨지면 생각이 활성화된다. 생각이 분명해지고 대담해진다."

네메스의 실험에서, 실제로 진정성 있는 반론자가 포함된 집단은 집단 내에서 지목한 악마의 변호인이 포함된 집단보다 문제에 대한 해결책을 48% 더 많이 내놓았고 해결책도 질적으로 우수하다는 결과가 나왔다. 악마의 변호인이 다수 의견에 공감한다는 사실을 그 집단이 알고 있었는지, 또는 그 사람의 실제 생각이 무엇인지 확실히 몰랐는지에 상관없이 말이다.

20 노하우보다 노웨어가 중요하다

기억력이 좋은 사람도 있고 나쁜 사람도 있다. 마찬가지로 조직도 기억력이 좋은 조직과 그렇지 않은 조직이 있으며, 이러한 특성은 조직 학습 효과에 큰 영향을 미친다. 그렇다면 조직 기억력에 차이가 생기는 이유는 무엇일까?

먼저 생각해봐야 할 문제는 '인간 기억의 메커니즘'과 '조직 기억의 메커니즘'이 어떻게 다른가 하는 것이다. 예컨대 100명이 새로운 지식을 학습한다고 할 때 100명이 개별적으로 학습하여 습득한 지식을 모두 합친 지식의 총량과 100명이 하나의 조직을 형성하여 학습하는 경우에 얻은 지식의 총량 중 어느 쪽이 더 많을까? 다시 말해, 인간이 조직을 이루면 기억의 효율은 높아질까, 아니면 떨어질까? 이 중요한 물음에 대해 경영학자들이 내놓은 대답 중 하나가 바로 '분산기억(Transactive Memory)'이라는 개념이다.

분산기억의 기본 개념은 간단하다. 조직의 기억력에 중요한 것은 조직 전체가 무엇을 기억하고 있는가가 아니라, 조직 구성원들이 서로 '누가 무엇을 알고 있는지'를 아는 것이다. 영어로 표현하면, 조직의 기억력에 중요한 점은 'What(무엇을 알고 있는가)'이 아니라, 'Who knows what(누가 무엇을 알고 있는가)'이라는 것이다. 바로 이 'Who knows what'이야말로 조직의 기억과 개인의 기억을 구분하는 중요한 열쇠다. 흔히 '노하우(know-how)'보다 '노웨어(know-where)'가 중요하다고 하는 것도 같은 맥락이다.

인간의 기억력에는 한계가 있어, 100명이 동시에 같은 지식을 기억하는 것은 비효율적이다. 그래서 사람들은 자연히 자신의 전문 지식만을 기억하는 방법을 선택한다. 기업에 비유하자면 재무 담당은 재무 지식에 밝고, 영업 담당은 고객의 동향을 기억하며, 상품 개발 담당은 기술 관련 지식을 습득하는 것과 같다.

인간이 조직을 형성하여 학습할 때 지니는 강점 중 하나는 이처럼 구성원 개인이 각 분야의 전문가로서 수준 높은 지식을 기억할 수 있다는 것이다. 그러나 보다 중요한 것은 개인 안에 내재된 전문 지식을 조직이 효과적으로 활용할 수 있느냐 하는 것이다. 아무리 풍부한 전문 지식이 축적되어 있다 한들 필요한 순간에 곧바로 활용하지 못한다면 아무 의미가 없다.

조직 구성원들이 서로 '누가 무엇을 알고 있는지'를 파악하지 못한다면 자신의 전문 분야 이외의 지식을 얻는 데 많은 시간이 걸리기 때문에 조직의 기억 효율은 떨어진다. 반대로 '이 문제에 관해서는 그 사람에게 물어보면 된다'는 식의 '지식 인덱스카드'가 조직 내에 형성되어 있다면 조직의 기억 효율은 높아진다.

개인은 분산기억을 가질 수 없기 때문에 분산기억의 존재 여부가 개인과 조직의 기억 메커니즘을 구분하는 결정적 차이점이라고 할 수 있다. 따라서 조직의 기억력을 비약적으로 끌어올리기 위해서는 무엇보다 분산기억을 활용하는 것이 중요하다.

흔히 '정보의 공유'라는 표현을 자주 쓰는데 이는 자칫 구성원 모두가 동일한 정보를 가지고 있어야 한다는 뜻으로 오해하기 쉽다. 그러나 이는 오히려 효율을 떨어뜨리기 때문에 이른바 '지식 인덱스카드'를 조직 모든 구성원이 정확하게 파악하고 있는 것이 중요하다. 그보다 더 중요한 것은 구성원 간에 '서로 무엇을 알고 있는지' 자연스럽게 인식할 수 있는 소통의 분위기를 만드는 것이다.

인간은 서로 친분을 쌓으면 자연스럽게 분산기억을 형성한다. 하지만 규모가 큰 기업은 모든 직원이 두터운 친분을 쌓기 어렵기 때문에 분산기억을 형성하기 힘들다. 그렇다고 해서 분산기억이 어설프게 형성되어 있는 조직에 제도적으로 기억을 분산시킨다면 오히려 분산기억과 시스템이 충돌하여 조직 기억력이 크게 떨어질 가능성이 있다. 따라서 제도적 틀에 억지로 끼워 맞추기보다는 구성원들이 자연스럽게 'Who knows what'을 의식할 수 있는 조직문화를 만들어나가는 것이 좋다.

어떤 기업은 '이 일은 그 사람에게 물어보면 자세히 알려줄 것이다'라는 인식이 조직 전체에 퍼져 있는 반면, '바로 옆 부서에서 무슨 업무를 담당하는지도 잘 모르는' 기업도 많다. 특히 '부문중심주의(Sectionalism)'가 강한 기업일수록 이러한 경향도 강하게 나타난다. 조직 내 횡적 소통이 부족한 탓이다. 이러한 기업은 설사 직원 개인이 뛰어난 지식과 경험을 가지고 있다 하더라도 그것을 조직 차원에서 제대로 활용하지 못하고 있을 가능성이 높다.

21 양에서 질이 나온다

● 심리학자 딘 키스 사이먼튼(Dean Keith Simonton) 교수는 세계에서 가장 창의적인 과학자 수백 명에 대한 데이터베이스를 토대로 생산량과 탁월한 창의성 간의 관계를 조사했다. 그 결과 다음과 같은 몇 가지 사실을 발견했다.

첫째, 논문 대다수가 다른 논문이나 저작물에 한 번도 인용되지 않았다. 이들에게 성공의 발판이 되어준 극소수의 논문도 겨우 한두 번 인용된 것이 전부였다. 둘째, 가장 유명한 과학자들조차 한 번도 인용되지 않은 논문이 상당히 많았다. 아인슈타인이 그 좋은 예인데, 그는 240편의 논문을 썼지만 그 가운데 극소수만 주요한 영향을 미쳤다. 셋째, 현직에 있는 동안 가장 많은 논문을 펴낸 과학자들은 동료 과학자들로부터 가장 창의적이라는 평가를 받은 이들이었다. 평생의 생산량은 창의성과 더불어 명성을 가늠하는 중요 예측 변수인 것으로 드러났다. 넷째, 한 과학자의 경력을 연도별로 관찰해보니 최상급 논문 중 하나를 펴낸 해에 다른 어느 해보다 많은 논문을 써낸 것으로 나타났다. 어떤 과학자가 언제 최상급 논문을 내놓았는지는 그해에 얼마나 많은 논문을 펴냈는지 알아보는 것만으로 예측할 수 있었다.

조사 결과에 대해 사이먼튼 교수는 이런 결론을 내렸다.

"창조적 아이디어를 내놓는 가장 좋은 방법은 아이디어를 가능한 한 '많이' 내놓는 것입니다."

이처럼 일정한 '양(量)의 증가'가 '질(質)의 변화'를 가져오는 현상을 '양질 전화(量質轉化)의 법칙'이라고 한다. 세상을 놀라게 한 위대한 아이디어도 알고 보면 수많은 작은 아이디어에 바탕하고 있다는 것이다.

분야를 막론하고 최고의 독창성을 보여준 사람들은 아이디어를 가장 많이 창출해낸 사람들이고, 그들은 많은 양의 아이디어를 낸 기간에 가장 독창적인 아이디어를 냈다. 에디슨은 30~35세에 전구, 축음기, 탄소 접점 방식을 이용한 전화기를 발명했다. 에디슨은 같은 기간 동안 100여 개의 특허를 출원했는데, 그중에는 스텐실 펜, 과일 저장법, 철광 채굴을 위한 자석 이용법, 게다가 오싹한 말하는 인형까지 포함되어 있었다. 사이먼튼은 "가장 별 볼 일 없는 작품들이 생산된 바로 그 기간에 가장 중요한 작품들이 탄생하는 경향이 있다"라고 지적하면서 "에디슨은 특허가 1,093개나 되지만 정말로 탁월한 창의적인 발명품의 수는 손에 꼽을 정도나"라고 말한다.

양과 질은 상충 관계(trade-off)라는 것이 일반적 통념이다. 어떤 일을 더 잘하기를 원한다면, 즉 결과물의 질을 높이려면 다른 일을 덜 해야 한다고 생각한다. 그것은 틀린 생각이다. 좋은 아이디어를 내는 데 양은 질을 예측하는 가장 정확한 지표다. 다음은 스탠퍼드

대학교 로버트 서튼 교수의 말이다.

"독창적인 생각을 하는 사람들은 이상하게 변형되거나, 더 이상 발전할 여지가 없거나, 완전히 실패작인 아이디어를 많이 생각해낸다. 하지만 이는 결코 헛수고가 아니다. 그만큼 재료로 삼을 아이디어, 특히 참신한 아이디어를 많이 생각해내게 된다."

그렇다면 조직 내에서 많은 아이디어들이 활발히 소통되게 하려면 어떻게 해야 할까?

22_ 직원 제안 제도를 활용하는 기업

양질 전화의 법칙에 근거하여 모든 직원의 다양한 아이디어를 끌어내어 경영에 반영하는 방식 가운데 오랜 기간 가장 널리 활용되고 있는 것으로는 '직원 제안(Employee's Suggestion)' 제도를 꼽을 수 있다. 그렇다면 오늘날 많은 기업에서 운영하고 있는 이 제도는 언제 시작된 것일까?

매사추세츠대학 앨런 로빈슨(Alan Robinson) 교수에 의하면, 현대적인 직원 제안 제도를 최초로 도입한 사람은 스코틀랜드의 조선업자인 윌리엄 데니(William Denny)였다. 그는 1880년에 직원들에게 '노동자 발명 및 기술 개량의 보상을 위한 포상위원회 규정'이라는 제목이 붙은 유인물을 배포했는데, 직원이 제출한 아이디어 중 채택된 것에는 2파운드에서 15파운드까지 포상했다고 한다.

데니의 프로그램은 곧 대서양을 건너 존 패터슨(John Patterson)의 NCR이라는 금전등록기 회사에 전해졌고 여기서 직원이 제출한 아이디어는 1904년에만 7,000건이 넘었다. 대강 직원 1명당 2건의 아이디어를 제출한 것으로 이 중 3분의 1 정도가 채택되었다. 이것은 평사원들이 낸 쓸 만한 아이디어가 1년에 2,000건이 넘는다는 의미였으며 매우 높은 채택률이었다.

이후 많은 기업이 이 제도를 운영하기 시작했고, 특히 일본에서 꽃을 피웠다. 지금도 세계 각국의 수많은 기업이 이 제도를 운영하고 있는 가운데, 지금까지 가장 잘 활용하고 있는 기업으로 토요타(Toyota)를 들 수 있다. 토요타의 현장 직원들은 1인당 매년 10건 이상의 개선 제안을 하며, 이 가운데 90% 이상이 채택되어 실행에 옮겨지는 것으로 알려져 있다.

이 제도는 21세기에 들어 다양한 형태로 변형 운영되고 있는데, 구글이 운영한 회의 형태의 제안 제도 '공 쇼(Gong Show)'도 그중 하나다. 이는 회의에 참석한 직원들이 각기 자신의 아이디어를 내고 벨(Gong)이 울릴 때까지 아이디어를 설명하는 것으로, 뛰어난 아이디어일수록 더 많은 설명 시간이 부여된다. 이후 구글은 참석자들이 함께 맥주를 마시면서 데모를 보다가 가장 마음에 드는 것에 유리구슬로 투표하는 '맥주와 데모(Beer and Demos)'로 바꿨다.

최근에는 이 제도를 주식시장 형태로 운영하는 기업도 있다. 미국 롱아일랜드에 있는 라이트솔루션(Rite-Solutions)이 대표적인 사례다. 많은 기업이 대체 어떻게 해야 탁월한 아이디어를 얻을 수 있을까 하고 고민하는 가운데 이 회사는 '사내 주식시장(Stock Market)' 이라는 독특한 방식으로 이 문제를 해결하고 있다.

방위 소프트웨어를 만드는 직원 200명 규모의 이 회사 CEO 짐 라보이(Jim Lavoie)는 피라미드식 조직 구조와 엄격한 문화에 회의를 느꼈고, 경직되지 않은 역동적인 기업을 만들고 싶었다. 그러던 중 그는 운전을 하면서 경제뉴스를 듣다가 문득 주식시장을 떠올렸고, 사내에 아이디어를 거래하는 주식시장을 열기로 했다. 그는 곧 수 평적 사고방식을 지닌 몇몇 직원을 시켜 시스템을 만들었다.

라이트솔루션의 주식시장은 세 개다. 새로운 비즈니스와 엉뚱한 아이디어 시장인 스파즈닥(Spazdaq), 기존 비즈니스와 유사하면서 새로운 아이디어 시장인 바우존스(Bow Jones), 운영 과정상의 편리 함과 효율을 높이기 위한 실행 가능한 개선책 시장인 세이빙 본즈 (Saving Bonds)가 그것이다.

사내 주식시장이 돌아가는 방법은 다음과 같다.

혁신 아이디어를 기반으로 시장 공개를 원하는 내부 기업가 지망 자는 새로운 아이디어가 어떻게 가치를 창조하는지 설명한 제안서 와 함께 주식을 상장한다. 직원들은 자신들에게 주어진 1만 달러의 가상 화폐를 가지고 가장 성공적으로 보이는 아이디어 기업에 투자 한다. 가상 기업은 초기 주가 10달러에 상장하며 투자를 많이 받을 수록 주가가 올라간다. 물론 관심을 충분히 끌지 못하면 상장이 폐 지된다.

상장된 아이디어 가운데 상위 20위 안에 들면 공식적으로 팀이

꾸려지고 실세로 실행에 놀입한다. 해당 아이디어에서 수익이 나면 팀 전체가 공유한다. 흥미로운 것은 이 작은 시스템이 모든 직원에게 회사를 어떻게 발전시킬지 매일 생각하도록 자극함으로써 회사 방향을 결정할 수 있는 권한을 준다는 것이다.

외부에서 걸려오는 전화를 적절한 연구원에게 연결하는 자동 전화 응대 프로그램, 국방 산업의 기술을 비디오게임에 적용하는 아이디어 등이 성공적으로 사업화되어 회사에 큰 이익을 가져다주었다.

23— 브레인스토밍은 만병통치약이 아니다

● 1958년에 예일대학교 데이비드 테일러(David Taylor) 교수 연구팀은 이른바 브레인스토밍(brainstorming)이라고 불리는 '오스본 기법'의 효과를 검증하는 실험을 했다. 실험은 간단했다.
연구팀은 남자 학부생 48명을 12개 집단으로 나눠 일련의 창의성 문제를 제시했다. 그들은 오스본의 브레인스토밍 지침을 주의 깊게 따르라는 지시를 받았다. 대조군으로는 학생 48명에게 같은 문제를 주고 혼자 풀게 했다. 그 결과 혼자 문제를 푼 학생들이 브레인스토밍 집단보다 두 배 많은 해답을 내놓았고, 그들의 해답이 판정단에 의해 더 '실현 가능'하고 '효과적'인 답으로 평가받았다.

1940년대 후반, 광고 회사 BBDO의 동업자 알렉스 오스본(Alex

Osborn)이 창안한 브레인스토밍은 지금껏 가장 대중적으로 알려진 아이디어 발상 촉진 기법이다. 오늘날 많은 조직이 집단에서 최고의 아이디어를 뽑아내고 싶을 때 오스본의 지침을 따른다. 비판을 하지 말고 '자유분방한' 연상을 하라는 것이다. 이 지침의 바탕에 깔린 가정은 간단하다. 잘못된 말을 할까 봐 겁내면 결국 아무 말도 안 하게 된다는 것이다.

그런데 문제는 앞의 실험 결과에서 보듯이 브레인스토밍이 그다지 효과가 없다는 것이다. 워싱턴대학교의 심리학자 키스 소여(Keith Sawyer)는 이에 대해 이렇게 결론 짓는다.

"수십 년간의 연구가 일관적으로 보여준 것은 브레인스토밍을 하는 집단이, 혼자 생각하고 나중에 아이디어들을 한데 모으는 같은 수의 사람들보다 훨씬 적은 아이디어를 생각해낸다는 것이다."

그렇다면 브레인스토밍의 어떤 전제가 잘못된 것일까? 이에 대해 캘리포니아대학 챌런 네메스 교수가 주도한 다음의 연구 결과를 살펴보자.

네메스 교수는 여자 학부생 265명을 5명씩 팀으로 나누고, 모든 팀에 동일하게 '샌프란시스코 만 지역에서 교통 혼잡을 줄일 수 있는 방법은?'이라는 문제를 주었다. 팀은 20분 안에 가능한 한 많은 해답을 내놓아야 했다.

각 팀은 세 가지 조건 중 하나에 무작위로 배정됐다. 최소 조건의 팀은 더 이상의 지시를 받지 않았다. 그러나 그들이 함께 작업하길 원한다면 그렇게 해도 상관없었다. 브레인스토밍 조건의 팀은 표준적인 브레인스토밍의 지침을 받았다. 그리고 마지막 논쟁 조건의 팀은 다음과 같은 지시를 받았다. '대부분의 조사 결과와 전문가의 권고에 따르면, 좋은 해답을 떠올리는 최고의 방법은 많은 해답을 떠올리는 것입니다. 자유분방함은 환영합니다. 주저하지 말고 무엇이든 떠오르는 대로 말하세요. 그러나 덧붙이자면, 서로의 아이디어에 관해 논쟁하고 비판도 불사해야 합니다.'

어느 팀이 가장 잘했을까? 결과는 비교도 되지 않았다. 브레인스토밍 집단은 아무런 지시도 받지 않은 집단보다 약간 성적이 좋은 반면, 논쟁 조건의 사람들이 훨씬 더 창의적이었다. 이들은 평균적으로 아이디어를 25% 가까이 더 많이 냈다. 이 연구에서 가장 두드러진 부분은 집단을 해산한 다음에 드러났다. 연구자들이 피실험자들 각자에게 앞에서 했던 대화를 계기로 교통에 관한 아이디어를 떠올린 경우가 있었느냐고 물었을 때, 최소 조건과 브레인스토밍 조건의 사람들이 추가로 낸 아이디어는 평균 2건이었던 반면, 논쟁 조건의 사람들이 추가로 낸 아이디어는 7건이 넘었다.

이 결과에 대해 네메스는 이렇게 결론 내렸다.

"비판하지 말라는 지침은 흔히 브레인스토밍에서 가장 중요한 것으로 언급되지만, 이는 반생산적인 전략인 것 같다. 우리의 연구 결과는 논쟁과 비판이 아이디어를 억제하기는커녕 다른 어떤 조건보다도 아이디어를 촉진한다는 사실을 보여준다. 비판이 새로운 아이디어를 더 많이 끌어내는 것은 우리에게 남들의 작품과 한 판 붙으라고 부추기기 때문이다. 우리가 머리를 쓰는 것은 남들의 착상을 개선하고 싶기 때문이다. 정말로 우리 귀를 끌어당기는 것은 결함인 것이다."

브레인스토밍은 개인이 가지고 있는 지식을 최대한 융합하고 활용하며 짧은 시간 내에 특정 주제를 폭넓게 전개하는 데 더없이 좋은 방법이다. 그리고 이해와 적용이 쉬워 모든 종류의 사안에 활용할 수 있어 창의적 사고의 주춧돌이 될 수도 있다. 그러나 앞서 살펴보았듯이 결코 만병통치약은 아니라는 사실을 염두에 두고 신중하게 적용할 필요가 있다.

창조적인 기업일수록 아이디어 교환과 피드백을 촉진하는 다양한 브레인스토밍 방식을 적용하고 있다. 세계적인 디자인기업 아이데오(IDEO)도 그 가운데 하나다. 아이데오는 브레인스토밍을 말로만 끝내지 않는 원칙을 가지고 있다. 토론이 끝난 후에는 반드시 프로토타입(prototype: 시제품) 제작으로까지 이어져야 한다. 토론만 요란하게 하고 끝냄으로써 계속 제자리걸음만 하는 것을 미연에 방지하기 위해서다. 더불어 다음과 같은 '브레인스토밍의 7가지 원칙'을 정해 집단 창조력이 토론을 통해 제대로 발휘되도록 하고 있다.

1) 초점을 명확히 한다. 즉, 고객의 요구나 서비스에 집중해서 문제를 명확하게 제시한다.

2) 규칙을 만든다. 예를 들어 '양을 추구한다' '엉뚱한 아이디어를 격려하라' '시각화하라' '판단은 뒤로 미룬다' '한 번에 한 가지씩만 이야기한다' 등.

3) 아이디어에 번호를 매긴다.

4) 아이디어 창출이 정체될 때에는 사회자가 다른 이슈로 건너뛸 것을 제안한다.

5) 아이디어를 기록하기 위해 모든 공간을 활용한다.

6) 워밍업 시간을 갖는다.

7) 온몸을 활용해서 스케치를 하거나 프로토타입을 만든다.

<u>24</u> 상자 안에서 생각하라

● 휴튼 미플린(Houghton Mifflin) 출판사의 윌리엄 스폴딩(William Spaulding)은 그를 저녁 식사에 초대하여 '초등학교 1학년생도 재미있어서 손을 떼지 못할 이야기'를 써달라고 부탁했다. 이후에 추가로 요구 사항이 생겼는데 사용할 단어를 제한한 것이었다. 윌리엄 스폴딩은 225개의 한정된 단어들만 사용하여 이야기를 집필하기를 바랐다. 그는 처음엔 말도 안 된다는 반응을 보였다.

"처음엔 말도 안 되는 일이라고 생각했습니다. 그만두고 싶었지요. 그렇지만 다시 한 번 단어 목록을 바라봤습니다. 치음 두 단어가 운(韻)이 맞더군요. 그래서 그걸 책 제목으로 결정했습니다. 그 두 단어가 바로 고양이(cat)와 모자(hat)였습니다."

그렇게 쓰인 《모자 쓴 고양이(The Cat in the Hat)》는 출간 즉시 성공을 거두었다. 그리고 이후 이러한 방식을 응용하여 크게 성공한 랜덤하우스(Random House) 출판사의 사장이 그에게 50개의 단어만 사용한 책은 쓰지 못할 거라며 50달러를 걸고 내기를 하기에 이르렀다.

이에 그는 1음절로 된 49개의 단어와 '어디서든(anywhere)'이라는 단어를 사용한 《녹색 달걀과 햄(Green Eggs and Ham)》이라는 이야기를 만들어 그 도전에서 승리했다. 이 책은 '닥터 수스(Dr. Seuss)'라는 필명을 달고 나온 책 중 가장 잘 팔린 책이 되었다.

'닥터 수스'라는 이름으로 더 익숙한 시어도어 수스 가이젤(Theodore Seuss Geisel)의 이야기다. 그가 전 세계에서 1천만 부 이상이 판매된 책을 집필하게 된 것은 바로 이렇듯 가혹한 '제약' 때문이었던 것이다.

우리는 새로운 아이디어를 떠올리려면 '상자 밖의 사고(thinking outside the box)'를 해야 한다는 말을 금과옥조처럼 여기고 있는데 과연 그럴까?

오늘날 창의성을 연구하는 대부분의 학자들은 지나치게 많은 아이디어와 유추가 실질적으로는 관념화 과정을 방해하고, 무작위적이며 조직적이지 못한 사고는 창의성에 장애가 된다고 확언한다. 비록 구속받지 않는 자유로운 사고, 즉 '상자 밖의 사고'가 문제해결에 생산적일 수는 있지만, 창의적인 사고를 촉진하기보다는 오히려 억누른다는 것이다.

이에 대해 인공지능, 심리학, 철학, 인지과학 그리고 컴퓨터공학 등을 두루 연구하는 영국의 마거릿 보든(Margaret Boden) 교수는 이렇게 말한다.

"제약은 창의성을 방해하기는커녕 오히려 창의성을 발현하게 해준다. 모든 구속과 제한을 벗어던진다면 창의적 사고 능력은 파괴되고 말 것이다. 무작위적인 과정만으로는 흥미로운 어떤 것을 만들어낼 수 있을지 몰라도 본질적 놀라움이 아닌 일차적 호기심만 낳을 뿐이다."

직관에 반하는 것처럼 들릴지 몰라도 지나치게 자유로운 사고는 '아이디어의 혼돈 상태'로 이어지고, 이렇게 나온 아이디어의 독창성은 형편없는 수준으로 전락한다. 여러분은 닥터 수스처럼 주변에 있는 변변찮은 소재들을 가지고 뛰어난 해법을 만든 경험이 있거나 혹은 그런 이야기를 들은 적이 있을 것이다. 이는 필수 자원이 없거나 도구가 없을수록 더 독창적이어야 하기 때문이다.

이러한 제약을 이용해 성공을 거둔 실제 사례를 몇 가지 소개한다. 보스턴컨설팅그룹의 뤼크 드 브라방데르(Luc de Brabandere)와 앨런 아이니(Alan Iny)는 프랑스 에페르네의 샴페인 제조 회사인 샹파뉴 드 카스텔란(Champagne de Castellance) 임원 회의에서 '독주', '음료수', '샴페인', '술' 혹은 '술병' 같은 단어를 사용하지 않고 그들이 하는 일을 묘사해달라고 요청했다. 흥미로우면서도 예상치 못한 묘사들을 내놓은 임원들은 자사의 역할이 단순히 술을 공급하는 데 그치지 않고 '파티와 축하 행사의 성공에 기여하는 것'임을 깨달았다.

이처럼 단순하면서도 중요한 통찰을 얻게 되자 임원들이 회사의 미래에 대해 새로운 방식으로 생각할 수 있는 시각의 틀이 마련됐다. 이는 다양한 신제품과 마케팅 아이디어의 탄생으로 이어졌고 이 중 다수는 곧바로 채택됐다. 결과적으로 회사 매출은 크게 신장됐다.

새로운 아이디어 중 하나는 얼음이 담긴 휴대용 샴페인 가방이었다. 여름에 선물용으로 구입할 경우 시원하지 않다는 점에 착안해 얼음과 함께 샴페인 병을 넣어 들고 갈 수 있는 큰 플라스틱 가방을 제공했다. 또 파티에 연사로 초청되는 사람들을 위해 '연설하는 법'이라는 작은 책자를 무료로 제공했고 홍보의 일환으로 그 책자를 샴페인 병에 붙였다. 아울러 파티에서 게임과 행사가 열린다는 점에 주목해 샴페인 병을 운반하는 나무 상자 모양을 체스와 주사위 놀이판으로 사용할 수 있게 바꿨다. 이 또한 큰 성공을 거두었다.

세계적인 보트 업체 'J보트(J Boats)'의 일화는 보트 업계에서 전설로 여겨진다. 밥 존스턴(Bob Johnstone)과 함께 J보트를 공동 창업한 로드니 존스턴(Rodney Johnstone)은 1975년 코네티컷에 있는 자신의 차고에서 J/24 요트의 원형을 만들었다. 그는 이렇게 말한다.

"그 차고는 8.5m 길이에 한쪽 구석에는 작업대가 있었고, 문 폭은 2.8m였죠. 우리 요트가 길이 7.3m에 폭이 2.7m인 것은 우연이 아닙니다."

1976년에 출시된 J/24는 세계적으로 가장 유명하고 널리 인정받는 요트가 되었다. J보트는 요트 수천 대를 만들었으며, 조립 라인을 확장해 길이가 6.7m에서 15.8m에 이르는 다양한 요트를 생산했다. 매년 10만 명이 넘는 세계인이 J보트의 요트로 항해했다. J보트는 〈포춘〉지로부터 미국에서 생산되는 최고의 제품 100가지 가운데 하나로 선정되기도 했다.

하지만 1991년 봄이 되자 위기가 닥쳤다. 1990년 11월 5일, 조지 부시 대통령이 '새로운 세금은 없다'고 한 자신의 공약을 깨고 새로운 세제 법안에 서명했기 때문이다. 다음 해 1월 1일부터 1만 달러가 넘는 보석과 모피, 3만 달러가 넘는 자동차, 10만 달러가 넘는 보트, 25만 달러가 넘는 레저용 항공기에 10%의 특별 소비세가 부과될 예정이었다.

이 법안이 보트 업계에 미친 영향은 치명적이었다. 뉴욕의 한 유명 딜러는 1990년에 호화 보트를 30대 팔았지만, 1991년에는 고작 2대를 팔았다. 미국 전역에서 요트 판매량이 77% 감소했다. 2만 5000명의 노동자들이 해고되었고 많은 보트 제조 업체가 파산을 선언했다. 두 창업자는 새로운 아이디어를 내지 않으면 이제 자신들이 파산을 선언해야 할 차례라는 것을 알았다.

밥 존스턴은 급감한 수요에 대응하기 위해 완전히 새로운 유형의 요트를 생산해야 한다는 것을 깨달았다. 새 요트는 특별 소비세를 피하기 위해 가격이 10만 달러 미만이어야 했고, 빠르고 재미있으면서도 항해하기가 쉬워야 했다. 또한 성능과 품질 측면에서 J보트의 명성을 강화해주어야 했다.

이렇게 해서 개발된 모델이 엄청난 인기를 끈 J/105이다. 유선형의 '스포츠 보트' 개념으로 만들어진 J/105 요트에는 접이식 기움 돛대가 장착되었다. 이 요트로 새 생명을 얻은 것과 다름없는 J보트는 예전의 설계 방식에서 벗어나지 못하던 업계에 혁명을 일으켰다. 오늘날에도 여전히 J보트는 고성능 고품질로 업계 선두를 달리고 있다.

1993년에 폐지되기는 했지만 특별 소비세로 인한 압박감이 없었더라면 J보트의 혁신은 이루어지지 못했을 것이다. 밥 존스턴은 자신이 그러한 발상을 할 수 있었던 이유를 이렇게 말한다.

"압박이 없었다면 혁신도 없었을 겁니다. 궁지에 몰린 쥐가 창의력을 발휘합니다."

상자 안에서 생각하는 방법으로 흔히 '자원' 제약을 떠올리지만, '시간'을 제약하는 방법도 있다. 예컨대 '데모 데이(Demo Day)'와 같은 것 말이다.

데모 데이는 프로젝트를 완료하는 '디 데이(D-Day)', 즉 '데드라인(deadline)' 이전에 미리 '시범을 보이게 하는(demonstration)' 날 또는 행사를 의미한다. 이는 애플의 스티브 잡스가 자주 활용한 방법이기도 하다.

IT 업계에서는 통상 트레이드 쇼(말하자면 '데드라인')를 일주일 앞두고서야 발동이 걸린다. 그동안 정체되어 있던 프로젝트의 90%가량은 이 기간에 진도가 나간다. 미루고 미루다가 마감이 코앞에 닥쳐서야 행동에 들어가는 것이다. 하지만 많은 경우 제대로 빨리 행동하지 않아 데드라인을 놓치고 만다.

이런 일이 생기지 않도록 하기 위해 많은 기업이 데모 데이를 활용한다. 데드라인 2주 전이나 한 달 전쯤에 적절한 구실을 만들어

'예비 데드라인'을 만드는 것이다. 예를 들어 중국에서 유통업자가 방문한다거나, 투자를 한 벤처캐피털 회사가 직접 진행 과정을 보고 싶어 한다는 등의 구실 말이다.

이렇듯 예비 데드라인을 만들면 창조적인 직원들이 프로젝트 기한을 맞추는 데 도움이 된다. 심리학에서 말하는 '데드라인 효과(deadline effect)'를 교묘히 이용하는 것이다.

25 파워포인트 프레젠테이션을 없애라

● "'마케팅 부서의 인원수는 현재 수준의 수익률을 지원하기 위한 요건을 초과하는 숫자입니다. 그리고 1인당 수익은 매년 15퍼센트씩 감소하고 있습니다. 그럼에도 불구하고 이러한 인원수는 사전에 계획되지 않은 휴가와 교육 일정에 활용되고 있습니다. 이렇게 간접적 행위에 직접 인력을 초과하여 활용하는 경우가 점차 증가한 것이 계획 대비 성과의 마진율이 줄어들고 있는 현상의 주요 요인인 것으로 보입니다만……'

나는 불 꺼진 방에 앉아 프로젝터로 스크린에 쏘아대는 파워포인트 프레젠테이션 보고를 끝없이 들어야 했습니다. 신제품 개발 전략 프레젠테이션, 시장 확대 계획 프레젠테이션, 인력 관리 프로세스 개선 프레젠테이션 등. 고상한 단어와 숫자가 나열된 파워포인트 보고를 계속 듣고 있노라면 우리 회사가 제조업이 아니라 프레젠테이션 자료를 만드는 비즈니스에 종사하는 게 아닌가 하는 생각이 들 정도였습니다."

새로 인수한 회사에 부임한 어느 CEO 이야기다. 혹시 여러분 조직의 모습도 이렇지 않은가?

'파워포인트(PowerPoint)에 의한 죽음'이라는 말이 있다. 파워포인트라고 하는 소프트웨어가 만들어내는 끝없이 이어지는 프레젠테이션의 행렬을 의미한다. 신중한 사고 과정이 결핍된, 그리고 중요한 핵심을 제대로 파악하지 못하는 프레젠테이션은 괴로움에 불과하다는 말이다.

파워포인트는 마이크로소프트가 개발한 프레젠테이션 소프트웨어로, 그 효율성으로 인해 매우 빠른 속도로 기업의 보고 및 회의 툴로 자리를 잡았다. 그런데 요즘 들어 파워포인트 프레젠테이션을 없애라는 목소리가 높아지고 있다. 파워포인트가 효율성이라는 장점을 가진 반면 구성원들의 집중력을 떨어뜨리고 소통을 방해하며 창의성을 억압한다는 것이다. 그래서 세계적인 기업 경영자들 가운데 파워포인트를 싫어하는 사람이 많다.

지금은 고인이 된 애플의 CEO 스티브 잡스는 파워포인트를 싫어하다 못해 혐오한 사람으로 알려져 있다. 그의 전기를 보면, 그가 암 투병 중일 때 의사가 파워포인트를 이용해 그의 병세를 설명하다가 혼쭐이 났다는 얘기가 있을 정도다. 잡스는 형식적인 프레젠테이션을 싫어했고 자유롭게 흘러가는 면대면 회의를 선호했다. 그는 간부들을 매주 모아서 공식적인 주제 없이 그냥 아이디어를 내게 했고, 슬라이드는 금지했다. 슬라이드에 의지하면 사람은 생각하기를 멈춘다는 것이었다. 정말 자기가 말하고자 하는 바를 알고 전하려는 열정이 있다면 파워포인트 같은 건 필요하지 않다는 것이 그의 생각이었다.

아마존은 회의 때 파워포인트 프레젠테이션을 절대 사용하지 않는다. 대신 직원들은 자신이 발표할 내용을 '서술(narrative)'이라고 부르는 6페이지짜리 산문 형식으로 써야 한다. CEO인 제프 베조스(Jeff Bezos)는 그러한 방법을 통해 비판적 사고를 기를 수 있다고 믿는다. 베조스는 직원들이 파워포인트 문서 속에 게으른 사고를 숨기고 있다며 이렇게 말한다.

"파워포인트는 매우 애매모호한 소통 메커니즘입니다. 요약 목록 사이에 숨는 일은 아주 쉽습니다. 생각을 완전히 표현하지 않아도 되니까요."

놀라운 사실은 파워포인트를 개발한 마이크로소프트의 CEO 스티브 발머(Steve Ballmer)도 재임 시절 정작 자신이 주관하는 회의에서는 파워포인트 프레젠테이션을 금했다는 것이다. 대신에 그는 사전에 관련 자료들을 살펴보고, 사람들을 직접 만난 자리에서 곧장 안건으로 들어가서 중요한 질문들을 던졌다. 그리고 이렇게 말했다.

"그래야 더 집중할 수 있거든요."

이 밖에 구글에서 오랫동안 일하다가 저커버그(Mark Zuckerberg)

의 부름을 받고 페이스북의 COO로 합류한 셰릴 샌드버그(Sheryl Sandberg)와, 구글 부사장에서 야후의 CEO로 자리를 옮긴 마리사 메이어도 취임하자마자 파워포인트 프레젠테이션을 금지한 것으로 알려졌다.

국내에서는 현대카드의 정태영 부회장이 파워포인트의 문제점을 잘 알고 있는 CEO로 통한다. 현대카드는 2014년부터 'ZERO PPT(제로 파워포인트)' 캠페인을 실시해오다가 2016년 3월부터는 회사 내부 발표 시 파워포인트 프레젠테이션을 전면 금지했다. 다음은 파워포인트 전면 금지에 대한 정태영 부회장의 말이다.

"파워포인트가 나쁜 것은 아니다. 쉽게 쓰자면 복잡한 것도 아니고 의사결정에 도움을 준다. 문제는 파워포인트의 자가발전 마력이다. 더 많은 스킬을 과시하고 남용하게 하는 속성이 있다. 그렇게 싸워도 파워포인트 없이는 윗사람에게 보고하기 힘든 세상으로 다시 돌아간다."

요즘 미국에는 파워포인트 대신 직접 칠판에 그림을 그려가며 회의를 하는 회사가 늘어나고 있다. 특히 IT 기업 사이에 유행하는 이같은 시각적인 아이디어 표현 방식을 'Doodling(낙서 기법)'이라고 하는데, 이러한 기법이 유행하면서 미국에는 사무실 벽을 칠판으로 개조해주는 회사가 성업 중이라고 한다.

페이스북이 사무실 벽을 개조해 칠판으로 바꾼 것은 잘 알려진 사례다. 직원들이 좋은 아이디어가 떠오를 때마다 기록으로 남기도록 한 것이다. 직원들은 칠판에 만화를 그리는가 하면 도표를 만들기도 하고 쪽지를 붙여놓기도 한다. 이 회사의 커뮤니케이션 디자이너는 "창의적 아이디어를 표현하는 데 직접 손으로 그리는 것만큼 좋은 것은 없다"고 말한다.

아예 별도의 '낙서 룸'을 만드는 기업도 있다. 시트릭스라는 소프트웨어 회사는 첨단 기기에 익숙한 직원들이 손으로 자신의 생각을 표현할 수 있도록 '디자인 협력 룸(design collaboration workspace)'을 만들었다. 이 방에는 칠판과 사인펜, 낙서장은 물론이고 3차원적인 아이디어 구현을 위한 스티로폼이나 막대 기구 등이 비치되어 있다.

홈어웨이(HomeAway Inc.)라는 여행 관련 기업과 온라인 소매업체 자포스는 직원들이 머릿속 아이디어를 함축적이고 생생하게 표현하는 방법을 습득하도록 그래픽 전문가를 불러 교육한다. 그래픽 전문가는 도표를 만들 때 각종 도형이나 화살표를 이용해서 아이디어의 흐름을 구체화하는 방법을 가르쳐준다. 그뿐만 아니라 이들 회사는 회의 때 배석하여 토의한 내용을 그림이나 도표로 정리해주는 '그래픽 기록가(graphic recorder)'까지 고용한 것으로 알려졌다.

4

실험을 장려하고
실패를 허용하라

● 미국 학자 톰 우젝(Tom Wujec)은 '마시멜로 챌린지(The Marshmallow Challenge)'라는 재미있는 실험을 했다. 그는 건축학도와 공학도, 기업 CEO와 수행 비서, 유치원생, 기업의 CEO, 변호사, MBA 학생으로 이루어진 6개 팀을 구성했다. 그리고 각 팀에 스파게티면 20개, 테이프 1미터, 실 1미터, 마시멜로 1개를 나눠준 후

18분 동안 4명의 팀원이 협동하여 최대한 높은 탑을 쌓고 마시멜로를 꼭대기에 꽂게 했다. 똑같은 조건에서 어느 팀이 정해진 시간 안에 가장 높은 탑을 쌓는지 게임을 진행한 것이다.

과연 어느 팀이 1등을 하고, 어느 팀이 꼴찌를 했을까? 아마 1등은 의견이 분분하겠지만 꼴찌로는 대부분 유치원생을 지목했을 것이다. 그런데 결과는 그야말로 어처구니없었다. 꼴찌로 예상했던 유치원생들은 당당히 3위를 차지했고, 중상위에 랭크될 것으로 예상한 MBA 학생들은 아예 탑을 쌓지 못했다. 1등은 예상대로 건축학도와 공학도로 구성된 팀, 2등은 CEO와 수행 비서로 구성된 팀, 4등은 CEO들로만 구성된 팀, 5등은 변호사들로 구성된 팀이었다.

왜 이런 결과가 나왔을까? 그것은 한정된 시간을 어떻게 썼느냐에 기인한다. MBA 팀은 좋은 방법을 생각하고 토론하는 데 시간을 보내는 바람에 한두 번 시도하다가 결국 탑을 완성하지 못한 채 끝난 반면, 유치원생들은 일단 탑을 쌓아보고 실패하면 개선해서 다시 쌓고, 실패하면 개선하여 또 쌓는 방식으로 당당히 3등을 차지한 것이다.

26_ 실험 – 검토 – 조정을 반복하라

계속적인 시도와 실험이야말로 창조의 주요 동력이다. 창조는 대개 주도면밀한 계획보다는 시행착오에 바탕을 둔 발견적 학습을 통해 이루어진다. 이를 위해 창조적 리더들은 '실험-검토-조정'의 프로세스를 반복한다. 이처럼 실제로 효과가 있는지 계속 확인하는 과정에서 점점 더 나은 해결책을 만들어내는 역량을 '창조적 민첩성(Creative Agility)'이라 한다.

반복 횟수는 해결해야 할 문제가 얼마나 복잡하고 어려우냐에 따라 달라진다. 어떤 문제는 한두 번의 반복만으로 해결되고, 또 어떤 문제는 수차례 거듭 시도해야 하며, 경우에 따라서는 몇 년이 걸리는 경우도 있다.

조직 행동 분야의 세계적 석학이자 하버드 경영대학원 린다 힐(Linda Hill) 교수 일행은 그들의 저서 《혁신의 설계자》에서 이 프로세스의 바람직한 진행 모습을 다음과 같은 세 단계로 설명한다.

첫 번째는 빠르고 적극적으로 새로운 아이디어를 실험하는 단계다. 적극적으로 신규 아이디어를 찾고 시도하는 것은 대다수 조직의 행동 양태와는 거리가 멀다. 대부분의 조직은 여러 아이디어를 계속 시험하기보다는 가능성 높은 한두 가지만 남기고 나머지는 논의 단계에서 폐기한다. 그리고 진정한 창조는 철저한 계획에서 나온다는 잘못된 믿음에 따라 행동 계획 수립에 역량을 집중한다.

반면 창조적인 조직은 세부적인 계획에만 의존하지 않고, 계획을 완전히 무시하지도 않는다. 계획은 세우되, 실행이나 즉흥성에 약간 더 치중하는 경향이 있다. 이들은 일단 해결책을 찾아내기 위한 대략적 방향을 정한 다음에 최대한 다양한 대안을 실험한다. 그리고 실험 결과에 따라 다음 행동을 조정하고 다시 계획을 세워 실험해보는 과정을 반복한다.

신속하게 행동하면서 새로운 아이디어를 빨리 실험해볼수록 실험 가능한 아이디어는 더 많아진다. 실험 아이디어가 많을수록 더 많은 것을 더 빨리 배운다. 빨리 배울수록 대안을 버리고 채택하는 과정도 빨라진다.

두 번째는 실험 결과를 검토해 유용한 정보를 얻는 단계다.

성공이든 실패든, 실험만큼 훌륭한 학습 기회를 제공하는 것도 없다. 그래서 창조적 리더는 구성원들에게 신규 아이디어를 생각해내는 것만큼 아이디어 실험 결과를 분석하라고 주문한다. 분석 결과를 계속 반영하면서 아이디어를 가다듬어야 만족스러운 최종 해결책을 찾아낼 수 있기 때문이다.

검토 작업은 개방성, 목적성, 협력성이 전제되어야 한다. 중요한 판단 기준과 핵심 정보가 모든 관계자에게 개방돼야 하며, 은밀히 이루어져서는 안 된다. 창조적 조직에서는 대개 사후평가를 공식화해 누구나 자료를 검토하고 유용한 정보를 찾아내 활용할 수 있다. 개방적 분위기에서만이 뛰어난 분석이 가능하기 때문이다. 물론 이 과정에서 논쟁이 과열되기도 하고 해석에 이견이 나오기도 한다. 그 과정에서 마음을 바꾸기도 하고 잘못된 결정이 나오기도 하겠지만, 그 때문에 불이익을 받아서는 안 된다.

세 번째는 검토 결과를 토대로 후속 행동과 방안을 조정하는 단계다.

조정은 최종 해결책을 찾기 위해 어떻게 해야 할지 결정하는 데 목적이 있다. 이 단계에서는 검토 작업에서 얻은 정보를 바탕으로 다음에 할 행동을 정한다. 대개는 바로 전에 한 행동을 수정하거나 '실험-검토-조정' 작업을 반복하게 된다.

실험이 성공적이라면 조정 과정에서 사소한 오류만 보강하기로 결론 내릴 수 있고, 반대로 더 검토할 가치가 없다고 보아 폐기하거나 보류할 수도 있다. 혹은 한 걸음 물러나 다음 질문을 숙고해보는 시간이 되기도 한다. '우리가 문제의 본질을 제대로 짚었을까?', '다른 방식이 필요할까?'

조직 전반에 창조적 민첩성을 기대하려면 구성원들이 계속해서 아이디어를 '실험하고 검토하고 조정하는' 작업을 신속하고 효율적으로 수행할 수 있는 환경이 조성돼야 하며, 이것이 바로 리더가 할 일이다. 이것이 실험과 성과라는 두 마리 토끼를 모두 잡는 길이다.

27_ 최고실험자가 되라

● "제 생각으로는 무언가를 발명하고 싶다면, 정말로 혁신하고 싶고 새로운 일을 하고 싶다면, 분명히 실패를 겪을 겁니다. 왜냐하면 실험을 해야 하니까요. 유용한 발명을 얼마나 많이 할 수 있느냐는 매주, 매달, 매년 몇 번의 실험을 하느냐에 정확히 비례한다고 생각합니다. 그러니 실험의 수를 늘린다면 실패의 수도 늘어나겠죠."

이 글은 아마존의 CEO 제프 베조스가 유타기술협의회 명예의 전당에서 열린 만찬에서 남긴 말이다. 베조스는 여느 경영자보다 실험의 중요성을 깊이 인식하고 이를 실천한 '최고실험자(Chief Experimenter)'로 알려져 있다.

리더의 핵심 직무는 무엇일까? 이 질문에 우리는 거침없이 '의사결정'이라고 답한다. 그런데 세계적인 혁신 전문가로 알려진 미국 브리검영대 대학원의 제프 다이어(Jeff Dyer) 교수는 그의 책 《이노베이터 메소드》에서 '리더의 핵심 직무는 자신이 직접 의사결정을 하는 것이 아니라 의사결정의 근거가 되는 데이터를 만들도록 구성원을 독려하고, 그 데이터에 귀를 기울여 조직 의사결정을 이끌어내는 일'이라고 주장한다. 그러면서 그는 구글의 '애드센스(AdSense)' 개발 사례를 예로 든다.

잘 아는 대로 애드센스는 구글의 전체 매출 가운데 약 4분의 1을 차지하는 핵심 수익 사업 가운데 하나로, 어느 사이트의 내용에 흥미를 느낀 사용자는 같은 주제를 가진 광고도 동시에 보려 한다는 가정하에 사이트의 내용을 분석해 그에 알맞은 광고를 내보내는 콘텍스트 광고(context advertisement)의 하나다.

이 애드센스는 구글 엔지니어 폴 부크하이트(Paul Buchheit)의 아이디어에서 시작됐다. 그는 구글의 이메일 서비스인 지메일(G-Mail)에 '이메일 내용과 관련 있는 광고를 붙이자'는 생각을 했다. 내용과 밀접히 관련된 광고를 붙이면 사용자가 좋아할 것이라고 판단한 것이다.

그러나 당시 구글의 임원이었던 마리사 메이어는 부크하이트의 제안을 거부했다. 시제품도 못 만들게 했다. 아이디어가 마음에 들지 않았던 것이다. 그러나 부크하이트는 상사의 의견을 무시하고 밤을 새워 시제품을 만들었고, 메이어가 출근하기 전인 오전 7시에 구글 직원들에게 배포했다.

메이어가 출근해 자기 지메일을 열어보니 메일 옆에 광고가 붙어 있었다. 메이어는 처음에는 언짢았다. 부하가 자신의 지시를 무시한 까닭이다. 그러나 가만히 보니 그 광고가 유용해 보였다. 앨 고어 미국 부통령이 스탠퍼드대학교에서 연설할 예정이라는 메일이었는데, 메일 옆에 앨 고어가 쓴 책 광고가 붙어 있는 것이었다. 고어의 연설에 관심 있는 사람들에게는 유용한 정보였다.

메이어는 이 메일을 보고 생각을 바꿨다. 광고가 효과가 있겠다고 생각한 것이다. 메이어뿐만 아니라 상당한 사용자들로부터 광고 상품은 긍정적인 반응을 얻었다. 이와 같은 '긍정적 반응'이라는 데이터를 근거로 구글은 광고 상품인 애드센스를 내놓았고, 오늘날 효자 상품이 되었다.

이 사례를 들면서 제프 다이어 교수는 이렇게 말한다.

"이제 리더는 더 이상 '최고의사결정자(Chief Decision Maker)'가 돼서는 안 된다. 불확실성이 점점 커지는 오늘날 리더의 감(感)이나 추측에 의한 의사결정에 조직의 운명을 맡겨서는 안 된다. 이제 리더는 '최고실험자'가 돼야 한다. 아이디어가 떠오르면 이를 테스트하고 실험하는 문화를 만드는 것이 리더의 핵심 직무다."

새로운 상품이나 서비스를 출시하여 저잠하게 실패하는 것은 잘못된 소비자 분석에 기인하는 경우가 많다. 소수의 소비자를 대상으로 진행하는 포커스그룹 인터뷰나 광범위한 소비자 설문 조사는 기업이 흔히 사용하는 도구이지만 기업에 치명상을 입힐 수도 있는 이중적인 존재다. 포커스그룹에 선발된 사람들은 의뢰자가 듣고 싶어 하는 말을 하려 하며, 설문 조사 응답자들은 빨리 끝나기만을 바라며 성의 없이 답변하고, 또 질문하는 사람 역시 의도가 담긴 질문을 던지곤 하기 때문이다.

이를테면 새로운 청소기를 개발하는 업체가 '물걸레가 장착된 청소기가 나오면 편리할 것 같으냐'고 물어보는 식이다. 그러면 응답자는 물걸레 청소기가 필요하다는 전제하에 대답을 할 수밖에 없다. 그런가 하면 인터뷰이나 설문 응답자가 자기 자신을 잘 모르는 경우도 많다. 지난주에 몇 번이나 술을 마셨느냐고 묻는다면 정확하게 답을 할 수 있겠지만, 한 달에 평균 몇 번 술을 마시느냐고 묻는다면 조금 복잡해진다. 또 어떤 종류의 술을 더 많이 마시느냐, 왜 그러냐 등 세부적으로 들어갈수록 정확도는 떨어진다.

그러니 괜히 돌아가지 말고 곧장 잠재 고객을 찾아가 상품이나 서비스를 직접 써보게 하라. 전 재산을 털어 개발을 완료한 후에 소비자가 원하는 것이 아니라는 사실을 깨닫고 싶지 않다면 개발을 마치기 전에 반드시 이러한 '실험'을 거치는 것이 좋다. 좋은 사례로 10년간 60억 달러가 넘는 매출을 올리며 시장을 평정한 미국 식품업체 캠벨(Campbell)의 파스타 소스 '프레고(Prego)'를 들 수 있다.

캠벨이 처음 프레고를 출시했을 때 소비자들은 무관심했고 뚜렷한 해결책도 없었다. 이 제품의 마케팅 자문을 맡은 실험심리학자 하워드 모스코비츠(Howard Moskowitz)는 새로운 방식의 소비자 조사를 제안했다. 파스타 소스에 들어가는 각종 재료의 배합을 달리해서 여러 종류의 시제품을 만든 다음 소비자들이 직접 먹어보게 하자는 것이었다.

그는 45개의 시제품을 만들고 미국 곳곳을 돌아다니며 시식 행사를 가졌다. 그 결과 소비자들의 소스 취향은 '보통 맛', '전통적인 맛', '강한 매운맛', '씹는 맛' 이렇게 4가지로 분류할 수 있고, 그중에서 '씹는 맛'이 호감도도 높고 제품화된 적이 없는 새로운 소스라는 사실을 알아냈다. 그는 이 실험을 통해 소비자들에게 자기 자신들조차 몰랐던 '씹는 맛을 좋아한다는 사실'을 일깨웠고 신제품도 성공시킬 수 있었다.

말이나 글로 얻는 결과에는 한계와 해석의 오류가 있을 수밖에 없다. 하지만 미완성의 제품이나 서비스로 미리 결과를 내보는 실험 방식은 잘못된 해석이 끼어들 여지가 상대적으로 적다. '실패할 확률을 낮추는 가장 좋은 방법은 실험을 하는 것'이다.

<u>28</u> 손으로 생각하라

● 크라이슬러(Chrysler)의 전 CEO인 리 아이아코카(Lee Iacocca)가

지붕을 접었디 폈다 할 수 있는 컨버터블 승용차를 개발할 때의 이야기다. 아이어코카는 수석 엔지니어에게 컨버터블 승용차의 프로토타입을 만들라고 지시했다. 그러자 표준 절차에 익숙한 엔지니어는 이렇게 답했다.

"좋습니다. 앞으로 9개월 안에 프로토타입을 만들겠습니다."

아이아코카는 격노했다.

"무슨 말인지 못 알아듣는군요. 당장 차로 가서 천장을 잘라내라고요!"

엔지니어는 즉시 프로토타입을 만들어냈다. 크라이슬러의 컨버터블 승용차는 대성공을 거뒀다.

창조적 기업은 전략이나 계획보다 실행에 더 집중한다. 개략적인 계획이 서면 일단 실행하면서 다듬어간다는 게 그들의 생각이다. 완벽한 계획을 세워 실행하기보다 실행하면서 계획을 보완하는 쪽이 성공 확률을 높인다고 믿기 때문이다. 이는 1990년대 초 실시된 스탠퍼드대학 경영대학원 캐슬린 아이젠하르트(Kathleen M. Eisenhardt)와 베넘 타브리치(Behnam N. Tabrizi) 교수의 조사 결과를 통해 사실로 입증되었다.

두 사람은 연간 매출액이 5천만 달러를 넘는 유럽, 아시아, 미국의 36개 컴퓨터 제조 기업에서 이루어진 72개 제품 개발 프로젝트를 면밀히 조사했다. 그들은 각 프로젝트의 수행 과정에서 단계별로 소요된 시간과 성과의 상관관계를 분석했는데, 결과적으로 계획을 세우는 데 적은 시간을 소모하고 실전에서 많은 시간을 소모한 팀이 가장 혁신적인 성과를 낸 것으로 나타났다. 다시 말해 '실행해가면서 보완한다'는 원칙을 실천한 팀이 '완벽한 계획'을 추구한 팀보다 우수한 성과를 낸 것이다.

프로토타입은 이와 같은 '실행하면서 다듬어간다'는 원칙을 실천하는 데 아주 유용한 방식으로, 이를 잘 활용하는 회사가 세계적인 디자인 기업 아이데오다. 이 회사의 핵심적인 성공 비결은 직원들이 내놓은 아이디어를 신속하게 보고 만질 수 있는 프로토타입으로 만들어내는 데 있다. 아이데오의 가장 유명한 발명품으로 꼽히는 컴퓨터 마우스도 구슬처럼 생긴 방취제 뚜껑 부분을 버터가 담긴 접시 밑바닥에 붙여 만든 프로토타입에서 탄생했다.

아이데오의 CEO 팀 브라운(Tim Brown)은 실행과 프로토타입의 중요성을 '손으로 생각하기'라는 표현을 써서 다음과 같이 강조한다.

"중요한 건 속도다. 머릿속으로 생각하거나 스케치하는 데 머물러선 안 된다. 머릿속의 생각을 실제로 만들어보는 게 결과적으로는 성공으로 가는 가장 빠른 길이다. 아무리 조악한 프로토타입이라도 상관없다. 프로토타입은 물리적 제품뿐 아니라 서비스, 소프트웨어, 사용자 체험 등에 모두 적용된다. 팀 내부에서만 검토할 수도 있고, 경영진과 함께 검토할 수도 있으며, 시장에 직접 나가 테스트해볼 수도 있다. 무엇보다 중요한 건 손으로 생각하는 행위다."

아이데오의 사무실에는 직원의 상상력을 자극하고 프로토타입을 손쉽게 만들 수 있도록 온갖 공구와 재료, 기이한 물품들을 보관해둔 '테크 박스(Tech Box)'라는 이름의, 바퀴가 달린 서랍형 캐비닛이 있다. 거기에는 내용물이 어디서 왔는지를 포함한 관련 정보와 함께 목록이 만들어져 있는데, 도서관과 박물관에서 책과 작품의 일람표를 만드는 것과 같은 방식이다. 이 박스는 회사 자체의 네트워크 안에서 직원들이 언제든지 자유롭게 열람할 수 있도록 되어 있다.

테크 박스의 원조는 아이데오의 디자인 책임자였던 데니스 보일(Dennis Boyle)로 알려졌다. 그는 어렸을 적부터 소품을 모으는 취미가 있었다. 그는 희한한 물건, 조금 이상한 재료, 기발한 기계 부품 같은 것을 종이 상자에 넣어 보관했다. 그는 그것을 '마술 상자'라 부르며, 자신이 디자이너로 일했던 아이데오의 자기 책상 밑에 두었다. 그는 아이디어 회의 때면 상자 속의 무엇인가가 불꽃같은 영감과 새로운 무엇에 대한 아이디어를 공급해주었다고 밝혔다. 이후 그가 디자인 팀의 책임자가 되었을 때 이 상자를 동료들과 공유한 것이 점차 확장되어 오늘날의 테크 박스가 되었다.

다음은 '테크놀로지의 계관시인'이라고 불리는 헨리 페트로스키(Henry Petroski)가 보일의 안내로 이 회사의 테크 박스를 직접 본 소감이다.

"내가 아이데오를 방문하던 날, 테크 박스는 평상시에 있는 자리인 듯, 스튜디오의 중앙쯤에 놓여 있었다. 테크 박스가 어떤 일을 하는지 보여주기 위해, 보일은 두어 개의 서랍을 열었다가 작은 고무공 2개와 45cm가량의 구리관, 그리고 1달러 상점이나 벼룩시장에서 볼 법한 몇몇 흥미로운 물건을 보여주었다. 그가 캐비닛 위에 2개의 공을 떨어뜨리자 하나는 그의 손으로 튕겨 들어갔는데, 다른 하나는 캐비닛 위에 그대로 붙어 있었다. 그 공은 풀 같은 것이 묻어 있지는 않았지만 전혀 튕기지 않은 소재로 만들어진 것이었다. 그 유별난 공이야말로 테크 박스의 특징을 보여주는데, 고무 모양을 한 공이 튕겨 오르지 않는 것을 보고 어떤 영감이 떠오르거나 그것을 무엇에 응용해보겠다는 생각이 들지 누가 알겠는가? 테크 박스에 든 튕겨 오르지 않는 공의 존재는 그러한 물건이 실제로 있음을 증명해준다.

구리관도 매혹적이기는 마찬가지였다. 보일은 스콧 언더우드라는 사람을 불러 그 구리관에 대한 설명을 대신하게 했다. 그는 방금 끓은 물을 주전자에서 컵에 따른 후, 45cm의 차가운 관을 컵 안에 집어넣고, 나에게 곧바로 그 끝을 만져보라고 했다. 물 위로 족히 30cm는 나와 있을 관의 끝은 놀랍게도 손으로 잡기에 이미 너무 뜨거워져 있었다. 보일은 그것을 '열을 내는 파이프'라고 불렀다. 완전한 진공 상태는 아니지만, 봉해진 튜브의 안쪽은 약간의 습기만 들어가도 엄청나게 뜨거워진 증기를 거의 곧바로 내뿜는다는 설명이었다. 구리야말로 말할 필요도 없이 뛰어난 열전도체이거니와 구리로 만든 관은 빨대가 물을 빨아들이듯 컵 속의 열을 빨아올렸다. 보일은 이 같은 열 파이프를 이용하면 컴퓨터의 열을 식히기 위해 사용하는, 엄청나게 시끄러운 쿨링팬을 효과적으로 대체할 수 있으리라고 했다."

29 — 프로토타입의 효과와 종류

프로토타입을 만드는 것은 문제해결의 지름길이다. 머릿속에 있는 아이디어를 그림으로 표현하거나 실물로 만들어 직접 눈으로 보게 되면 발견의 새로운 가능성이 열린다. 이것이 바로 프로토타입 효과다.

MIT 슬로언 경영대학원 비즈니스센터의 마이클 슈라지(Michael Schrage)는 프로토타입의 효과에 대해서 "당신의 보스는 당신이 처한 상황을 당신과 똑같이 생각하지 않을 수도 있기 때문에 '보여주는 것'이 말하는 것보다 항상 더 낫다"라는 말로 표현한다. '백문이 불여일견(百聞而不如一見)'이라는 말이다.

프로토타입을 빨리 그리고 적은 비용으로 만들면 많은 아이디어들을 더 오랫동안 유효한 상태로 유지할 수 있다. 직감만을 믿고 한 가지 아이디어에 지나치게 몰두하는 대신, 여러 개의 아이디어를 발전시키고 시험해볼 수 있다. 그러고 나서 방향을 정할 때가 되면 더 많은 정보를 가진 상태에서 결정할 수 있게 되고, 끝에 가서 성공할 가능성이 높아진다. 아울러 다수의 프로토타입을 활용하면 아이디어에 대한 정확한 피드백을 그만큼 더 많이 얻을 수 있다.

흔히 사람들은 프로토타입이라고 하면 손으로 직접 만질 수 있는 형태를 떠올리는데, 결코 그렇지 않다. 프로토타입은 3D 프린터로 만든 물품은 물론 스케치, 다이어그램, 버추얼 모델, 공간 연출, 스토리보드, 역할극, 비디오 등 무궁무진하다.

이 외에도 우리에게 경험을 창출할 수 있는 것이라면 무엇이든 가능하다. 파워포인트, 비지오(Visio), 파이어웍스(Fireworks), 최근에는 스토리텔링 프레젠테이션 도구인 프레지(Prezi) 같은 소프트웨어 역시 훌륭한 프로토타이핑 도구로 쓰인다. 특히 파워포인트나 키노트(Keynote) 같은 소프트웨어는 다양한 상호작용 기능을 갖추고 있어, 별도의 소프트웨어 사용 방법을 터득하지 않고도 다양하게 응용할 수 있다.

IBM은 EBO(신사업 기회)를 개발할 때 '시범 프로젝트'라는 이름의 프로토타입을 이용한다. EBO 리더는 소규모 시범 프로젝트를 통해 신규 서비스를 판매하는데, 기업의 주요 고객을 대상으로 시험한 시범 프로젝트가 성공하면 더 많은 자원을 할당받아 본격적으로 프로젝트를 추진하는 식이다. 2000년 이후 IBM은 이와 같은 방식으로 25개의 EBO를 출시하여 22건이 성공하는 큰 성과를 거두었다.

요즘 대부분의 소프트웨어 기업이 활용하는 '베타 버전(Beta Version)'도 하나의 프로토타입이라고 할 수 있다.

지메일, 캘린더, 독스 등 대부분의 구글웨어는 베타 딱지가 붙어 있다. 그렇다면 엄밀하게 말해서 구글 이용자들은 아직 완성되지 않은 제품을 사용하고 있다는 말인가? 이는 사실 '상당히 발전된 테스트 버전'을 사용하고 있다는 의미다. 그렇지만 사용자는 그런 것을 전혀 느끼지 못한다. 예컨대 구글 지도도 전 세계 사람들이 매일 사용하고 있는데도 오랫동안 베타 버전이었다.

학술 논문을 찾는 구글 스콜라도 마찬가지였다. 모든 것이 처음에는 베타다. 소프트웨어 업계에서는 이미 오래전부터 진행되어온 방식이다. 마이크로소프트도 운영 체제인 윈도 7.0을 공식적으로 시장에 내놓기 전에 8개월 동안 베타 버전을 내려받을 수 있게 했다. 호기심이 많거나 용기 있는 사람들은 열심히 프로그램의 오류를 찾았다. 그것이 무료로 프로그램을 제공하는 대가였다.

소프트웨어 업계 이외에는 베타 방식이 뿌리내린 곳은 거의 없는 가운데, 놀랍게도 새로운 초콜릿이 개발되면 미리 맛보게 하는 곳이 있다. 미국의 TCHO라는 초콜릿 회사가 바로 그곳이다.

초콜릿을 좋은 마약이라고 광고하는 회사 TCHO. 샌프란시스코에 본점을 둔 이 회사는 TCHO-Coholics라는 브랜드를 만든 다음에 실제로 1,000가지 이상의 베타 버전을 개발해 기존 고객과 잠재 고객에게 맛을 평가하게 했다. 약 1년 동안 베타 기간을 거친 후에 마지막으로 4가지 종류의 초콜릿이 버전 1.0으로 나왔다. 달콤한 유혹을 만들어내는 초콜릿 회사가 바로 가까이에 있는 실리콘밸리에서 영감을 받은 것이다.

어떤 사람이 초콜릿 베타 테스트 같은 아이디어를 냈을까? TCHO는 업계와는 전혀 상관없는 두 사람과 업계 전문가 한 사람이 모여 세운 회사다. 잡지 〈와이어드(Wired)〉의 공동 설립자이기도 한 루이 로세토(Louis Rossetto)는 느닷없이 자기가 평소에 좋아하는 초콜릿을 만드는 사업을 해보고 싶다는 생각을 했다. 그래서 그는 전 나사(NASA) 기술자 티모시 차일즈(Timothy Childs), 초콜릿 산업 전문가 칼 비통(Karl Bittong)과 함께 TCHO를 설립했다.

CEO 루이 로세토는 동료 티모시 차일즈를 좀 우스꽝스러운 이름인 CCO(Chief Chocolate Officer)로 임명했다. 회사 설립 1주년부터 인터넷을 통해 관심을 갖게 된 전국의 초콜릿 애호가들로 구성된 베타테스터들은 36시간 만에 새 초콜릿을 제공받기도 했다. 수개월에 걸친 시행착오를 거쳐 회사가 얻고자 했던 목표는 사람들이 진정으로 원하는 초콜릿을 개발하는 것이었다. 고객과 베타테스터들은 환호했다. 차별화된 초콜릿을 만드는 데 참여하면서 초콜릿을 즐길 수 있었기 때문이다.

이렇듯 그동안 주로 소프트웨어 업계에서만 활용되던 베타 버전 마케팅은 점점 더 많은 영역으로 확대되고 있다. 어느 때보다 변화 속도가 빠른 상황에서 지나치게 완벽을 추구하다가는 영영 기회를 잃어버릴 수 있기 때문이다.

<u>30</u> 실수와 실패를 드러내라

● 1990년대 중반 하버드 대학원에 재학 중이던 에이미 에드먼슨(Amy Edmondson)은 조직 행동 분석에 관한 졸업 논문을 쓰기 위해 병원 팀의 역학을 알아보고 있었다. 연구의 핵심 질문은 '동료 관계가 좋은 간호사일수록 실수를 적게 하는가?'였다.

그녀는 불 보듯 뻔한 일이라고 생각했다. 협동이 잘되는 환경에서 일하는 간호사들이 업무에 더 잘 집중할 수 있을 터. 그렇다면 당연히 실수도 적을 것이었다.

그런데 이럴 수가! 그게 아니었다. 오히려 정반대의 경향이 나타났다. 동료들과 관계가 좋은 간호사일수록 실수가 더 많았다. 도대체 어떻게 된 일일까?

처음에 그녀는 어리둥절해했다. 하지만 서서히 답이 드러났다. 친밀한 그룹 안에 놓인 간호사들이 실수를 더 많이 한 것이 아니라, 친밀하지 않은 그룹에 비해 상대적으로 실수를 더 많이 솔직하게 드러내고 보고한 것이었다.

실수나 실패에 관용적이지 못한 조직일수록 구성원은 자신의 잘못을 숨기려 한다. 지극히 당연한 일이다. 그런데 더 큰 문제는 숨기는 데 그치는 것이 아니라 실수나 실패가 두려워 도전을 회피하게 된다는 것이다.

이러한 현상은 특히 한국 기업에서 두드러지는데, 이는 과거 한국 기업이 시장의 선두 기업을 모방하는 패스트 팔로어(Fast Follower) 전략을 주로 활용한 것에서 그 원인을 찾을 수 있다.

기업이 패스트 팔로어 전략을 활용할 때에는 배울 대상이 명확하기 때문에 실패의 확률이 낮고, 그런 만큼 실패가 바람직하지 못하다는 인식을 가질 수밖에 없다. 우선 구성원들이 자신이 참여한 프로젝트가 실패했다는 것을 인정하지 않으려고 하기 때문에 조직 내에서 실패가 잘 드러나지 않는다. 또한 조직 내에서 실패했다고 알려지면 그 책임자는 다른 부서로 가거나 조직을 떠나고, 그 조직과 프로젝트는 해체되고 만다.

더욱 안타까운 것은 실패를 적극적으로 관리하지 않기 때문에, 실패한 프로젝트에 관한 자료를 찾아볼 수 없다는 점이다. 그러니 왜 실패를 했는지 원인을 찾기가 어렵고 이를 통한 학습이 이루어지지 않으니 결국 같은 실패가 반복될 수밖에 없다.

반면 실패의 중요성을 깨닫고 이를 잘 활용하는 기업도 있다. 이러한 기업은 실패에서 얻은 중요한 지적 자산을 찾아 다른 부문에 전이하여 새로운 가치를 창조하는 문화를 가지고 있다.

그런 기업 가운데 하나로 먼지 봉투 없는 진공청소기, 날개 없는 선풍기로 유명한 다이슨을 꼽을 수 있다. 잘 알려진 대로 먼지 봉투 없는 진공청소기는 5,126번의 실패 끝에 성공한 제품이다. 다음은 창업자이자 CEO 제임스 다이슨(James Dyson)의 말이다.

"저는 실패를 사랑합니다. 학생들의 성적을 매길 때도 얼마나 많이 실패했는지를 기준으로 평가해야 한다고 생각합니다. 더 많이 실패한 학생일수록 더 창의적인 아이디어를 내놓을 수 있기 때문입니다."

다이슨은 회사 전체적으로 실패를 용인하는 문화가 뿌리 깊게 자리 잡고 있다. 직원이 실패했다고 화를 내거나 질책하는 사람이 없다. 다이슨은 영업이익의 절반 이상을 연구개발에 투자할 정도로 연구개발에 공을 들인다. 그런데 잘 아는 바와 같이 연구개발의 기본은 실패다. 그렇기 때문에 다이슨은 직원들에게 오히려 실패를 많이 하라고 장려한다. 만약 다이슨 문화가 실패를 두려워하고 실패했을 때 책임을 묻는 다른 회사와 같았다면 개발하는 데 수년씩 걸리는 혁신적인 제품은 결코 나올 수 없었을 것이다.

더 중요한 것은 실패를 기록한다는 점이다. 다이슨은 새로운 제품 개발을 처음 시도했을 때부터 계속 만들어온 프로토타입, 그 제품을 발전시켜온 과정, 그리고 실패한 이유와 발견한 해결책 등을 전부 기록으로 남긴다. 그래야 다음에 어떤 다른 일을 시도할 때 다시 돌아가서 참고할 수 있다. 기록하지 않으면 실패는 그냥 실패로 끝나기 쉽고 같은 일을 반복할 가능성이 높다.

그렇다면 조직이 실패를 학습의 기회로 활용하려면 어떻게 해야 할까?

첫째, 리더가 실패의 가치를 적극적으로 인정해야 한다.

대부분의 기업은 실패라는 말에 부정적인 면을 강하게 부각한다. 이런 조직의 구성원은 실패를 좌절감, 조직에 미치는 손실과 피해, 이로 인한 책임 추궁으로 받아들인다. 이처럼 조직 내에 실패하면 처벌받을 것이라는 두려움이 존재하면 구성원은 도전하지 않는다.

실패에 대한 인식을 바꾸려면 무엇보다 실패의 가치를 적극적으로 인정하고 이를 실천하는 리더의 노력이 앞서야 한다. 20세기 최고의 경영자로 불리는 GE의 전 회장 잭 웰치(Jack Welch)의 젊은 시절 상사처럼 말이다. 다음은 잭 웰치가 자서전에서 밝힌 내용이다.

"1963년, 내가 담당한 실험실에서 폭발 사고가 발생했다. 실험실 지붕이 날아갔고 유리창은 모두 산산조각이 났다. 나는 어떻게 책임을 져야 할지 걱정이었다. 곧이어 직속 상사인 찰리 리드(Charlie Reed)가 사무실로 찾아왔다. 그의 얼굴에서는 화난 기색이라고는 전혀 찾아볼 수 없었다. 찰리는 나를 보자 '자네, 이번 폭발에서 배운 게 많았을 거야. 어떤가, 우리 회사의 센서 프로그램을 고칠 수 있겠나?'라고 말했다."

이미 일어난 실수나 실패는 돌이킬 수 없다. 리더는 이를 질책하기보다 이러한 경험을 통해 구성원들이 배우고 성장하도록 격려해야 한다. 그래야 실패를 두려워하지 않고 도전하는 문화가 조성된다.

둘째, 사람의 실패와 구조적 실패를 구분해야 한다.

"행복한 가정은 모두 비슷하지만, 불행한 가정은 모두 저마다의 이유가 있다"는 톨스토이(Leo Tolstoy)의 소설 《안나 카레니나》의 첫 문장처럼 사람이 실패하는 이유는 참으로 다양하고 복잡하다. 하지만 실패의 원인을 잘 살펴보면 구성원의 잘못보다는 조직이 원하는 바를 명확하게 제시하지 않았거나, 지원이 부족했거나, 후속 확인 작업이 미비했거나, 아니면 예상치 못한 통제 불가능한 변수가 끼어들었거나 하는 등 조직 관리 체계에 기인하는 경우가 많다.

따라서 실패의 원인을 잘 살펴 구조적 실패는 용인하되 이를 교훈으로 삼아야 한다. 문제가 생겼을 때 무작정 "누구 때문에 실패했는가?"가 아니라 "왜 이런 일이 발생했는가? 어떻게 하면 다음에는 같은 실패를 막을 수 있을 것인가? 이와 비슷한 일이 다른 곳에서도 일어나고 있지는 않은가?" 등을 물어보는 것이 바람직하다.

어떤 조직은 문제가 생기면 그 원인을 찾고 근본 대책을 수립하기보다 '누가 잘못했고, 누가 책임을 져야 할 것인가?'를 따지는 데 더 많은 시간과 노력을 소비한다. 이렇게 해서는 결코 도전적이고 창조적인 문화를 만들 수 없다.

셋째, 용인할 수 있는 실패와 용인할 수 없는 실패를 구분해야 한다.

실패에는 좋은 실패가 있고, 나쁜 실패가 있다. 다이슨이 먼지 봉투 없는 진공청소기를 개발하기까지 겪은 수천 번의 창조적 도전에서 온 실패는 받아들일 수 있는 바람직한 실패다. 반면 지난 2014년, 교체 비용이 고작 57센트(약 600원)이고 나사를 풀어 새 스위치로 바꿔 다는 데 1시간도 채 걸리지 않는데도 불구하고 점화 스위치의 결함을 숨기는 바람에 급기야 13명의 사망자를 내고는 수백만 대를 리콜한 GM의 경우는 바람직하지 못한 실패다.

실패를 두려워하지 않고 도전하는 조직을 만들기 위해 실패를 허용하는 것은 좋지만 그것이 용인할 수 있는 실패인지 아닌지를 구분해서 적절한 대응책을 찾아야 한다. 정도(正道)에 어긋난 행동으로 인한 실패, 의도적인 태업이나 부주의에 의한 실패, 학습 부족에서 오는 반복적인 실패, 그리고 실패를 은폐하는 등의 경우에는 반드시 당사자를 찾아 책임을 물어야 한다. 반면 고객에게 새로운 가치를 제공하기 위해 실험과 시도를 하는 과정에서 발생한 창조적 실패, 예측하지 못한 통제 밖의 범위에서 생긴 실패, 적절한 절차를 밟아 제대로 실행했음에도 불구하고 어쩔 수 없이 생긴 실패 등은 용인해야 한다.

<u>31</u> 실수와 실패를 허용하는 기업

● 한 고객이 복잡한 구리 코일 용접을 주문했다. 용접 공장에서 작업을 마쳤는데 완성된 제품은 회사의 품질 기준에 미치지 못했다. 용접 작업을 마무리한 부분이 너무 약해서 조만간 떨어질 것이 분명했다. 방법은 두 가지였다. 2천 달러의 원재료비와 추가 노무비가 들어간 제품을 폐기하고 부품별로 팔아서 300달러라도 회수하거나, 아니면 용접이 약한 부분을 뜯어내고 재작업을 통해 제품을 재활용하는 것이었다.

공장장은 사장을 마중하러 공항에 가야 했기에 작업 팀장에게 결정을 내리도록 지시했다. 작업 팀장은 팀원들과 의논한 끝에 처음부터 작업을 다시 하기로 의견을 모았다. 사장과 함께 공장으로 돌아온 공장장은 팀원들이 내린 결정에 대해 보고를 받았다. 그는 모든 팀원들이 있는 앞에서 사장에게 이렇게 털어놓았다.

"이런 문제가 생긴 건 전적으로 제 불찰입니다. 구리 용접이 매우 어렵다는 사실을 알면서도 사전에 작업 팀장과 용접공들에게 충분히 설명해주지 않았습니다."

그러고는 작업 폐기물을 처분해 300달러를 회수했다. 하지만 그는 그 돈을 작업 예산에 넣지 않고, 대신 파티를 열었다. 이른바 '실패

파티'였다. 자신의 실패를 기념한다면 모든 직원이 그 경험을 통해 얻은 교훈을 기억하리라는 생각에서였다. 그 일이 있고 난 후 직원들은 구리 용접 기술을 더욱 꼼꼼히 익혔고, 상사도 실패할 수 있다는 사실을 배웠다.

'하인리히 법칙(Heinrich's Law)'이라는 게 있다. 미국의 손해보험 회사에 근무하던 하인리히(H. W. Heinrich)가 사고재해 통계 자료를 토대로 정립한 것으로, 치명적인 실패는 300번 이상의 징후와 29번의 작은 실패 후에 발생한다는 것이다. 큰 사고는 어느 순간 갑작스럽게 발생하는 것이 아니라 그 이전에 반드시 경미한 사고들이 반복되는 과정 속에서 발생하므로, 사소한 문제가 발생했을 때 이를 면밀히 살펴 원인을 파악하고 잘못된 점을 시정해야 대형 사고나 실패를 방지할 수 있다는 말이다.

하지만 실패가 무조건 독이 되는 것은 아니다. 앞에서도 언급했듯이 실패를 어떻게 관리하느냐에 따라 독이 아닌 약이 될 수도 있다. 실제로 창조적 조직의 가장 중요한 특성 중 하나는 실패를 허용할 뿐만 아니라 장려하고 그러한 실패 사례를 자산화한다는 것이다.

혼다는 매년, 그해에 가장 큰 실패를 한 연구원을 '실패왕'으로 정하고 100만 엔가량의 격려금을 수여한다. 이 제도는 자신의 성공을 '99%의 실패에서 나온 1%의 성과'라고 정의한 혼다의 창업주 혼다 소이치로의 신념을 그대로 반영한 것이다. 이처럼 실패를 장려하는 혼다의 기업문화는 오토바이와 자동차를 넘어 제트기와 가장 진보한 로봇인 아시모(ASIMO)를 만들 수 있는 밑거름이 되었다.

고어텍스로 유명한 고어도 마찬가지다. 고어는 해마다 의료, 전자, 케이블, 섬유 등 각종 분야에서 무수히 많은 신상품을 내놓고 있는데, 고어텍스 또한 과감히 새로운 분야로 뛰어든 혁신의 산물이다. 이러한 혁신은 창업부터 오늘날까지 꾸준히 고어의 두 자릿수 매출 증대를 견인해온 핵심 동력이다. 고어의 성공은 실패를 두려워하지 않는 조직문화에서 비롯됐다. 고어는 자유로운 분위기를 조성하고 성공 가능성이 낮은 아이디어라 할지라도 실행할 것을 장려한다. 또한 프로젝트를 마칠 때는 실패한 아이디어에 대해서도 성공한 아이디어와 마찬가지로 샴페인을 터뜨리며 파티를 한다. 성공이냐 실패냐를 따지는 것이 아니라 용기 있는 시도 자체를 축하하는 것이다.

미국 미시간 주 디트로이트에 있는 마케팅 및 광고 회사 브로건 앤드 파트너스(Brogan and Partners)도 실수에서 배운 귀중한 교훈을 잘 활용하는 회사로 통한다.

브로건 앤드 파트너스는 최고의 실수를 저지르고 이를 고백한 직원에게 '이달의 실수(mistake of the month)' 상을 수여한다. 후보에 오른 여러 실수들 가운데 투표를 거쳐 우승자로 선정되면 현금 50달러의 상금을 받는다. 실수를 사내에 널리 알려 그런 실수를 다시는 되풀이하지 않기 위함이다.

실수 중에는 컴퓨터에 문서가 제대로 저장되어 있는지 확인하지도 않고 고객의 사무실에서 프레젠테이션을 하거나, 고객에게 이상한 선물을 준 사례들이 있다. 한번은 호피 무늬의 골프클럽 커버 세개들이 한 세트를 주었는데, 몇몇 고객은 그게 골프클럽 커버라는 사실을 몰랐다고 한다. 한 고객은 선물로 벙어리장갑을 줘서 고마운데, 왜 장갑이 세 개인지 물었다고도 한다.

'실패의 벽(The Failure Wall)'이라는 독특한 공간을 활용하는 기업도 있다. 미국의 신용보증 회사 던 & 브래드스트리트(Dun & Bradstreet Credibility Corp.)가 바로 그곳이다.

창업자이자 CEO 제프 스티벨(Jeff Stibel)은 어느 목요일 밤 사무실로 돌아와 벽에 자신의 실수와 실패담을 적었다. 그의 인생에서 가장 부끄럽고 기억에 남을 만한 실패 사례들이었다. 그러자 직원들도 자신의 실패담을 벽에 적기 시작했다. 자신이 언제 실수했는지, 실수로부터 어떤 교훈을 얻었는지를 적고는 그 밑에 자신의 이름을 적고 사인을 했다. 이 벽은 어느새 직원들의 실패담으로 빼곡하게 채워졌고 마침내 '실패의 벽'이라는 이름을 얻게 되었다. 그리고 자연스럽게 실패와 실수를 용인하는 분위기가 형성되었다.

이 회사의 '실패의 벽'에는 다음과 같은 안내문이 붙어 있다.

실패한 순간을 상세하게 기록하세요.

그것을 통해 무엇을 배웠는지 기록하세요.

자신의 이름을 적고 사인하세요.

직원은 청색, 파트너는 녹색, 방문객은 주황색을 사용하세요.

독특한 디자인으로 유명한 이탈리아의 생활용품 디자인 기업 알레시(Alessi)에는 '실패 박물관'이라는 이름의 전시관이 있다. 이곳에는 출시 후 비웃음을 살 정도로 크게 실패한 제품들을 모아 전시하고 있다. 알레시 직원들은 이런 제품이 전시된 실패 박물관을 수시로 찾아가 그 물건들을 살펴보며 미팅을 한다. 실패 원인을 다시 분석해보고 실패를 거울삼아 더 나은 제품을 만들 수 있도록 하는 것이다.

이에 대해 알레시의 CEO 알베르토 알레시(Alberto Alessi)는 이렇게 말한다.

"실패 역시 내 업무의 일부분이다. 모든 디자인에는 성공과 실패가 있게 마련이다. 하지만 그 경계는 정말 묘하다. 경계를 안다는 것 자체가 매우 어렵다. 하지만 실패를 많이 하게 되면 희미했던 경계선이 조금 더 뚜렷하게 보인다. 나는 내 주위 사람들에게 1년에 1~2개 크게 실패를 하는 것이 얼마나 중요한지 늘 이야기한다. 알레시가 큰 실패 없이 2~3년 간다면, 디자인계에서 선두 자리를 잃게 될 것이다."

실패를 허용하는 것을 넘어 장려하는 기업으로 구글을 빼놓을 수 없다.

구글에는 구글 직원들조차 뭘 하고 있는지 잘 모르는 조직이 있다. 바로 '구글X'라는 이름의 비밀 연구소다. 2016년부터 '알파벳'의 자회사로 독립한 이 조직은 구글 글래스, 무인 자동차를 비롯하여 풍선을 성층권에 띄워 전 세계에 무료 와이파이를 제공하는 룬 프로젝트(Loon Project), 드론을 이용해 쇼핑 물품이나 구호물자를 전달하는 윙 프로젝트(Wing Project), 의료 분야의 혁신을 꿈꾸는 생명 연장 프로젝트, 양자컴퓨터 등 획기적인 아이디어들을 현실로 만드는 곳이다.

그렇다면 이들이 무모하다고 할 만큼 도전적인 아이디어 실현을 위해 뛰어드는 이유는 뭘까? 그것은 실패와 성공을 똑같이 대접하기 때문이다. 구글X에서는 모두가 동의할 만한 이유로 실패한 팀에는 보너스가 주어지고, 공개 석상에서 리더의 포옹과 동료들의 박수갈채를 받을 뿐 아니라 연봉 인상과 더불어 새로운 프로젝트를 구상하기 위한 몇 개월의 휴가가 주어진다. 그러니 어찌 실패를 무릅쓰고 도전하지 않겠는가? 다음은 구글X의 선장(Captain of Moonshots: '달 탐사선 선장'이라고 불린다)을 맡고 있는 아스트로 텔러(Astro Teller)의 말이다.

"우리는 합당한 이유로 실패했음을 증명하면 영웅이 된다는 확신이 있다. 명확하고 확실한 이유로 실패했다는 것이 확인되면 동료들은 박수를 칠 뿐 아니라 '잘했어!'라고 칭찬을 한다. 구글X의 가장 큰 목표는 '프로젝트를 성공적으로 끝내는 것'이 아니라 '안 될 프로젝트를 빨리 접는 것'이다. 실패가 실패만으로 끝나지는 않기 때문이다. 실패의 과정이 곧 기술의 발전이다. 그래서 우리는 나열된 문제 중 가장 해결하기 어려운 것부터 도전한다. 어설픈 성공보다 철저한 실패에서 배우는 것이 많기 때문이다. 실패가 없다면 어떻게 학습을 하겠는가?"

더욱 놀라운 것은 구글이 직원들의 실패에 대한 내성을 길러주기 위해 훈련까지 시킨다는 것이다. 다음은 구글 최고인적자원책임자인 라즐로 복이 독일의 시사 주간지 〈슈피겔〉과의 인터뷰에서 밝힌 내용이다.

"구글은 실패의 낙인 효과(stigma effect)를 없애기 위해 체계적으로 노력하고 있다. 우리는 직원들에게 풀 수 없는 과제를 준다. 그러면 뛰어난 수재들은 문제를 풀기 위해 고심하다 이성을 잃고 분노하고 결국 실패한다. 하지만 이들은 자신이 실패하긴 했지만 그렇다고 세상이 끝나는 건 아님을 알게 된다."

5

창조는
경쟁이 아닌
협업으로 이루어진다

● 인디언 보호구역에 있는 한 초등학교에 백인 교사가 새로 부임을 했다. 수업을 마치면서 교사가 학생들에게 말했다.

"오늘 배운 것에 대해 시험을 보겠다. 모두 문명인답게 정정당당하게 자기 실력으로 답안을 쓰도록! 절대로 남의 것을 보거나 자기 것을 보여주면 안 된다. 알겠지?"

시험이 시작되고 얼마쯤 지나자 두 아이가 머리를 맞대고 수군거리는 소리가 들렸다. 그리고 곧이어 모든 아이들이 한곳에 모여 시끌벅적하게 토론하기 시작했다. 그걸 본 교사가 아이들에게 호통을 쳤다.

"너희들, 지금 시험 시간에 뭐 하는 짓이야!"

그러자 한 인디언 소년이 의아한 표정을 지으면서 말했다.

"선생님, 추장 할아버지께서 늘 말씀하셨어요. '살다 보면 어려운 일을 많이 겪게 될 거다. 그럴 때마다 혼자 해결하려 하지 말고 여럿이 지혜를 모아 해결하거라.' 오늘 시험 문제를 풀다 보니 어려운 문제가 있어서 할아버지 말씀대로 지혜를 모으는 것이에요."

창조에는 협업이 필요하다. 문화, 성, 전문 분야가 각기 다른 다양한 사람들이 협력하면 독특한 관점으로 문제해결에 도움이 된다. 컴퓨터공학자들 사이에 인류학자를 집어넣거나 북유럽인들 사이에 중국인을 포함하면, 그러한 외부인들이 뜻밖의 견해를 제시할 수 있다. 협력을 도모할 때 미처 생각하지 못한 소득도 있다. '다른' 사람들과 함께 일하면 놀랍게도 자신의 능력 역시 향상된다는 것이다.

다양성이 존재하는 환경에 있으면 사람들은 당연히 특이한 정보가 나오리라 기대한다. 그래서 자기만의 견해를 표현하고 싶은 마음이 다른 때보다 더 커진다. 이에 관해 컬럼비아대 경영대학원에서 리더십과 윤리학을 가르치는 캐서린 필립스(Katherine Phillips) 교수는 이렇게 말한다.

"사람들은 복제인간이 아니에요. 저마다 다른 생각을 하죠. 그래서 서로 다른 사람들이 모인 집단에서는 새로운 지식이 거침없이 나와요."

필립스 교수의 연구 결과에 의하면, 우리는 다양한 사람과 교류할 때 정보에 더 민감해지고, 한층 더 개방적인 자세로 자신의 견해를 재평가하게 되며, 과제를 더 효과적으로 해결할 수 있다.

집단의 문제해결 능력에 다양성이 미치는 영향을 알아보기 위해 필립스 교수는 노스웨스턴대학에서 총 4개의 여학생과 남학생 사교 모임 회원 242명을 데리고 연구를 진행했다. 참가자들은 가상의 살인 사건을 해결해야 했다. 사건 담당 형사의 탐문 보고서를 보고 용의자를 지목하는 방식이었다. 사회적 정체성을 강조하기 위해 실험실 안에는 각 모임의 이름이 적힌 현수막이 걸렸고, 참가자들은 소속을 보여주는 이름표를 달고 자리에 앉았다.

학생들은 20분 동안 사건을 개인적으로 해결했다. 그리고 선택의 이유를 간단히 글로 썼다. 그 후 학생들은 소속 모임과 지목한 용의자에 따라 3인 1팀으로 나뉘었다. 팀원들은 20분 동안 서로의 글을 비교해서 용의자를 지목해야 했다. 그런데 논의를 시작하고 5분이 지나자 네 번째 팀원이 들어왔다. 이 새로운 팀원은 같은 사교 모임 소속일 수도, 아닐 수도 있었다.

외부인이 합류한 집단은 모두 같은 모임 소속인 집단과 비교했을 때 자신들의 결정에 대한 자신감이 약했고 그런 결정에 이른 과정도 덜 효과적이었다고 보고했으나 이상하게도 적중률은 더 높았다. 개인적으로 용의자를 지목했을 때의 적중률은 44%, 모두 같은 모임 소속이었던 사람들의 집단은 적중률이 54%였던 반면에, 다른 모임의 소속 회원이 있는 집단은 불편을 느끼긴 했어도 적중률이 75%나 됐다.

32 _ 에디슨은 집합명사다

사람들은 한 사람이 온 세상을 상대하는 이야기를 좋아한다. 그래서 실제로는 여러 사람이 힘을 합쳐 이루어낸 성과인데도 불구하고 오롯이 리더 한 사람이 이룬 성과인 것처럼 영웅시하곤 한다. 창조적 작업 분야도 마찬가지다. 한 천재의 고독한 노력으로 세상을 바꾼 창조적 결과물이 탄생했다는 것이다. 이를 '고독한 창조자 신화(The Lone Creator Myth)'라 한다. 에디슨이 대표적이다.

사람들 대부분은 에디슨이 골방에 틀어박혀 수천 번의 필라멘트를 바꿔 끼우는 노력 끝에 전구를 발명한 것으로 알고 있는데, 사실 전구에 관한 에디슨의 연구 결과의 대부분은 그가 멘로 파크에 세운 연구소의 산물이었다.

전신 기술자로 출발한 에디슨은 전신 분야의 특허를 여럿 획득했고, 이후 특허를 매각함으로써 상당한 재산을 모았다. 1876년 에디슨은 그 돈으로 뉴저지 주의 농촌 마을인 멘로 파크에 연구소를 세웠다. 이후 6년 동안 멘로 파크 연구소는 400개 이상의 특허를 따내면서 '발명 공장'이라는 이름을 얻었고, 덕분에 그 커다란 시설에서 혼자 획기적인 혁신을 파고드는 에디슨의 이미지가 굳어졌다.

그러나 그것은 멘로 파크에서 실제로 일어난 일과 전혀 다르다. 에디슨은 결코 고독한 발명가가 아니었다. 오히려 우리가 에디슨 혼자 만들어냈다고 알고 있는 발명품 중 다수는 실제로 그와 함께 작업한 엔지니어, 기계 기술자, 물리학자들의 도움으로 탄생한 것이다. 그들은 자칭 '인부들'이었고 멘로 파크의 작업장 2층을 차지했다.

에디슨 주변에는 14명의 인부가 있었다. 멘로 파크에서 탄생한 특허증을 보면 그 가운데 여러 명의 이름이 에디슨의 이름과 나란히 혹은 앞에 표시되어 있다. 그런데 '전등 개량' 특허증 맨 위에는 에디슨의 이름만 기재되어 있다. 하지만 그 특허는 멘로 파크가 설립된 지 2년 뒤인 1878년에 신청한 것이다. 따라서 에디슨이 전등 특허와 관련한 기술을 완전히 독자적으로 고안했을 가능성은 낮다.

오늘날 에디슨의 업적으로 알려진 전구, 전신기, 축음기 등에 관한 추가적 개량은 대부분 인부들의 노력 덕분이었거나 최소한 그들의 노력이 포함된 것이었다. 당시 에디슨은 고객과 접촉하거나 언론을 상대하거나 잠재적 투자자를 접대하는 일에 많은 시간을 보내고 있었다.

멘로 파크의 연구원들은 다양한 프로젝트를 다뤘다. 어떤 프로젝트는 에디슨의 고객이 의뢰한 일이었고, 다른 프로젝트는 연구원들의 고객이 의뢰한 일이었다. 심지어 연구원들이 단지 재미 삼아 다루는 부수적 프로젝트도 있었다. 그들은 각자 개별적인 프로젝트를 추진하는 동시에 작업 공간을 자주 공유하는 등 서로 밀접한 관계 속에서 일했다. 그들은 기계를 함께 썼고, 이야기를 주고받았고, 다른 프로젝트나 향후 작업에 도움이 될 듯한 통찰이나 아이디어를 주고받았다.

이렇듯 멘로 파크의 연구원들도 빛나는 아이디어의 원천이었음을 감안할 때 그들의 존재가 에디슨의 이야기에서 흔히 누락되는 것은 이해하기 어렵다. 하지만 그것은 우연이 아니라 계획에 의한 결과였다.

작업을 하나씩 진행하면서 연구원들은 에디슨이라는 이름의 위력을 재빨리 간파했다. 그들이 보기에 잠재적 고객은 아이디어의 주인이 한 사람인 경우, 특히 그 한 사람이 에디슨인 경우를 좋아하는 것 같았다. 늘 새로운 투자자를 찾기 위해 애쓰던 연구원들은 에디슨의 이름값을 무시할 수 없다는 점을 깨달았고, 인간 에디슨을 신화에 나오는 외로운 천재로 탈바꿈시켰다.

에디슨과 연구원들보다 에디슨 혼자의 홍보 효과가 더 컸다. 심지어 완벽한 필라멘트를 찾아 '세계 곳곳'을 뒤졌다는 이야기도 전구에 대한 관심을 끌기 위한 의도적 홍보 전략의 일환이었을 가능성이 있다. 사실 그 이야기가 나돌기 시작했을 때 이미 에디슨은 작업실에 있던 접이식 부채에서 대나무 섬유를 발견했다.

외부인이 보기에 에디슨은 놀라운 발명품을 잇달아 내놓은 외로운 천재였다. 그러나 오랫동안 에디슨의 조수로 일했던 프랜시스젤(Francis Jehl)에 의하면, 내부인들은 '에디슨이 사실 집합명사였고, 그것은 여러 사람들의 작업을 의미했다'라는 사실을 알고 있었다.

이처럼 세상을 바꾼 획기적인 창조적 결과물의 대부분은 어느 고독한 천재 한 사람의 노력이 아니라 다양한 사람들의 경험과 지식의 공유로 탄생했다.

33 창조는 팀 스포츠다

● 조직에서 인재 수와 성과의 상관관계를 연구하기 위해 프랑스 인시아드와 미국 컬럼비아대, 네덜란드의 암스테르담대 등 공동 연구진은 국제축구연맹(FIFA), 미국 프로농구협회(NBA), 미국 프로야구리그(MLB)에서 자료를 받아 팀 구성원의 역량과 성적의 상관관계를 분석했다. 그리고 그 결과를 2014년 6월 심리학회지에 '과잉 인재 효과(The Too-Much-Talent Effect)'라는 제목으로 발표했다.

연구진은 먼저 FIFA의 자료를 토대로 월드컵 팀 구성원 역량의 합계와 각 팀의 FIFA 순위 사이의 관계를 분석했다. 그 결과, 각 팀에 뛰어난 선수가 많을수록 FIFA 순위가 높았다. 그러나 뛰어난 선수 밀도가 60~70%를 넘어서면 선수의 수가 많을수록 오히려 FIFA 순위가 떨어졌다.

이어서 연구진은 NBA의 자료를 토대로 능력 있는 구성원의 밀도가 구성원의 협동과 성과에 미치는 영향을 분석했다. 농구팀의 협력지표는 게임당 어시스트, 야투 성공률, 수비 리바운드의 빈도를 이용했다. 팀의 성과는 연간 승리 빈도로 측정했다. 분석 결과, 밀도가 40~50% 정도까지는 뛰어난 인재가 많을수록 팀의 성과도 향상됐지만, 50%를 넘어서면 팀 내 협력이 떨어지면서 오히려 팀 성과가 나빠졌다.

그러나 이어진 MLB의 자료를 분석한 결과에서는 스타플레이어의 밀도가 일정 수준 이상 올라가도 해당 팀의 성과가 나빠지지 않았다. 야구는 축구나 농구에 비해 팀원의 협력보다 개인기에 더 의존하기 때문이었다.

조직은 뛰어난 인재를 필요로 하지만 너무 많으면 오히려 해가 될 수 있으며, 팀 플레이가 요구되는 조직에서는 그런 경향이 더 크다는 사실을 보여준 연구 결과다.

이는 이미 오래전 '아폴로 신드롬'이라는 이름으로 널리 알려진 사실이다. 뛰어난 인재들로만 구성된 집단, 즉 '아폴로 팀' 구성원들은 자신의 생각을 다른 팀원에게 설득하는 데 쓸데없는 에너지를 쓰며 정작 성과는 뒷전이더라는 것이다.

창조는 팀 스포츠다. 그중에서도 개인기의 의존도가 높은 야구가 아니라 팀원의 협력이 중요한 축구나 농구에 가깝다. 아무리 뛰어난 인재가 많아도 협력이 이루어지지 않으면 성과를 내기 어렵다.

앞에서도 언급한 바 있는 엔론의 파산이 바로 그런 경우다. 엔론에는 똑똑한 인재들만이 있었을 뿐, 개인의 창의성을 모아 집단의 창조력으로 발전시키고 이것을 기업의 경쟁력으로 승화시킬 수 있는 시스템이 없었다. 엔론식 성과 평가 방식과 보상 시스템, 소수의 영웅적 직원에게만 허락되었던 자율은 오히려 조직 전체의 창조력을 죽이고 직원들을 해이하게 만드는 역할을 했다. 제대로 된 시스템을 갖추지 못한 기업에는 똑똑한 인재가 도리어 독이 된다는 것을 직접 보여준 기업이 바로 엔론이다.

오늘날의 기업이 가장 경계해야 할 덫도 바로 이것이다. 천재 1명이 1만 명을 먹여 살리는 시대는 이제 다시 오지 않는다. 엔론 사태가 보여주듯이 21세기의 기업 경쟁력은 결코 '사람'에게서 나오지 않는다. 조직의 구성원이 개인의 역량을 마음껏 발휘하는 동시에 서로에게 장점을 취해 최고의 제품과 서비스를 만들어내는 조직 전체, 즉 '사람들'에게서 나온다.

더욱이 오늘날의 다양한 문제들은 너무 복잡하게 얽혀 있어서 한 사람이 해결하기 어렵다. 2007년 5월 18일 자 〈사이언스(Science)〉 기사를 보면, 지난 반세기 동안 발표된 과학 논문 190만 건과 특허 210만 건을 조사한 결과, 팀 단위 활동이 두각을 드러냈다는 결론이 나왔다. 게다가 이를 뒷받침하는 자료가 워낙 많다 보니 2020년쯤에는 과학 연구나 기술 개발이 모두 팀 단위로 이루어질 것이라는 예상도 나오고 있다.

세상에서 가장 유능하고 똑똑하다고 하는 사람들조차 협력에 의존한다. 최근 노벨상 수상 현황을 보면 개인 과학자가 아니라 팀이 수상하는 경우가 점점 늘어나고 있다. 노벨화학상을 예로 들면

2004년부터 2013년까지 열 번 중 일곱 번을 두세 명의 과학자가 함께 수상해서 10년 동안 총 23명의 수상자가 탄생한 반면에 1901년부터 1910년까지는 매번 한 사람이 수상했다.

그러다 보니 일각에서는 수상자를 최대 3명으로 제한하는 현행 원칙을 재검토해야 한다는 목소리도 나오고 있다. 일례로 2011년 노벨물리학상은 천문학자 3명에게 돌아갔는데 이들은 우주의 팽창이 점점 빨라지는 현상을 발견한 두 팀에 소속된 학자들이었다. 그런 발견이 가능했던 것은 그들 외에도 수백 명의 과학자가 협력했기 때문이었다.

노벨물리학위원회의 라르스 베리스트룀(Lars Bergstrom) 간사는 스위스에 있는 유럽입자물리연구소(CERN)를 언급하면서 이렇게 말했다.

"만약에 유럽입자물리연구소에서 뭔가를 발견했는데 그게 3,000명의 협업에서 나온 결과라면 그때는 어떻게 해야 할까요?"

34 _ 협업을 통한 문제해결, 디스쿨

협업의 힘을 가장 잘 보여주는 곳이 있다. 바로 스탠퍼드대 '디스쿨(d-school)'이다. 세계적인 디자인 기업 아이데오의 창업자이자 디스쿨의 운영 총괄을 맡고 있는 데이비드 켈리(David Kelley)는 이에 관해 말했다.

"지금껏 오페라 가수와 인류학자가 한 팀이 되고 지질학자와 물리학자가 한 팀이 된 경우는 없었습니다. 우리가 하는 건 팀 스포츠예요."

디스쿨은 세계적인 소프트웨어 회사 SAP를 공동 창업한 하소 플래트너(Hasso Plattner)가 지난 2005년 350만 달러를 기부해 만들어졌다. 하소는 디자인 컨설팅 업체 아이데오의 디자인 싱킹에 감동하여 이 같은 방법을 널리 퍼뜨려야 한다는 생각으로 스탠퍼드대에 거액을 기부해 아이데오 스타일의 디스쿨을 만들었다.

디스쿨(d-school)은 디자인스쿨(design school)의 약자다. 하지만 디스쿨에서는 역설적으로 디자인을 가르치지는 않는다. 디자인이라고 하면 가구 디자인, 자동차 디자인이나 옷 디자인 등 형태와 무늬를 만드는 것을 떠올리지만 디스쿨은 이를 가르치는 것이 아니라 '생각' 디자인 방법을 가르친다. 디자인스쿨이 맞긴 하지만 전통적 의미의 디자인을 가르치는 것이 아니라 혁신과 창조의 디자인 방법을 가르치는 학교라는 의미다.

요즘 많은 기업이 디스쿨과 협업하기 위해 혈안이 되어 있다. "우리 지원에게도 혁신 마인드를 심어달라"며 돈을 들고 디스쿨을 찾아간다. 비자(Visa), 젯블루(Jet Blue), 펩시코(PepsiCo), P&G, GE, 구글 등 기업뿐만 아니라 게이츠재단(Gates Foundation), 모질라재단(Mozila Foundation), 마운틴뷰 및 팔로알토 시 등 기관들도 디스쿨과의 협업을 통해 아이디어를 얻어가고 있다.

이미 성과도 나타나고 있다. 세계적 자산운용 업체 피델리티

(Fidelity)는 디스쿨과 협업, 온라인 계좌에서도 오프라인처럼 은행통장을 만들어 젊은 고객을 유치하는 데 효과를 봤다. 상당수 20대 고객은 손으로 만지는 오프라인 통장을 본 적이 없는데, 이 통장이 돈을 저축하고 수익을 올리고 출금하는 재미를 느끼게 할 수 있다는 디스쿨 프로젝트에서 나왔기 때문이다. 이 같은 흐름을 파악한 〈월스트리트저널〉은 "비즈니스스쿨은 잊어라. 디스쿨의 시대가 왔다"고 표현하기도 했다.

디스쿨은 학위와 학점을 주지 않는다. 왜냐하면 학부나 학과가 아니기 때문이다. 기존 디자인스쿨 또는 비즈니스스쿨은 별도로 입학과 졸업의 과정을 거치고 학위를 딴다. 대학, 대학원에 가는 이유가 학위 아니던가. 디스쿨은 학위를 주지 않는다. 이 과정을 수료하면 동문(alumni)이 될 뿐이다.

디스쿨은 비즈니스스쿨이나 로스쿨처럼 따로 지원해서 들어가는 곳이 아니다. 디스쿨에는 화학과, 정치학과, 미디어학과, 의학과, 법학과, 엔지니어링, MBA 등 다양한 전공을 가진 학생들이 모인다. 창조적 아이디어는 다양함과 다름에서 나온다고 믿기 때문이다. 이를 디스쿨에서는 '극단적 협력(Radical Collaboration)'이라 부른다. 문제를 해결하기 위해서는 서로 다른 관점과 다른 경험이 필요하다는 것이다.

디스쿨은 스탠퍼드대 메인쿼드에 있는 메모리얼 교회(Memorial Church) 뒤편에 위치해 있다. '혁신과 창조 발전소'라고 하면 뭔가 다르게 지어졌을 것 같은데 그렇지 않다. 외형은 다른 스탠퍼드대 건물과 다름이 없다. 하지만 안으로 들어가면 다르다. 크리에이티브한 기운이 넘쳐난다. 이곳에서는 다양한 학생이 다방면을 아우르는 혁신 디자인 훈련을 받으며, 기존 학계의 일반적인 분위기와는 달리 협력을 통한 문제해결을 장려한다.

디스쿨의 기자재에는 모두 바퀴가 달려 있어서 15분 정도면 어떤 형태로든 재배치할 수 있다. 방향을 쉽게 전환할 수 있도록 네 바퀴가 Z형으로 배열된 화이트보드를 움직이면 아이디어를 논할 공간이 만들어진다. 특정한 용도로 쓸 스튜디오가 필요하면 벽면을 움직이고 천장 구조물을 따라 패널을 밀면 된다. 수업이 진행되는 2시간 동안 공간이 강의용, 프로젝트용, 보고용, 인터뷰용, 프로토타입 제작용으로 분할되기도 한다. 이렇게 다양한 배치가 가능하기 때문에 협력하기가 한결 수월하다.

디스쿨에서 협업을 통해 만들어진 제품 중에는 링크드인에 인수된 '펄스(Pulse News)'도 있다. 펄스는 2010년 5월 스탠퍼드 석사 과정을 밟고 있던 인도계 아크샤 코타리(Akshay Kothari)와 안키트 굽타(Ankit Gupta)가 디스쿨에서 나온 아이디어를 실행에 옮겨 만든 앱이다. 수업 시간의 숙제를 프로젝트로 연결한 펄스는 운이 좋게도 아이패드 출시와 맞물려 스티브 잡스가 "꼭 있어야 하는 앱이다"라고 말하면서 유명해졌다. 수업 시간에 나온 아이디어가 훗날 9000만 달러의 가치로 만들어진 것이다.

<u>35</u> 야후가 재택근무를 없앤 이유

2012년 7월, 구글의 부사장 출신인 젊은(1975년생) 여성 마리사 메이어가 CEO로 선임된 이후, 2013년 상반기에 야후가 〈뉴욕타임스〉 1면에 모처럼 등장한 일이 있다. 바로 재택근무 폐지 정책 때문이었다.

야후의 결정은 일과 가정생활의 균형 잡힌 삶이 중요한 과제인 미국 사회에 큰 논쟁거리가 됐다. 신문에서는 독자투고란에 찬반 논란이 게재되고 라디오에서도 찬반 의견을 가지고 토론을 벌였다. 일부 여성들은 "갓 아이 엄마가 된 마리사 메이어가 이럴 수 있는가!" "출산휴가를 2주밖에 쓰지 않던 메이어가 재택근무도 폐지하다니 그녀는 여성의 적이다!"라는 등 격한 반응을 보였고, 전직 야후 직원은 "야후엔 회사를 안 나가고 집에서 놀고먹으면서 부업까지 하는 직원이 많다. 야후를 살리기 위해서는 어쩔 수 없는 조치다. 환영한다!"는 반응을 나타내기도 했다.

야후의 이 같은 결정은 삶과 일의 조화를 추구하는 흐름에 역주행하는 것이었다. 최근 기업들은 언제, 어디서든 일할 수 있는 스마트 워킹(smart working) 환경을 갖추고 있고 이 흐름을 반영하기 위해 노력해왔기 때문이다.

하지만 야후의 결정이 주는 시사점은 재택근무 자체가 아니다. 다시 말해 직원이 일을 집에서 하느냐, 회사에서 하느냐의 문제가 아니라 '혁신적인 아이디어는 어떻게 나오는가?'에 대한 문제다.

즉, 야후가 멀리 떨어져서 일하는 직원들을 다시 회사에 불러들인 것은 '야후는 혁신이 필요하다. 이를 위해서는 직원들이 서로 얼굴을 보고 대화하는 것이 중요하다'고 판단했기 때문이다.

이에 대해 CEO 마리사 메이어는 직원들에게 보낸 메일에서 이렇게 밝혔다.

"우리는 다시 혁신 기업으로 돌아가야 한다. 이를 위해 직원들끼리 얼굴을 보고 복도와 식당에서 토론해야 한다. 혁신은 회사 복도에서 나온다."

샌프란시스코주립대학 존 설리반(John Sullivan) 교수가 일찍이 "혁신을 원하면 교류가 필요하고, 생산성을 원하면 재택근무도 좋다"고 지적했듯이, 유연근무(재택근무)는 직원의 생산성을 끌어올리는 데 효과적이지만 혁신을 이끄는 데는 어울리지 않는다. 창조적 아이디어는 사람과 사람이 만나서 아이디어를 교류할 때 나오고, 생산성은 직원들이 방해받지 않고 집중적으로 근무할 때 올라가기 때문이다.

물론 이분법적으로 잘라 말하기는 곤란하다. 직원들이 1~2시간씩 출근하느라 길에서 낭비하는 시간에 집에서 일하고, 태풍이 오거나 눈보라가 휘말리는 극한의 날씨에 회사에 출근하느라 고생하는 시간에 집 근처에서 일할 수 있는 환경이 조성된다면 생산성을 높일 수 있는 것은 사실이다. 하지만 이 경우 혼자 업무를 처리하느라 협업으로 인한 창조적 아이디어가 나오기는 쉽지 않은 것도 인정할 수밖에 없다. 아이디어는 섞여야 나온다.

<u>36</u> 비전문가를 팀에 합류시켜라

● 3일이면 비행기 한 대를 뚝딱 만들어낸다는 보잉(Boeing). 이 회사는 신입사원이 들어오면 별도 공간에 모아놓고 연구개발 과제 하나를 던져주며 이렇게 말한다.

"별로 어려운 과제는 아니니, 한번 해결해보세요."

과제를 받은 신입사원들은 처음에는 당황하지만, 별로 어려운 과제가 아니라는 말을 위안 삼아 과제 해결에 몰입한다. 1주일 정도의 시간이 흐르면 많은 신입사원이 부여된 과제의 솔루션을 찾는 데 성공한다.

사실 신입사원들에게 주어진 과제는 그동안 보잉에서 해결하지 못한 난제다. 그렇다면 경험이나 지식이 부족한 신입사원들이 어떻게 그러한 문제를 간단하게 해결한 것일까?

핵심은 바로 자신들에게 주어진 과제가 지금껏 아무도 해결하지 못한 난해한 과제라는 사실을 몰랐다는 것이다.

크리에이티브한 해법이 필요한 난제를 만날 때 흔히 해박한 전문 지식을 지닌 사람의 도움이 필요하다고 생각한다. 이를 '전문가 신화(Expert Myth)'라 한다.

전문가 신화는 개인의 지식 수준과 그 사람이 내놓을 수 있는 작업의 질 사이에 상관관계가 존재한다는 믿음이다. 이것은 반박하기 어려울 정도로 논리적인 주장처럼 보이며, 실제로 이것이 진실인 경우가 많다. 하지만 얼핏 논리적으로 보이는 개인의 지식 수준과 창조적 성과 사이의 상관관계는 일반 사람들의 짐작을 벗어난다.

창조적인 사람의 삶과 경력에 관한 연구 결과에 의하면, 특정 수준에서의 전문 지식은 오히려 창조력을 저해하고 창조적 성과를 감소시킬 수 있다. 전문 지식이 많을수록 오히려 창조성이 줄어드는 경우도 있다. 때로는 특정 분야의 문외한들이 최고의 통찰을 내놓거나 문외한들로 구성된 팀이 최고의 발명품을 개발하는 경우도 있다.

이와 관련하여 보철장치를 포함한 혁신적인 의료기기를 개발하는 '마틴 바이오닉스 이노베이션스(Martin Bionics Innovations)'의 사례가 있다.

2002년 보철용 팔다리 설계자인 제이 마틴(Jay Martin)은 30만 달러의 연구 보조금을 받아 마틴 바이오닉스라는 회사를 차렸다. 그 보조금은 새로운 인공 발목관절 시제품 개발에 쓰도록 지급받은 것이었다. 발목관절은 사람이 걸을 때 지형 변화에도 균형을 유지해야 하는 어려운 기술이었다. 마틴은 로봇공학을 이용해 실시간으로 감지한 지형 변화에 맞춰 조절이 가능한 보철장치를 개발하려고 했다. 아직 그런 제품은 없었다.

마틴의 고민은 전문가를 확보하지 못한 것이 아니었다. 그는 이미 다수의 전문가들을 고용하고 있었다. 그는 최고 수준의 팀을 만들었다. 컴퓨터 시스템과 수학 및 전기공학 분야의 박사급 전문가들을 채용했다. 그렇게 조직한 팀은 인공 발목관절에 관한 문제해결에 착수했지만, 곧 난관에 부딪쳤다. 팀은 마틴이 꿈꾼 제품이 불가능하다고 판단한 것이다. 마틴은 당시를 이렇게 회상한다.

"쉽게 할 수 있는 일 같으면 일찌감치 그런 기술이 등장했을 것이다. 나는 가능하다고 생각했다. 어렵게 느껴졌지만, 확실히 가능했다. 사실 엔지니어들과 프로그래머들은 기초교육 과정을 거치면서 온갖 딜레마를 접한다. 그들은 어떤 딜레마는 해결하지만 어떤 딜레마는 해결하지 못한다. 특히 보철학 분야에서는 오래 몸담은 사람일수록 가능한 것과 불가능한 것을 더 확신하게 된다."

마틴은 가능성 여부를 아예 모르는 사람들로 새로운 팀을 구성하기로 마음먹었다. 그는 몇몇 지역 대학의 공학 관련 학과를 순회하면서 학생 8명을 인턴으로 뽑아 개발팀을 결성했다. 새로 팀을 이룬 학생들은 전공 분야의 기본 지식은 갖추고 있었지만, 로봇공학이나 보철학 분야에는 사전 경험이 전혀 없었다. 한마디로 이 프로젝트에 관한 선입견이 없다고 볼 수 있었다. 다음은 마틴의 말이다.

"그들에게는 무엇이 가능하고 불가능한지에 관한 생각이 전혀 없었다. 나는 그들에게 우리 프로젝트는 가능하다고 말했고, 그들은 나를 믿었다. 그렇게 우리는 작업에 착수했다."

시간은 오래 걸렸다. 그러나 마틴과 새로운 개발팀은 숱한 시행착오를 겪으면서도 포기하지 않았다. 그리고 마침내 시제품을 만들어냈다. 아마추어 엔지니어들로 구성된 마틴의 개발팀은 인공 발목관절에 대한 실시간 조절 시스템을 최초로 개발한 주인공이 되었다. 마틴의 말을 들어보자.

"경험이 풍부한 엔지니어로 구성된 팀을 계속 운용했더라면 더 착실한 진전을 이뤘을지 모른다. 그러나 그렇게 개발한 제품은 질에서 차이가 났을 것이다. 우리는 개발 과정을 통해 진정으로 창조적인 해법을 발견했다. 그것은 전문가 수준의 개발팀이 결코 발견하지 못했을 해법이다."

마틴 바이오닉스는 인공 발목관절을 비롯한 여러 보철장치가 성공을 거둔 덕분에 미국 최대의 보철장치 연구개발 회사 가운데 하나로 우뚝 섰다. 그러나 마틴은 아마추어 개발팀과 함께 '불가능한' 프로젝트와 씨름했던 경험을 결코 잊지 않았다. 그 후 마틴은 자신의 보철장치 설계안과 마틴 바이오닉스를 다른 보철장치 제작 업체에 매각했고, 이후 전적으로 보철장치 디자인 분야에 매진했다.

마틴이 새로 설립한 회사 마틴 바이오닉스 이노베이션스는 신기술을 바탕으로 보철장치를 포함한 여러 분야의 혁신적인 제품의 고안에 주력하고 있으며, 지금도 직원을 뽑을 때 주로 인턴을 채용한다. 다음은 그의 말이다.

"내가 고용하는 사람들의 대략 95%는 인턴으로 시작한다. 그들은 고도의 창조성과 활력을 보여준다. 그들의 아이디어는 더 혁신적이고, 그들의 해법은 더 창조적이다."

인간의 창조력을 제한하는 가장 큰 요소는 '선입견'이다. 주어진 문제에 대해 처음부터 의심을 품거나 어렵다거나 불가능하다는 생각을 가지면 결코 좋은 해결책을 낼 수 없다. 이런 점에서 지식과 경험이 일천한 비전문가를 팀에 합류시키면 선입견 없는 자유분방한 사고가 기발한 문제해결을 가져올 수도 있다. 마틴 바이오닉스의 보철장치 개발이 바로 그런 사례다.

37_ 성과 위주의 경쟁이 크리에이티브를 죽인다

● 심리학자 데시(Edward Deci)는 실험실에 대학생 한 명을 들여보내고 퍼즐놀이를 하게 했다. 물론 퍼즐은 대학생 수준에서도 충분히 흥미를 느낄 만한 것을 선택했다. 제한 시간 13분짜리 퍼즐 4개를 맞추는 것이 한 세션(1시간)으로, 이 세션을 3회 실시하도록 했다. 제2세션과 제3세션 사이의 여유 시간 8분이 시작될 즈음, 실험자는 실험 준비를 해야 한다는 핑계를 대고 방을 떠났다. 실험실에는 재떨이, 신간 잡지 등이 마련되어 있었고 학생에게는 좋아하는 것을 해도 되지만 방을 나가서는 안 된다고 일러두었다. 관심사는 이 8분의 자유 시간에 피실험자 학생이 무엇을 하는가였다. 실험자는 이를 눈치채지 못하도록 주의해서 관찰했다.

한편 또 다른 방의 학생에게는 정확히 실험의 중간이 되는 시점에, 맞춘 퍼즐의 개수에 따라 1개당 1달러의 보수를 지급했다.

그러자 놀랍게도 보수를 받는 학생들은 무보수 상태로 실험을 계속했던 학생들에 비해 자유 시간에 퍼즐을 하지 않았다. 즉, 보수를 받자 자유 시간이 휴식 시간으로 바뀐 것이다. 반면 무보수 학생들은 자유 시간에노 퍼즐을 풀며 시간을 보냈다. 실험은 이와 다른 패턴으로도 실시되었지만, 결과는 같았다.

실험의 결론은 금전적 보수를 받게 되면 원래 재미있어하던 퍼즐놀이도 더 이상 놀이로 받아들이지 않게 된다는 것, 즉 '성과주의'가 능사가 아니라는 것이다.

그동안 기업은 물론 정부, 각종 단체 등 온 사회가 성과주의를 부르짖었다. 성과주의란 말 그대로 가능한 한 객관적으로 구성원의 성과를 측정하고, 그 성과에 연동한 임금 체계를 통해 구성원을 동기 부여하는 일련의 제도를 말한다. 쉽게 말해 성과가 높은 사람은 많이 보상하고 성과가 낮은 사람은 적게 보상하거나 극단적으로 해고하겠다는 것이다.

이는 지금과 같은 경쟁 시대에 지극히 당연한 논리처럼 보인다. 성과주의를 도입하면 저마다 남들보다 성과를 많이 창출하기 위해 노력함으로써 조직 경쟁력 강화로 이어지고, 연공서열에 따라 돈만 많이 받아가면서 성과는 보잘것없는 사람들을 정리할 명분도 챙길 수 있으니 말이다.

그런데 정작 성과주의의 본산이라고 할 수 있는 미국에서 이에 대한 반성의 움직임이 일어나고 있는 이유는 무엇일까? 이제는 조직 크리에이티브가 중요한 시대이기 때문이다.

탁월한 아이디어는 협업에 의해 탄생한다. 그런데 내부 경쟁은 조직의 관성을 깨뜨리고 구성원들의 도전 의식을 높이는 등 많은 장점을 가지고 있는 반면, 자신의 성과를 높이기 위해 동료를 도와주지 않거나 심지어 동료의 업무를 방해하는 등 협업에 장애가 되기도 한다.

르네상스 시대 피렌체는 도시의 분위기 자체가 치열한 경쟁을 유발했던 것으로 평가받는다. 조각가였던 도나텔로(Donatello), 건축가였던 브루넬레스키(Filippo Brunelleschi), 화가였던 마사초(Masaccio)는 모두 피렌체에서 함께 활동하며 자기 예술 장르를 최고의 미적 표현 양식으로 등극시키기 위해 치열한 경쟁을 주저하지 않았다. 이런 과정을 통해 르네상스 시대를 빛낸 불후의 명작들이 쏟아져 나왔다.

지금의 21세기는 인터넷의 보급과 세계화의 영향으로 누구나 제2의 스티브 잡스가 될 수 있는 가능성이 열려 있는 무한 경쟁의 시대다. 범사회적으로 새삼스럽게 르네상스 시대가 창조의 화두로 언급되고 있는 것도 지금이 차별 없는 경쟁을 통해 무수히 많은 천재들이 쏟아져 나오던 그때와 무척이나 닮아 있기 때문이다. 그때나 지금이나 최고에 오르기 위한 치열한 경쟁은 창조의 꽃을 피우는 원동력이 되고 있다.

하지만 이 둘 사이에는 차이점이 있다. 지금의 경쟁은 시간적 압박이 매우 심하고 상업적 성공과 맞물려 있다. 따라서 르네상스 시대와 같이 창조를 꽃피우는 멋진 경쟁이 재현되기 어려우며, 자칫 성과 위주에 빠진 제로섬 게임식 경쟁으로 흐르기 쉽다.

이러한 잘못된 경쟁으로 치닫는 것을 막으려면 조직 차원의 배려와 리더의 역할이 중요하다. 예를 들어 마감 시간에 시달리면서 작업을 할 때 사람은 가장 비창조적이 된다는 연구 결과가 있다. 앞에서도 강조했듯이 크리에이티브는 여유와 자유를 먹고 자라기 때문이다.

특히 내부 경쟁이 심한 조직에서는 개인 크리에이티브가 더욱 저해되며, 이는 결국 실패를 두려워하는 조직문화를 형성한다. 크리에이티브한 조직이 되려면 아이디어를 공유하고 이에 대해 충분한 토론을 할 수 있어야 하는데, 내부 경쟁이 치열한 상황에서는 이것이 힘들기 때문이다.

38 _ 상대평가 성과 관리를 폐지하는 기업

● 하버드대학의 심리학자 테레사 애머빌과 동료 학자들은 대학생을 대상으로 평가가 창의성에 미치는 영향을 실험했다. 연구자들은 '평가 여부'와 '청중 여부'라는 두 가지 요소를 바탕으로 4가지 실험 조건을 설정한 후 학생들에게 주어진 재료만으로 개인별 콜라주 작품을 만들도록 했다.

먼저 '평가-청중' 조건에 배정된 학생들에게는 한쪽에서만 보이는 거울 뒤에 미술가 4명이 앉아 콜라주를 만드는 과정을 지켜보며 작품에 대한 평가를 내릴 것이라고 일러줬다. '평가-무청중' 조건의 학생들에게는 과정을 지켜보지는 않지만 완성된 작품을 미술가들이 평가할 것이라고 말했다.

반면 '무평가-청중' 조건의 학생들에게는 평가에 대한 언급 없이 한쪽에서만 보이는 거울 뒤에 다른 피실험자들이 앉아 자기 차례를 기다리는 동안 콜라주를 만드는 과정을 지켜볼 것이라고 말했다. '무평가-무청중' 조건의 학생들은 평가와 청중에 대한 언급이 전혀 없었다.

학생들이 만든 콜라주 작품을 미술가 10명에게 평가를 의뢰한 결과, 청중의 유무와 관계없이 평가를 의식하지 않은 집단의 창의성 점수가 더 높은 것으로 나타났다. '무평가-무청중' 조건의 학생들은 창의성 점수가 24점에 근접한 반면 '평가-무청중' 그룹의 점수는 19점에도 미치지 못했다. 그리고 실험에 참가한 학생들을 대상으로 설문 조사를 한 결과, '평가' 그룹이 '무평가' 그룹보다 불안감을 많이 느꼈으며 평가 결과에 신경이 쓰였다고 답했다.

실험 결과는 조직 구성원들이 누군가에게 평가받게 되면 평가받는다는 사실로 인해 집중력이 분산되어 창의성이 떨어진다는 것을 보여준다. 이 결과로 볼 때, 창조경영을 표방하면서 창의성을 평가해 보상이나 승진에 반영하겠다는 정책을 실시하는 것은 실로 어리석은 일이라고 할 수 있다. 평가는 창의성을 제고하기는커녕 오히려 창의성을 좀먹기 때문이다.

이런 점에서 인퓨처컨설팅의 유정식 대표가 자신의 저서 《당신들은 늘 착각 속에 산다》에서 삼성에 관해 언급한 내용은 시사하는 바가 크다. 다음은 그의 말이다.

"'관리의 삼성'은 결코 '창의의 삼성'이 될 수 없다. 창의는 관리되지 못한다. '평가로 관리되는 창의'란 말 자체가 논리적 모순이다. 창의가 관리될 수 있다면 이미 그것은 창의가 아니다."

이러한 인식을 바탕으로 최근 많은 기업이 상대평가 성과 관리 체계를 폐지하고 새로운 체계를 도입하고 있다. 마이크로소프트도 그 가운데 하나다.

2012년 7월, 미국 월간지 〈베니티 페어(Vanity Fair)〉는 '마이크로소프트의 잃어버린 10년(Microsoft's Lost Decade)'이라는 제목의 기사를 실었다. 그리고 그 주범으로 CEO인 스티브 발머와 '스택 랭킹(Stack Ranking)'을 지목했다. 스택 랭킹은 마이크로소프트가 지난 10여 년간 운영하고 있는 상대평가 성과 관리 체계로, 직원을 정해진 비율에 따라 1~5등급으로 나눠 최하 등급 직원들을 내쫓는 방식이다.

이 잡지는 논픽션 작가 쿠르트 아이헨발트(Kurt Eichenwald)가 마이크로소프트의 전·현직 임직원들을 인터뷰하고 내부 자료를 검토 분석한 결과를 발표했는데, 그 내용은 이렇다.

"스택 랭킹이 회사를 망치고 직원들을 떠나가게 했다. 직원들의 경쟁 의식을 높이려고 도입한 체계가 협업 분위기를 망쳐놨다. 직원들은 구글 등 떠오르는 IT 강자들과 경쟁하지 않았다. 대신 내부 동료들과 경쟁했다. 한 부서에서 성과를 내더라도 기계적 비율에 따라 하위 등급 직원이 나왔다. 관리자들의 내부 권력 투쟁 도구로 활용되기도 했다. 평가가 관리자에게 얼마나 잘 보이느냐에 따라 결정되는 폐단도 드러났다."

이러한 병폐를 뒤늦게 깨달은 마이크로소프트는 지난 2013년 11월, 드디어 이 체계를 폐지하겠다고 발표했다. 리사 브루멜(Lisa Brummel) 인사 담당 부사장은 모든 직원에게 보낸 이메일을 통해 "더 이상 등급은 없다"고 선언했다. 대신에 리더들이 직원들과 1년에 적어도 두 번 만나는 '커넥트 미팅(Connect Meeting)'이라는 제도를 도입하기로 했다. 이를 통해 업무 우선순위를 정하고 약속한 성과를 달성했는지 점검한다. 아울러 관리자들이 직원들에게 보너스를 줄 때도 유연성을 보장하기로 했다.

사실 마이크로소프트는 이 체계를 GE로부터 배웠다. 잘 알려진 대로 GE의 전임 회장 잭 웰치는 재임 시절 이른바 '활력 곡선(Vitality Curve)'이라는 이름의 상대평가 성과 관리 체계를 강력하게 시행했다. GE는 임직원을 '상위 20%, 필수 70%, 하위 10%'로 나누어 상위 20%에게는 보너스와 스톡옵션, 승진으로 보상하고, 70%는 상위 20%에 들도록 독려한 반면 하위 10%는 해고했다. 이후 많은 회사들이 이 체계를 모방했으며 마이크로소프트도 그랬다.

그런데 스택 랭킹의 근원지라고 할 수 있는 GE는 진작에 이 체계를 버렸다. 2001년 잭 웰치의 바통을 이어받은 제프리 이멜트(Jeffrey Immelt)의 결단이었다. 그는 직원들에게 업무 개선점 등을 지적해주는 등 적극적으로 피드백하는 방식으로 체계를 바꿨다.

다른 기업들도 상대평가 성과 관리 체계를 폐지하거나 완화하는 추세다. 미국 댈러스의 성과 관리 컨설턴트인 딕 그로테(Dick Grote)에 따르면, 현재 '포춘 500대 기업' 중에서 30% 정도가 상대평가 체계를 유지하고 있지만 엄격했던 등급 관리는 점점 느슨해지는 추세다. 이를테면 최하위 등급을 전체 직원의 10%가 아니라 2%만 주도록 하는 식이다.

기업들은 상대평가 성과 관리 체계를 폐지하는 대신에 수시 토론 및 피드백 시스템을 도입하고 있는데, GE는 수시 피드백을 보다 활성화하기 위해 PD@GE(Performance Development at GE)라는 앱을 도입하고 있다. 처음에는 HR 부서에서 도입하여 가능성을 실험했고, 지금은 조직 전체로 확산하는 중이다.

앱에는 구성원 각자의 해야 할 일들이 올라오고, 리더는 이에 대해 수시로 코멘트하고 논의하는 역할을 한다. 노트, 사진 첨부, 음성 녹음 등의 업무에 필요한 기능들이 부가된다. 구성원은 '통찰력(Insights)'이라는 탭을 통해 직속 상사는 물론 다른 동료, 혹은 다른 부서의 사람들에게까지 의견을 요청할 수 있게 되어 있다.

구글은 직급별로 고성과자에게 보상하던 방식을 바꿔, 직급에 상관없이 소수의 최고 성과자들에게 파격적인 보상을 함으로써 최고 인재의 이직을 막는 방식을 채택했다. 업무성과 분포가 정상분포 곡선(최고, 최저가 가장 적고 중간이 가장 많은 종 모양의 곡선)이 아니라 멱함수 곡선(소수 최고 인력에 몰리고 나머지는 평균 이하의 긴 꼬리를 이루는 L 자형 곡선)을 이룬다는 게 그 이론적 배경이다.

<u>39</u> 동료가 동료를 평가하는 기업

지나친 내부 경쟁의 폐해를 막고 협력을 도모하기 위한 방안의 하나로 동료가 동료를 평가하는 기업들이 있다. 뉴스코프(News Corp)의 자회사인 IGN엔터테인먼트(IGN Entertainment)도 그중 하나다. 이 회사는 상사가 직원의 성과급을 정하는 방식을 폐지하고 직원이 동료의 성과급을 결정하는 방식을 채택해 큰 호응을 얻고 있다.

이 방식을 '바이럴 페이(Viral Pay)'라고 하는데 구체적인 성과급 결정 방식은 이렇다.

먼저 직원 개개인에게 동일한 개수의 토큰을 지급한다. 직원들은 지급받은 토큰을 모두 다른 직원들에게 나눠줘야 하는데, 누군가가 팀의 업무를 도와줬다든가, 판매 촉진 활동에 남들보다 열성적으로 임했다든가, 개인적으로 자신에게 잘해 주었을 때 그 동료에게 주고 싶은 만큼의 토큰을 줄 수 있다.

바이럴 페이에는 오로지 3가지 규칙밖에 없다. ① 토큰을 자신에게 줄 수 없고, ② 반드시 모든 토큰을 다른 사람에게 줘야 하며, ③ CEO에게 주면 안 된다는 것이다. 이 외에는 모든 직원이 알아서 결정한다. 마음에 들면 한 사람에게 자신이 가진 토큰을 몰아줄 수도 있다. 하지만 실제로 그런 사례는 없다고 한다.

직원은 동료로부터 몇 개의 토큰을 받았는지는 알 수 있지만 누가 줬는지는 알 수 없다. 회사는 1년에 두 번 1월과 7월에 받은 토큰 개수를 확인해 그에 따라 성과급을 지급한다. 이때 직원이 받은 평균 토큰 개수와 상위에 랭크된 직원이 받은 토큰의 개수를 공개한다. 물론 이름은 밝히지 않는다.

이 방식은 회사가 '누가 일을 잘하는가?'에 대한 직원의 판단을 신뢰할 때 사용할 수 있는 보상 방법이다. 상사들이 감지하지 못하는 실제적인 업무 능력을 평가하고 자연스럽고 위화감 없이 우수한 인재에게 높은 보상이 돌아가도록 한다. IGN에서 바이럴 페이를 도입한 것도 고성과자의 능력과 실적을 성과급으로 인정해줘야 한다는 직원들의 요구 때문이었다. 상사보다 함께 일하는 동료들이 고성과자가 누군지 더 잘 알기 때문이다.

IGN에 따르면, 바이럴 페이는 고성과자에 대한 보상 효과뿐 아니라 저성과자를 독려하는 효과도 있다. 직원들이 평균적으로 몇 개의 토큰을 받았는지 공개되기 때문에 다음에는 열심히 해야겠다는 마음을 갖는다는 것이다. 아울러 상사의 눈에 잘 띄지 않지만 묵묵히 일하는 내향적인 직원의 성과를 제대로 인정하는 발굴 효과도 이 제도의 장점이라고 할 수 있다.

구글에는 자신에게 도움을 주었거나 훌륭한 성과를 거둔 사람에게 동료가 공개적으로 칭찬하는 '지땡스(g'Thanks)'라는 제도가 있다. 이 제도의 장점은 매우 심플하다는 것이다. 온라인 상의 지땡스 양식에다 고마움을 표시할 사람의 이름과 내용을 간단히 기입하면 된다.

개인적으로 감사의 이메일을 보낼 수도 있지만 이 방식의 좋은 점은 내용이 공개적으로 게시되며 구글 플러스를 통해 공유할 수도 있다는 것이다. 고맙다는 인사를 공개적으로 함으로써 인사하는 사람이나 받는 사람, 이를 보는 사람 모두 행복해진다는 것이다.

지땡스의 또 다른 특징은 '동료 보너스(Peer Bonus)'다. 칭찬만으로는 부족하다고 느낄 경우 '동료 보너스'를 선택하여 회사 돈으로 동료에게 현금 175달러의 보너스를 주는 방식이다. 여기에 대해서는 경영진도 일절 감시하지 않고 어떤 결재 과정도 없다.

그러면 직원들이 서로 짜고 보너스를 주지 않겠느냐고? 이런 식으로 수천 달러를 버는 직원이 생기지 않겠느냐고? 하지만 구글에서 이 제도를 10년 넘게 실시해오고 있지만 동료 보너스를 부당하게 악용한 사례는 지극히 드물며, 칭찬하기가 늘어나도 동료 보너스로 지출되는 금액은 큰 변동이 없다고 한다. 이에 관해 구글의 최고인적자원책임자 라즐로 복은 이렇게 말한다.

"우리가 직원들이 옳은 일을 할 거라고 믿어줄 때 그들이 정말 실제로 옳은 일을 한다는 사실을 알았다. 직원들이 서로 보상하는 것을 허용할 때 회사 안에는 칭찬과 봉사의 문화가 번성하고, 직원들은 노예가 아닌 주인처럼 생각하는 게 옳다는 걸 깨닫는다."

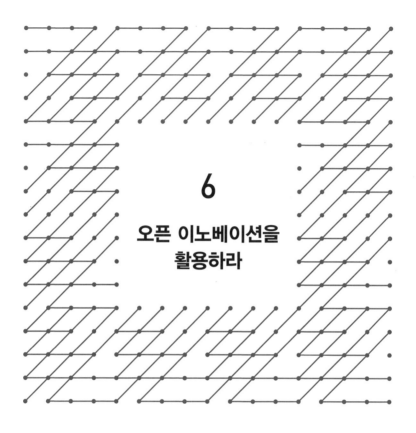

6

오픈 이노베이션을
활용하라

● 캐나다 토론토에 위치한 작은 금광 회사가 있었다. 이 회사는 보유한 금광이 고갈 상태라는 진단을 받은 후, 파산을 기다리는 시한부 인생 같은 삶을 살았다. 새로운 금광을 찾아야 했지만, 회사의 인력을 총동원한 탐사 작업에는 큰 진전이 없었다.

그러던 어느 날, 이 회사의 CEO가 MIT 강연회에 참석했다가 오픈 소스 개발자들이 만들어낸 리눅스에 대한 이야기를 듣게 됐다. 그는 토론토로 돌아가 창립 초기부터 가지고 있던 금광 채굴과 관련된 모든 기밀을 인터넷에 공개하고, 새로운 금광을 찾고 있던 자신들의 노력에 대해 전 세계 전문가들의 도움을 요청하는 결정을 내렸다.

2003년 3월, 회사는 이러한 전략에 입각해 총 57만 6천 달러의 상금을 내걸고 '금맥 찾기 콘테스트'를 열었다. 수천만 평이나 되는 광산과 채굴에 관한 정보를 웹사이트에 공개하자 세계 수십 개 나라의 전문가들이 콘테스트에 참가했다. 참가자는 전문 지질학자를 포함해 대학원생, 컨설턴트, 수학자, 군대 장교 등 실로 다양했다. 다양한 참가자만큼이나 아이디어 또한 다양했다.

큰 기대를 걸지 않은 궁여지책의 시도였지만 결과는 대성공이었다. 참가자들은 110곳의 후보지를 찾아냈으며, 새로운 후보지의 80% 이상에서 상당한 금이 나왔다.

'골드코프 챌린지(Goldcorp Challenge)'라는 콘테스트로 잘 알려진 캐나다의 금광 회사 골드코프(Goldcorp Inc.)의 이야기다. 이후 이 회사는 막대한 양의 금을 채굴했을 뿐 아니라, 1억 달러 남짓 저조한 매출을 올리던 회사가 90억 달러의 실적을 내는 회사로 급성장했다.

이처럼 '조직 내부 자원을 이용하던 방식에서 벗어나 외부에 있는 다양한 자원을 이용하는 방식'을 오픈 이노베이션(Open Innovation)이라고 한다. 이와 같은 방식이 가능한 것은 정보통신기술과 인프라가 비약적으로 발전해 쉽고 저렴한 소통 기반이 확대되면서 지식 유통의 진입장벽이 크게 완화됐기 때문이다. 다시 말해 인터넷의 확산으로 세계 어느 곳이든 연결이 가능해졌다는 얘기다.

물론 예전에도 기업은 외부의 자원을 활용했다. 대표적인 방법이 바로 아웃소싱(outsourcing)이다. 그런데 아웃소싱을 잘하려면 일단 외부에 있는 좋은 자원을 찾아 계약을 맺고 이 자원을 잘 모니터링해야 하는데, 이는 비용이 많이 든다. 이 과정에 등장한 것이 컴퓨터다. 컴퓨터가 발달하면서 많은 정보를 확보하고 분석할 수 있게 되자 외부 자원을 찾기가 쉬워졌고, 관리 또한 쉬워졌다. 이것이 아웃소싱이 증가했던 이유다.

대표적으로 나이키가 아웃소싱을 적극적으로 활용한다. 나이키는 전 세계의 운동화 시장을 선도하고 있지만 정작 그들은 신발의 디자인과 마케팅만 담당하고 생산과 판매 등은 아웃소싱을 이용하고 있다. 나이키뿐만 아니라 지금은 많은 기업이 다양한 분야에서 아웃소싱을 활용하고 있다. 예를 들어 청소 용역 같은 것이다. 직접 청소를 하는 대신 청소 용역을 쓰는 것은 그들이 청소를 더 잘하고 비용도 적게 들기 때문이다.

그런데 여기서 소개하는 오픈 이노베이션은 외부 자원을 활용한다는 점에서는 아웃소싱과 같지만 방식은 완전히 다르다. 아웃소싱이 아웃소싱 에이전트와 개별 계약을 하는 데 비해 오픈 이노베이션은 다수의 외부 자원이 경쟁적 또는 통합적으로 기업과 협업을 한다. 그리고 다수의 외부 자원이 자발적으로 참여하기 때문에 기업은 큰 비용을 들이지 않으면서도 가장 좋은 자원을 확보할 수 있다.

<u>40</u> P&G와 GE의 오픈 이노베이션

● P&G가 프링글스(Pringles) 감자 칩에 간단한 질문과 동물 그림이 새겨진 신제품을 출시하려고 한 적이 있다. 그러나 얼마 안 있어 P&G는 분당 수백만 개의 감자 칩에 선명한 이미지를 새겨 넣는 것이 엄청나게 복잡한 작업이라는 것을 알게 되었다.

예전의 P&G였다면 이 점을 알아내기 위해 상당한 내부 자원을 투입하고, 아마 실행 가능한 공정을 고안해낼 수 있는 인쇄 회사와 파트너십을 맺었을지도 모른다. 그러나 P&G는 전 세계 네트워크를 활용했다. 해결책은 이탈리아 볼로냐에 있는 작은 빵집에서 튀어나왔다. 그곳에서는 한 대학교수가 케이크와 쿠키에 먹을 수 있는 이미지를 인쇄하고 있었다. 그는 자신의 빵집에 일종의 잉크젯 방식을 도입했는데, 이것이 P&G의 문제를 해결할 수 있을 것 같았다. 그래서 P&G는 그 기술을 취득하고 재빨리 요건에 맞춰 그것을 적용했다.

이를 통해 P&G는 단기간에 프링글스 프린트(Pringles Prints)를 출시할 수 있었다. 다른 방식을 취했다면 들었을 비용보다 돈도 훨씬 적게 들었다.

최근 이러한 오픈 이노베이션의 활용 사례가 늘어나고 있는 가운데, 이를 가장 적극적으로 활용하고 있는 기업으로 세계적인 생활용품 업체 P&G를 들 수 있다.

P&G는 1837년 창업한 이래 남북전쟁 당시 북군에 비누와 양초를 공급했고 전후에는 일반인들에게 판매하면서 회사를 키웠으며, 이후 비누와 쇼트닝에 이어 세계 최초로 합성세제와 주방용 세제 등을 개발하면서 세계적인 회사가 됐다. 그 외에도 각종 청소용품, 치약, 방취제, 샴푸, 화장지 등을 포함한 개인용품과 쇼트닝, 케이크 믹스, 커피 등을 비롯한 식품, 그리고 펄프, 화학제품, 동물 먹이 등과 같은 잡화 등 미국의 슈퍼마켓에 가면 P&G의 제품이 없는 것이 없다고 할 정도로 다양한 제품을 판매하고 있다.

P&G는 수십 년간 비밀스러운 연구개발 부문을 유지하며 폐쇄적인 혁신 과정을 고집해왔다. 지금은 바뀌었다. P&G는 새로운 아이디어와 제품을 개발하는 방식을 근본적으로 바꿨다. 현재 이 회사는 대학, 공급 업체, 외부 발명가들과 기꺼이 협업한다. 또 그들에게 보상으로 회사의 지분을 주기도 한다.

이 방식을 채택한 지 10년도 되지 않아 P&G는 기업 외부에서 비롯된 신제품 아이디어의 비율이 20% 미만에서 약 50%로 증가했다. 이는 혁신을 크게 촉진했으며, 전 회장 앨런 래플리(Alan George Lafley)의 말에 따르면 그 덕분에 장기 성장률을 높이고 수익과 하락

하는 주가를 끌어올릴 수 있었다.

그렇다면 P&G는 왜 개방형 접근법으로 전환했을까? 간단히 말하면, 래플리는 불길한 조짐을 느꼈다. 폐쇄적으로 조직된 P&G의 글로벌 혁신연구소들은 시대의 변화에 발맞추기에 민첩성이 떨어졌다. P&G 같은 다국적 기업은 규모가 크기 때문에, 현상 유지만하기 위해서도 엄청난 규모의 자생적 성장을 계속해야 한다. 그리고 그 속도를 따라가지 못하는 사내 혁신연구소들은 추가적인 압력을 받을 수밖에 없다. 2000년경 래플리는 새로운 기술의 폭발적 발전 때문에 혁신 비용은 치솟는데 사내 연구 생산성은 정체되고 있음을 알았다. 게다가 세계화로 인해 시장 경쟁은 어느 때보다 치열해졌다.

그들이 나아갈 길은 '연결 개발(Connect & Develop)'이라고 불리는, 밖에서 안으로 향하는 전략을 도입하는 것이었다. 당시 P&G의 혁신 담당 임원이었던 래리 휴스턴(Larry Huston)과 내빌 사캅(Nabil Sakkab)은 2006년에 발표한 중대한 글에서 이렇게 설명했다.

"혁신의 민주화를 고려할 때, P&G 소속 연구원 한 명당 그와 비슷한 능력을 가진 외부 인재가 200명 존재한다."

P&G는 개방형 접근법에 사운을 걸기로 했다. 그들은 외부 혁신가들에게 기꺼이 손을 내밀었고, 자신이 최고라는 생각으로 새로운 시각을 수용하지 못하는 연구소 특유의 배타적인 태도를 거부했다. 그들은 로스앨러모스국립연구소(Los Alamos National Laboratory), 독일의 화학 기업 바스프(BASF)를 비롯한 여러 조직 및

기업의 연구원들을 초청해 한때 비밀스러웠던 연구 자문 그룹 회의에 참석시켰다. 또한 Yet2.com(지적 재산권을 거래하는 사이트), 유어 앙코르(YourEncore: 은퇴한 전문가들을 위한 네트워크) 등 오픈 이노베이션을 추구하는 여러 새로운 프로젝트에 투자하기 시작했다. P&G는 기술 문제로 곤경에 처한 기업들과 전 세계의 영리한 '해결사'들을 연결해주는 온라인 플랫폼 이노센티브(Innocentive)에도 수십 개의 난제를 의뢰했다.

언제나 꾸준하고 고른 진전이 있었던 것은 아니지만 결과는 고무적이었다. 개방형 전략으로 변화한 이후 수년간 연구 생산성이 현저하게 증가한 것이다. P&G의 혁신 성공률은 두 배로 뛰었고 반면 혁신 비용은 감소했다. 전 세계를 뒤져 '인접 제품(adjacent products)'을 조사하고 공급 업체 네트워크가 뛰어난 인재들을 활용한 P&G는 놀라운 성공을 거두었다. 히트 상품인 '미스터 클린 매직 이레이저(Mr. Clean Magic Eraser)'는 독일 기업 바스프로부터 라이센서를 획득해 최종 개발한 것이고, 엄청난 성공을 거둔 또 다른 청소 도구인 '스위퍼 더스터(Swiffer Dusters)'는 일본 기업 유니참(Unicharm Corporation)이 발명한 제품을 응용한 것이다.

P&G는 여기서 만족하지 않고 오픈 이노베이션 노력을 다시 두 배로 강화했다. 그들은 파괴적 혁신을 가르치는 대학을 세웠고 비경쟁사들과 인재를 공유하는 프로그램을 확장했다. 예컨대 2008년에 P&G와 구글은 직원 20여 명을 상대 회사로 교차 파견해 몇 주간 근무하게 했다. P&G는 인터넷 노하우를 강화하기를 원했고, 구

글은 브랜드 구축에 대해 배우고 싶었던 것이다. 또한 P&G는 '연결 개발' 전략을 더욱 확대했으며, 이 전략이 혁신 개발에 기여하는 정도를 세 배로 늘린다는 목표를 갖고 있다.

이 모든 노력의 결과, 현재 P&G의 혁신 프로젝트 가운데 50%가 수익 및 매출 목표를 달성하고 있으며, 더욱 주목할 점은 혁신 성공률을 세 배로 높였다는 것이다.

P&G가 오픈 이노베이션을 활용해 개발한 대표적인 제품으로는 다음과 같은 것들이 있다.

- 올레이 리제너리스트(Olay Regenerist): 세계에서 가장 많이 팔리는 스킨 크림.
- 올레이 리제너리스트 아이롤러(Olay Regenerist Eye Roller): 시장에 출시된 지 불과 몇 개월 만에 올레이의 두 번째 글로벌 히트 상품이 됨.
- 올레이 데피니티 아이 일루미네이터(Olay Definity Eye Illuminator): 패키지 혁신으로 소비자를 감동시킴. 다른 P&G 브랜드에도 확대됨.
- 스위퍼 더스터(Swiffer Dusters): 15개국에서 판매되는 시장 주도 제품
- 미스터 클린 매직 이레이저(Mr. Clean Magic Eraser): 전 세계적으로 팔리는 제품. 다양한 청소 용도에 따라 제품 확장.
- 클레롤 퍼펙트 10(Clairol Perfect 10): 카테고리 혁신. '2010년 올해의 제품상', '제품 혁신 소비자 조사상' 등 수상.
- 오랄비 펄소닉(Oral B Pulsonic) 칫솔: 개발 기간을 5년으로 예측했으나 1년 내에 출시.

- **글래드 포스플렉스**(GLAD Forceflex) **및 글래드 프레스앤실**(GLAD Press' nSeal)**: 클로록스**(Clorox)**와 공동으로 혁신한 제품. 현재 글래드는 수십억 달러의 가치를 갖는 클로록스 브랜드임.**

P&G와 더불어 오픈 이노베이션을 적극적으로 활용하고 있는 기업으로 GE를 들 수 있다. GE는 최근 IT 인프라와 플랫폼을 통해 단순 제조 영역을 뛰어넘어 서비스 분야에 이르기까지 오픈 이노베이션 적용을 시도하고 있다.

GE는 일찍이 신재생 에너지, 그리드 효율성, 에너지 소비 등의 부문에서 최첨단 아이디어와 비즈니스 모델을 찾아내 투자할 목적으로 2010년 중반부터 다수의 벤처캐피털 기업과 협력해 2억 달러의 상금을 걸고 '에코매지네이션 챌린지(Ecomagination Challenge)'를 진행하고 있다.

GE는 이를 위해 학자, 기업가, 그 밖에 관심 있는 모든 사람들이 아이디어를 제출할 수 있도록 온라인 시스템을 구축했다. GE는 단 6개월 만에 6만 명이 넘는 참가자를 끌어모았고, 85개국에서 5천 개가 넘는 아이디어와 비즈니스 계획이 접수됐다. GE와 벤처캐피털 기업들은 지금껏 접수된 아이디어에 1억3400만 달러가 넘는 돈을 투자했다.

또한 GE는 세계 최대의 소셜 상품 개발 플랫폼인 '쿼키(Quirky)'를 적극 활용하고 있다. GE는 2012년 4월, 향후 5년간 GE의 스마트홈 분야 신제품 30여 개를 개발해주는 대가로 쿼키에 3천만 달러의 자금과 수천 개의 특허를 제공하기로 했다.

쿼키는 세탁기나 문 등에 붙여놓으면 동작, 소리, 빛, 온도, 습도 등을 모니터링해 스마트폰으로 알려주는 다용도 센서 '스포터(Sporter)', 스마트폰으로 냉장고에 달걀이 몇 개 남았는지 확인할 수 있는 '에그마인더(Egg Minder)', 스마트폰으로 전원을 켜고 끌 수 있는 '피봇 파워 지니어스(Pivot Power Genius)' 등 4개 제품을 GE에 제공했고, 이들 제품은 GE의 스마트홈 제품 브랜드 'WINK'로 출시되었다.

GE는 지난 2013년에는 항공기 엔진을 고정하는 핵심 부품인 엔진 브래킷의 경량화 솔루션을 찾을 목적으로 2만 달러의 상금을 걸고 'GE 엔진 브래킷 공모전(GE Engine Bracket Challenge)'을 실시하기도 했다.

이 공모전에는 약 700건의 솔루션이 접수됐는데, 그중 8건은 상금을 나눠야 할 만큼 비슷했다. GE는 이런 솔루션들의 상호 보완적인 부분을 통합하여 이전 솔루션보다 80%나 가벼운 새로운 브래킷을 개발했다.

<u>41</u> 집단지성의 놀라운 힘, 위대한 해바라기 프로젝트

● '백만장자가 되기를 원하십니까?'라는 미국 TV 퀴즈 쇼 프로그

램이 있었다. 이 프로그램의 구조는 매우 단순하다. 쇼 참가자들은 4지선택형 문제에 답하게 되어 있다. 문제는 갈수록 어려워진다. 연속으로 15문제를 맞히면 백만 달러를 상금으로 받는다. 참가자는 난처한 문제에 맞닥뜨리면 세 가지 방법으로 도움을 받을 수 있다.

첫 번째는 답을 두 개 고르는 것이다. 그렇게 되면 답을 맞힐 확률이 50%가 된다. 두 번째는 친구나 친척 가운데 잘 알 만한 사람을 '도우미'로 선택해 전화를 거는 것이다. 이렇게 했을 때 정답을 제시한 경우는 65%나 되었다. 세 번째는 스튜디오 안에 있는 방청객들이 컴퓨터로 투표한 결과를 답으로 이용하는 것이다. 이럴 경우 정답의 확률은 무려 91%에 달했다.

이것이 바로 '대중의 지혜(wisdom of crowd)', 즉 한 사람의 천재보다 평범한 다수의 사람이 훨씬 지혜롭다는 것이다. 이를 다른 말로 '집단지성(collective intelligence)'이라 한다.

사실 집단지성에 의한 문제해결 방식은 예전에도 존재했다. 예컨대 자본주의의 수요와 공급 원리도 집단지성의 산물이다. 사람들은 상품을 구매할 때 가격과 가치를 비교한다. 모든 사람이 그렇게 활동함으로써 소비가 늘어나면 가격이 올라가고 가격이 올라가면 공급이 늘어 다시 가격이 내려가는 사이클이 형성된다. 이렇듯 자본주의라는 시스템을 움직이는 '보이지 않는 손'을 움직이는 것이 바로 집단지성이다.

오픈 이노베이션은 쉽게 말해 이러한 집단지성을 활용하는 것으로, 잘 활용하면 놀라운 성과를 얻을 수 있다. 집단지성의 힘이 얼마나 큰지 사례를 소개한다.

2008년, 샌프란시스코주립대학교의 생물학 교수 그레첸 레번(Gretchen LeBuhn)은 캘리포니아의 나파밸리에 서식하는 꿀벌 개체군을 연구하고 있었는데, 연구 결과로 볼 때 특정 종의 꽃만 수정하는 꿀벌의 개체군이 빠른 속도로 줄어들고 있었다. 해당 지역의 드넓은 포도밭 때문일 것으로 추정했지만 이런 가설을 뒷받침할 확실한 자료가 필요했다. 그런데 그녀는 이런 현상이 단지 일부 지역이 아니라 전국적으로 진행되고 있을지 모른다고 염려했다.

이미 오래전부터 과학 논문들은 꿀벌과 토종벌의 개체군이 줄어들고 있음을 꾸준히 지적해왔다. 그레첸 같은 과학자들은 이런 현상이 원예식물, 농작물, 그리고 야생 식물의 가루받이에 해를 끼치지 않을까 염려했다. 만일 과학자들이 벌의 행동에 대해 보다 많은 것을 안다면, 벌 개체군의 크기를 현재 규모로 유지하거나 혹은 더 크게 만들 여러 가지 대안을 마련할 수 있을 것이다.

하지만 누가 그처럼 드넓은 지역을 조사 범위로 설정하여 벌들을 추적할 수 있단 말인가? 그녀에게 주어진 연구 조사비는 1만 5천 달러에 불과했다. 학생 1명을 나파밸리로 보내 벌의 개체 수를 추가로 측정하라고 지시했지만, 학교로부터 거리가 워낙 멀다 보니 비용과 시간이 너무 많이 소요됐다.

그레첸은 아이디어를 냈다. 나파밸리에서 오랜 기간 연구하다 보니 그 지역에서 포도밭을 가지고 있는 사람을 여럿 알게 되었는데, 이들에게 관련 자료를 수집해달라고 부탁할 수 있지 않을까 하는 아이디어였다. 그들은 흔쾌히 승낙했다. 그녀는 뛸 듯이 기뻤다. 포도 농사를 짓기에도 바쁜 사람이 할 수 있다면 누구나 할 수 있다는 말이었다. 열성적인 원예가이기도 했던 그레첸은 텃밭이 딸린 집을 가지고 있는 사람들도 이 조사 작업에 동참시킬 수 있지 않을까 생각했다.

그러려면 우선 벌 관련 자료 수집을 위해 누구나 따를 수 있는 단순하고 표준적인 기록 양식이 필요했다. 순간 그녀는 해바라기를 떠올렸다. 해바라기는 쉽게 자라고, 하와이와 알래스카를 제외한 미국의 48개 주 전역에 서식하며, 특히 중요한 점은 꽃이 크고 꽃의 표면이 상대적으로 평평하기 때문에 벌이 앉으면 쉽게 눈에 띈다는 것이었다.

그레첸은 아이디어를 그 지역 식물원에서 일하는 몇몇 친구들을 대상으로 테스트했다. 그들에게 해바라기 씨를 나눠주며, 해바라기를 키운 다음에 꽃이 피면 하루에 1시간씩 특정한 시간대에 벌이 몇 마리나 해바라기 꽃에 앉는지 세어서 알려주면 된다고 했다. 그러자 모두들 그 자리에서 안 된다고 했다. 다들 그녀를 돕고 싶지만 하루에 1시간씩 계속해서 해바라기만 바라볼 수는 없다는 것이었다.

시간을 15분으로 줄인 뒤에도 그레첸은 친구들로부터 아무런 보고를 듣지 못했다. 그래서 일일이 전화를 걸었다. 그러자 사람들은 이구동성으로 놀라운 대답을 했다. 벌을 한 마리도 보지 못했기 때문에 보고를 하고 싶어도 할 수 없었다는 것이었다.

그레첸은 놀라긴 했지만 무슨 일이 있어도 이 실험을 성공시켜야 한다고 마음먹었다. 그때 이미 이 실험에는 '위대한 해바라기 프로젝트(Great Sunflower Project)'라는 이름이 붙어 있었다. 그녀는 웹사이트를 만들고, 남부의 몇몇 주 정부에 소속된 마스터 가드너 관련 담당자들에게 이메일을 보내 자원봉사자를 모집했다. 그러자 담당자들은 자기 지역의 방송을 통해 그레첸의 사연을 소개했다.

반응은 즉각적이었다. 하루가 채 지나가기 전에 500명이 자원봉사를 하겠다고 신청했다. 그 주가 끝날 때까지 무려 1만 5천 명이 도움을 주겠다고 약속했다. 나중에는 너무 많은 사람이 몰려드는 바람에 그레첸의 웹사이트가 마비되는 일까지 벌어졌다.

현재 위대한 해바라기 프로젝트에서 벌의 수를 세서 온라인으로 보고하는 자원봉사자는 10만 명이 넘는다. 그레첸은 수집된 자료를 이용해 꽃가루 매개자 지도를 만든다. 이렇게 해서 생성된 지도는 어느 지역에서 벌이 번성하고 있고 어느 지역에서는 개체 수가 줄어드는지 판단하는 데 도움이 된다.

그레첸은 실험 구조를 단순한 방식으로 계속 유지했다. 해마다 7월 중순이나 8월의 특정한 날에 자원봉사자들이 해바라기를 심어둔 밭으로 나가 15분 동안 해바라기에 앉은 벌의 종류와 수를 세도록 한 것이다. 그리고 자원봉사자들은 관찰 내용을 온라인으로 기입하도록 했다. 이것만 하면 끝이었다. 그리고 또 다음 해의 특정한 날을 기다린다.

자원봉사자 한 사람의 역할은 비록 적지만, 이들이 조금씩 보탠 정보를 모두 합하면 어마어마한 양이었다. 전국 각지에서 수만 명이 이런 정보를 제공함으로써 연구자들은 특정 꽃만 주로 찾는 벌 종류들의 개체군 지도를 전국 규모로 작성할 수 있었고, 이를 토대로 벌 개체군 보존을 위한 노력을 어느 지역에 집중할지 판단할 수 있었다. 집단지성의 힘은 참으로 놀라웠다.

42 _ 고객을 참여시켜라

이제 오픈 이노베이션은 다양한 외부 기관의 기술이나 아이디어를 활용하는 기업 중심형에서 고객 중심형으로 진화하고 있다. 최근 고객들은 똑똑한 소비자에 만족하지 않고 프로슈머로서 제품개발 및 생산에 직접 참여하면서, 기업의 입장에서 볼 때 제품의 성패를 좌우할 만큼 매우 중요해지고 있다.

특히 초고속 인터넷, 고기능 IT 기기, 온라인 커뮤니케이션 기술, 빅데이터 관리 기술 등을 통해서 지식의 창출과 공유 및 유통이 용이해지면서 고객 주도의 혁신이 빠르게 확산되고 있고 그 영향력도 점점 커지고 있다.

스타벅스(Starbucks)는 '마이 스타벅스 아이디어'라는 사이트를 만들어 고객의 의견과 아이디어를 공모하고, 신제품을 출시할 때 그중 일부를 수렴해 반영한다. 스타벅스는 어떤 아이디어가 제안되었는지, 자신의 아이디어가 이미 다른 사람에 의해서 제안된 것은 아닌지 알 수 있도록 검색 서비스를 제공한다.

회원 가입을 하면 누구나 자유롭게 아이디어를 제안할 수 있으며, 다른 사람이 제시한 아이디어와 제품 아이디어가 각각의 분류에 따라 몇 개씩 제시되어 있는지도 볼 수 있다.

가장 인기가 많은 아이디어, 가장 결과가 좋은 아이디어, 가장 댓글이 많이 달린 아이디어를 열람할 수도 있고, 자신이 제시한 아이디어를 회사 측에서 얼마나 반영하고 있으며 얼마만큼 제품 생산에 활용하고 있는지, 실제로 스타벅스 매장에 적용된 사례까지도 쉽게 찾아볼 수 있다.

뉴욕 맨해튼에 즐비한 햄버거 가게 중에서 눈에 띄게 잘나가는 가게가 있다. 매디슨 애비뉴에 있는 '포푸드(4Food)'라는 곳이다.

이 가게는 신선하고 맛있으며 영양가 높은 패스트푸드를 제공하는 것을 모토로 삼고 있다. 영양가 높은 패스트푸드라는 말이 어색하게 들릴지는 모르겠지만, 포푸드는 인공 조미료를 일절 사용하지 않는 것이 특징이다. 그들은 이를 '건강 패스트푸드(De-junking fast food)'라 부른다.

그러나 사실 이 가게의 진짜 성공 비결은 어마어마한 메뉴 수에 있다. 대체 몇 가지나 되길래 어마어마하다는 표현을 쓸까? 무려 2억 개다. 포푸드의 홈페이지에 올라온 다양한 재료를 자신의 취향에 따라 마음대로 조합할 수 있기 때문이다. 다시 말해 내 레시피대로 만들어주는 것이다.

'W(hole) 버거'로 불리는 포푸드의 햄버거는 이름에서 짐작할 수 있듯이 햄버거의 핵심인 패티 가운데 도너츠같이 구멍이 뚫려 있는데, 소고기, 돼지고기, 양고기 등 패티를 고른 후 이 구멍에 자신의 취향에 따라 치즈, 감자, 아보카도 등을 채우고 여기에 다른 재료를 곁들인 다음 이름을 붙이면 나만의 햄버거가 탄생한다.

포푸드가 내세우는 가장 큰 차별점은 개인이 디자인한 햄버거를 본인만 즐기는 것이 아니라 소셜화(socializing)했다는 것이다. 포푸드 홈페이지에는 고객들이 만든 햄버거 가운데 가장 잘 팔리는 상위 10개(Buildboard Top Sellers)를 보여주고 있는데, 자신이 만든 메뉴를 다른 사람이 선택하면 25센트의 적립금(credit)을 주어 고객 참여를 활성화하고 있으며, 페이스북이나 트위터를 통해 자신이 디자인한 햄버거를 알릴 수 있게 함으로써 재미를 더하고 있다.

주문은 가게에 가서 이미 개발된 메뉴를 직접 주문하거나 가게에 있는 아이패드로 메뉴를 개발하여 주문할 수 있고, 아니면 홈페이지를 통해 개발한 메뉴를 가게에서 수령하거나 홈페이지를 통해 개발한 메뉴를 택배로 수령하는 등 네 가지로 이루어진다.

"광고도 하지 않고, 전문적인 디자이너도 없으며, 영업 인력도 없다. 하지만 한 달에 수십 가지의 새로운 제품을 출시한다. 놀라운 것은 실패작이 없다는 것."

위의 글은 〈Inc.〉에 실린 의류 판매 회사 '쓰레드리스(Threadless)'에 관한 기사의 헤드라인이다. 2000년, 제이크 니켈(Jake Nickell)과제이콥 데하트(Jacob DeHart)가 취미로 만든 이 회사의 성공 비결은 한마디로 '고객 참여'다.

쓰레드리스의 온라인 카탈로그에 있는 모든 의류는 고객들이 제공한 디자인을 바탕으로 만들어진다. 쓰레드리스는 수백만 명의 회원을 확보하고 있는데. 회원들은 홈페이지에 자신의 만든 디자인을 올리고, 그렇게 올라온 디자인들 중에서 좋은 것을 선택한다. 그러면 쓰레드리스는 매주 새로운 디자인을 제품화한다.

이렇게 만들어진 티셔츠는 20~25달러의 가격으로 판매되는데, 최종적으로 선택된 디자인에는 2,000달러의 현금과 함께 500달러의 상품권이 주어지고, 상품이 출시되면 추가적인 보상이 이루어진다.

다음은 공동 창업자 중 한 명인 제이콥 데하트의 말이다.

"우리는 회원 공동체가 콘텐츠를 만드는 것이라고 생각한다. 광고를 할 필요도 없다. 그저 공동체가 스스로 형성되도록 내버려 둔다. 우리는 회원들의 조언을 참고해 몇 가지 특징을 추가하고 회원들에게 참여에 대한 보상을 제공할 뿐이다."

캐나다의 유명한 신발 디자이너이자 브랜드 이름이기도 한 존 플루보그(John Fluevog)도 고객 참여를 통해 새로운 제품을 개발하는 회사로 유명하다.

광적인 팬들이 자신을 플루보거(Fluevogers)라고 부를 정도로 플루보그는 신발 디자인에 관한 한 천재로 통한다. 그런데 최근 그는 신발과 스타일에 대한 자신의 아이디어를 내놓는 대신 고객들을 적극적으로 참여시키고 있다.

플루보그는 고객들에게 가죽 부츠, 정장용 하이힐, 운동화를 직접 디자인할 수 있는 기회를 제공하고, 홈페이지를 통해 고객들이 제출한 디자인을 게시하여 투표를 하게 한 후 여기서 가장 많은 표를 얻은 디자인을 실제 상품으로 내놓으면 어떨까, 하는 아이디어를 생각했고 이를 실행에 옮겼다.

그 결과는 정말 극적이었다. 고객이 직접 그린 수천 장의 스케치가 밴쿠버 본사로 쏟아져 들어왔고, 그 가운데 300건 정도가 최종 후보작으로 선정돼 홈페이지에 소개되었으며, 12개가 상품으로 제작되어 판매되었다.

중요한 것은 고객들에게 신발 디자인에 대한 보상으로 돈을 지급하지 않는다는 사실. 대신 플루보그는 심리적으로 더 가치 있는 권리를 부여한다. 신발의 이름을 지을 수 있는 권리를 부여하는 것이다. 지금도 플루보그 매장에 가보면 고객이 직접 이름을 지은 신발이 진열되어 있는 것을 볼 수 있다.

외로운 천재형이었던 플루보그. 그는 이러한 고객 참여 프로그램을 통해 자신감을 얻어 2009년 말부터 '크리에이티브 프로그램(Creative Program)'이라는 새로운 시도를 하고 있다. 이 프로그램은 고객들이 직접 특정 신발의 광고를 디자인하는 프로젝트다.

첫 번째 광고 대상으로 선정한 제품은 사만다 자자의 '자자'였는데, 프로그램을 시작한 지 얼마 되지 않아 고객들이 직접 디자인한 광고들이 밴쿠버 본사로 밀려들기 시작했으며, 퀄리티가 기대 이상으로 뛰어나 대성공을 거두었다.

2010년 창업 이후 5년 만에 450억 달러 기업으로 급성장한 샤오미(小米)는 고객을 제품의 기획자이자 개발자뿐만 아니라, 마케터로도 활용하는 오픈 이노베이션 체계를 운영하고 있다.

샤오미에서 신제품을 개발하면 홈페이지나 SNS를 통해 약 1천만 명에 이르는 충성도 높은 '미펀(米粉)'이라는 고객들이 열정적으로 개선 아이디어를 내놓는다. 그들의 의견은 매주 목요일 운영 체계나 앱 업데이트에 즉각 반영되는데, 아이디어가 반영된 고객들에게는 의견이 반영되었음을 알림으로써 만족도를 높이고 보다 적극적인 참여를 유도한다.

또한 신제품을 출시하면 온라인을 통해 몇 분 만에 수십만 건의 판매가 이루어진다. 제품을 판매한 뒤에는 수많은 고객들이 제품에 대해 입소문을 낸다. 특히 샤오미는 미펀을 기반으로 '팬덤 마케팅(Fandom Marketing)'을 적극 추진하고 있는데, 그들은 샤오미의 전도사가 되어 온라인 안에서 제품에 대한 입소문을 퍼뜨리며 자발적으로 광고한다.

대다수 기업이 제품을 판매하면 고객과의 관계가 끝났다고 생각하지만, 샤오미는 제품을 판매하면 그때부터 관계가 시작된다고 생각하고 고객과 끊임없는 상호 교류를 통해 제품과 서비스를 지속적으로 개선하고 있다.

43 아이디어 경연대회를 활용하라

● 18세기 해양대국을 향해 나아가고 있던 영국은 한 가지 큰 문제에 부딪혔다. 바로 바다 위에서 배의 위치를 판독하는 문제였다. 이를 해결하기 위해 영국 정부는 1714년에 배의 경도상 위치를 정확히 파악할 수 있는 방법을 개발하는 문제에 2만 파운드의 상금을 걸고 아이디어를 공모했다. 그런데 많은 사람들의 예측과는 달리 그 문제를 해결해 상금을 타 간 사람은 천문학자도 지질학자도 아닌 존 해리슨(John Harrison)이라는 시계공이었다.

경연대회의 역사는 깊다. 나폴레옹(Napoleon Bonaparte)은 1795년에 혁신적인 식품 보존 기술을 찾기 위해 1만 2천 프랑의 상금을 걸었다. 그 결과 당시 양조업자 겸 제과업자였던 니콜라스 아페르(Nicholas Appert)가 음식이 부패되지 않도록 막아주는 효과적인 통조림 가공법을 개발했다. 1927년 찰스 린드버그(Charles Lindbergh)가 성공시킨 뉴욕에서 파리까지의 첫 대서양 비행 횡단도 알고 보면 호텔 재벌 레이먼드 오티그(Raymond Orteig)가 2만 5천 달러를 내걸고 실시한 '오티그 프라이즈(Orteig Prize)' 덕분이었다.

최근에는 다양한 조직이 일반 관광객을 위한 우주 여행부터 병원 입원 패턴 예측에 이르기까지 다양한 문제에 대한 해결 방안을 도출하기 위해 경연대회를 활용하고 있다.

경연대회를 활용하면 특정한 문제를 해결하는 데 도움이 되는 단

하나의 방법이 아니라 다양한 방법을 찾아낼 수 있다. 그리고 제안된 방안 중 일부가 기존의 방법보다 못할 수도 있지만 단 하나의 유망하고 특별한 해결 방안만 있으면 얼마든지 새로운 방향으로 나아갈 수 있다는 것이 강점이다.

그렇다면 경연대회가 효과적인 이유가 뭘까? 전문가들은 다음과 같은 세 가지 면을 핵심 요소로 지적한다.

첫째, 다양한 동기가 작용한다.

경연대회 방식이 효과를 발휘하는 이유를 이해하려면 경연대회를 통해 얼마나 다양한 인센티브가 제공되는지, 참가자들로부터 기대되는 이익을 훨씬 웃도는 노력을 이끌어내기 위해 어떤 방식이 사용되는지 파악해야 한다.

비금전적인 동기로는 경쟁이 초래하는 흥분감, 취미나 오락 활동에 대한 애정, 특별한 대의명분을 향한 열정, 경연대회에 참가해 뛰어난 성과를 냈을 때 얻을 수 있는 명성 등이 있다. 저명한 상을 받는 것은 자격증을 얻는 것과 같다. 이런 효과 때문에 혁신가는 문제해결을 위해 많은 노력을 쏟아붓는다. 그뿐만 아니라 경연대회를 제대로 설계하면 참가자들이 교육, 멘토링 등을 통해 기술과 전문성을 쌓을 수도 있다. 많은 참가자들이 이처럼 좀 더 불명확한 동기부여 요소를 금전적인 인센티브보다 중요하게 여긴다.

둘째, 다양한 사람들이 참가한다.

인센티브가 달라지면 문제해결에 참여하는 참가자의 유형도 달라진다. 문제해결에 참여하는 모든 사람이 또 다른 도전 과제에 자신의 기술과 관심을 쏟아부을 의향을 갖고 있는 것은 아니다. 이와 같은 역학 관계는 상당한 위력을 발휘한다. 최고의 아이디어를 갖고 있는 사람이 누구이며 어떤 기술 조합이 문제해결에 가장 큰 도움이 될지 예측할 수 없는 경우가 많기 때문이다.

앞에서 소개한 예에서, 영국 정부가 공모한 배의 경도를 정확히 파악하는 방법을 찾아낸 사람은 당초의 예상과는 달리 천문학자도 지질학자도 아닌 시계공이었던 것처럼 말이다.

셋째, 다양한 목표를 추구하는 많은 조직을 끌어들일 수 있다.

가령, 상장 기업부터 신생 기업, 대학, 고등학교, 똑같은 열정을 갖고 있는 친구들로 이뤄진 팀에 이르기까지 다양한 조직의 관심을 끌 수 있다. 경연대회에 참가하는 개인이나 집단은 엄격한 규칙과 규범에 의해 제약을 받기보다 해결해야 할 문제, 개발하고자 하는 해결 방안에 대한 자신들의 견해와 가장 잘 맞는 조직을 설계할 수 있다. 경연대회는 이와 같은 조직적 다양성을 활용하는 데 도움이 되는 메커니즘을 제시한다.

그리고 무엇보다 중요한 것은 최근 연구를 통해 이처럼 다양한 조직 형태가 다양한 유형의 해결 방안을 낳는다는 사실이 밝혀졌다는 것이다. 동일한 문제를 해결하는 경우라 하더라도 조직 형태의 다양성은 해결 방안의 다양성을 높이는 데 도움이 된다.

44 — 다양한 아이디어 경연대회 사례

그렇다면 실제로 어떤 기관이나 기업에서 어떤 방식의 경연대회
를 열어 효과를 거두었는지 몇 가지 사례를 살펴보자.

우선 앞에서 소개한 '골드코프 챌린지'와 더불어 가장 널리 알려
진 사례로 넷플릭스(Netflix)의 '영화 추천 알고리즘 개선' 사례를 꼽
을 수 있다.

주문형 비디오 및 DVD 대여 업체 넷플릭스는 고객을 위한 영화
추천 알고리즘을 개선하기 위해 단순히 많은 돈과 시간을 쏟아붓는
대신, 자사의 기존 추천 역량을 10% 개선하는 방안을 제안하는 팀
에 100만 달러의 상금을 주겠다고 제안했다. 넷플릭스는 경연대회
참가팀들의 아이디어를 돕기 위해 표본 데이터를 온라인에 공개했
다. 경연대회 참가팀들이 해결 방안을 내놓자 넷플릭스는 속도 및
정확성과 관련된 최종 점수를 산정하기 위해 각기 다른 데이터 세
트에 제출된 방안을 적용했다. 경연대회 참가자 중에는 중국에서
공부하는 대학원생도 있었고 벨연구소 연구원도 있었으며 은퇴한
경영 컨설턴트도 있었다.

2006년 10월부터 2009년 7월까지 5천 개가 넘는 팀이 4만 4천
개가 넘는 방안을 내놓았다. 경연대회가 시작된 후 33주 동안 제안

된 방안 중 3분의 2는 넷플릭스가 갖고 있는 자체 알고리즘보다 성능이 떨어졌다. 하지만 넷플릭스에는 그 같은 사실이 전혀 중요하지 않았다. 우수한 성능을 자랑하는 90개 남짓한 알고리즘이 기준치를 5% 상회했으며 가장 뛰어난 알고리즘은 기준치를 7%나 상회했다. 그뿐만 아니라 최종적으로 우승한 알고리즘은 기준치를 10% 이상 웃돌았다.

가장 뛰어난 해결 방안을 내놓은 사람은 대학원생이나 컴퓨터 과학자가 아니라, 런던에 거주하는 48세의 은퇴한 경영 컨설턴트 개빈 포터(Gavin Potter)였다. 포터는 대학 시절에 익혔던 심리학 지식과 고등학생 딸아이가 가르쳐준 수학적 지식을 결합해서 훌륭한 알고리즘을 개발해냈다.

다음은 2010년에 열린 'PIAXP(Progressive Insurance Automotive X PRIZE)' 사례다.

연비가 뛰어난 차량 개발을 위해 열린 이 경연대회에는 무려 1천만 달러의 상금이 걸렸는데, 100개가 넘는 팀이 경연대회에 등록했으며, 우승 가능성이 희박함에도 불구하고 40개가 넘는 팀이 경주에 차량을 출전시키기 위해 기꺼이 차량 개발 비용을 투자했다.

이 경연대회 참가자들의 면면을 살펴보면 타타자동차(Tata Motors)와 같은 기존 기업부터 자동차 애호가, 필라델피아에 거주하는 고등학생에 이르기까지 다양했다. 경연대회 참가자들은 연료 공급 후 주행 거리, 안전성, 배기가스 배출 등과 관련된 엄격한 기준을 충족시킬 수 있는 100MPG(mile-per-gallon) 차량을 개발하기 위해 다양한 기술적 접근 방법을 활용했다.

　모든 것을 새롭게 만들어낸 팀도 있었고 연비 개선을 위해 기존 플랫폼을 개선한 팀도 있었다. 또한 참가자들은 바퀴가 3개인 차량, 바퀴가 4개인 차량, 좌석이 2개인 차량, 좌석이 4개인 차량 등 다양한 자동차를 선보였다. 속도가 느릴 때 안정성을 높일 수 있도록 보조 바퀴를 장착한 공기 역학 오토바이를 선보인 팀도 있었다.

　전기 엔진, 하이브리드 엔진, 내부 연소 엔진을 활용한 차량도 있었고 나무와 종이 제품에서 나오는 가스를 연료로 사용하는 자동차도 있었다. 참가팀들은 혁신적인 동력 전달 장치, 배터리 관리 기법, 한층 개선된 공기 역학, 좀 더 가벼운 자재 등을 활용해 연비를 개선했다.

　다음은 뉴욕 시가 개최하는 '빅앱스(NYC BigApps) 경연대회' 사례다.

　뉴욕 시장 마이클 블룸버그(Michael Bloomberg)가 2010년에 도입해 매년 진행하는 NYC 빅앱스 경연대회는 소프트웨어 개발자들에게 정부 데이터를 활용해 도시 문제를 해결하고 현지 주민들의 요구를 충족시키는 앱을 개발할 것을 권장하는 것이 목표다.

　경연대회를 진행한 첫해에 뉴욕 시가 2만 달러의 상금을 걸자 80개가 넘는 팀, 기업, 비영리조직이 문제해결에 참여했다. 참가자들은 레스토랑과 택시 운전자에 대한 의견 공유, 근처에 있는 지하철역을 찾아주는 앱, 현지 학교를 평가하는 도구 등 다양한 서비스를 제안했다.

소프트웨어 개발자들은 챌린지포스트(ChallengePost)라는 플랫폼을 활용해 자신들이 개발한 해결 방안을 제시하고, 투자자들의 투자를 호소하고, 소셜미디어 네트워크에 접근할 수 있었다. 뉴욕 시는 이 경연대회를 통해 여러 개의 가치 있는 앱을 발굴하고 효과적인 앱들을 신속하게 잠재 사용자들에게 선보일 수 있었다.

다음은 '오일 클린업 X 챌린지(Oil Cleanup X Challenge)' 사례다.

자선가 웬디 슈미트(Wendy Schmidt)의 후원으로 2011년 해수면에서 기름을 걷어내는 데 가장 효과적인 제품을 개발한 팀에 140만 달러의 상금을 수여하는 이 대회에는 350개가 넘는 팀이 참가했다. 우승 상금을 거머쥔 것은 일리노이 카미에 위치한 기업 일라스텍/아메리칸 마린(Elastec/American Marine)이었다. 이 회사는 오랫동안 해수면에 떠다니는 기름을 제거하는 분야에서 활발하게 활동하고 관련 제품을 판매해온 기업이었다.

사실 일라스텍/아메리칸 마린은 경연대회가 열리기 전에 이미 해수면의 기름을 훨씬 효과적으로 제거하는 데 도움이 될 만한 몇 개의 아이디어를 가지고 있었다. 다만 슈미트가 경연대회를 열기 전까지 고려 중인 상태였을 뿐이었다. 경연대회가 열린다는 소식에 자극을 받은 일라스텍/아메리칸 마린의 CEO 도니 윌슨(Donnie Wilson)은 자사 엔지니어 10명을 선발해 60일 동안 아이디어를 구체화할 것을 지시했다. 일라스텍/아메리칸 마린의 엔지니어들은 빠르게 회전하는 플라스틱 판에 홈을 만들어 기름을 흡착하는 통로를 생성하는 방법을 제안했다. 이 제품은 수면에서 분당 4,670갤런의 기름을 제거했다. 업계 표준보다 4배 많은 수치였다.

다음은 IBM의 '이노베이션 잼(Innovation Jam)' 사례다.

IBM은 R&D를 통해 많은 것을 발견했지만 그중 상당수를 상업적인 제품으로 발전시키지 못했다. 2006년 IBM 경영진은 15만 명에 달하는 직원, 파트너, 고객, 연구원 등이 참여하는 온라인 콘퍼런스인 이노베이션 잼을 도입해 이런 상황을 변화시키고자 했다.

주최자들은 사업화에 도움이 되는 아이디어 확보를 목적으로 72시간 동안 온라인에서 브레인스토밍을 진행하면서 IBM의 신기술에 관한 정보를 공유했다. 관리자들로 이뤄진 팀은 1차 이노베이션 잼에서 나온 수많은 아이디어 중 가장 유망한 아이디어들을 추린 후 실행 가능한 투자 영역(스마트 의료 지불 시스템, 3D 인터넷 등)을 정의하기 위해 또다시 72시간에 걸쳐 2차 이노베이션 잼을 진행했다. 2006년이 끝나기 전, 당시 IBM의 회장 겸 CEO를 지내고 있던 샘 팔미사노(Sam Palmisano)는 이노베이션 잼을 통해 찾아낸 10개의 비즈니스 영역에 1억 달러를 투자하겠다고 발표했다.

마지막으로 시스코(Cisco)의 'I-프라이즈(I-Prize)' 사례를 소개한다.

시스코는 전 세계의 경연대회 참가자들이 수십억 달러 규모의 새로운 비즈니스를 제안해줄 것이라는 기대를 품고 I-프라이즈 경연대회를 진행했다. 먼저 사내에서 경연대회를 진행했던 시스코는 2007년에 외부 참가자들에게도 I-프라이즈 참가를 허용했다. 시스코는 자사가 기존의 산업 지위를 활용해 새로운 비즈니스를 구축하는 데 도움이 되는 아이디어에 25만 달러의 상금을 주겠다고 제안했다.

1,000개가 넘는 비즈니스 아이디어가 접수됐다. 시스코는 브라이트아이디어(Brightidea)라는 크라우드소싱 플랫폼과 여러 심사위원으로 구성된 팀을 활용해 제안된 아이디어를 40개로 간추렸다. 후보로 채택된 40개 팀은 6주에 걸쳐 비즈니스 계획을 개선한 후 시스코의 고위급 경영자들로 구성된 심사위원단에 아이디어를 소개했다. 독일과 러시아에서 활동하는 우승팀은 인터넷 프로토콜 기술 분야의 우수 기업이라는 시스코의 지위를 활용해 에너지 효율성을 개선하는 센서 기반 스마트 그리드를 개발했다.

<u>45</u> 예측시장을 활용하는 기업

● 1988년 이래로 아이오와대학은 사람들이 대통령 선거 결과에 베딩할 수 있는 아이오와 전자시장(IEM)을 운영해왔다. 2004년 선거를 앞두고 IEM은 596회 중 451회의 여론조사에서 전문 여론조사 기관보다 훨씬 더 정확한 예측을 내놓았다. 1988년부터 2000년까지 네 차례의 대선에서 IEM은 선거 1주일 전 예측 결과가 평균 1.5%의 절대 오차를 기록하여, 갤럽 최종 여론조사의 2.1% 오차에 비해 한층 더 우수했다.

IEM은 2012년 대선 때도 2008년 못지않은 정확성을 과시하여, 최종적으로 버락 오바마(Barack Obama) 대통령 50.9%, 미트 롬니(Mitt Romney) 48.4%로 예측했는데, 실제 결과는 오바마 50.6%, 롬니 47.8%였다. 특히 이 시장은 선거 전야뿐 아니라 상당 기간 전에도 정확히 예측하는 것으로 판명됐다.

집단지성을 이용한 오픈 이노베이션 모델 가운데 엄청난 가능성이 제시되면서도 가장 이해하기 힘든 모델 중의 하나가 사람들의 예측을 활용하는 '예측시장(Prediction Market)' 모델이다.

몇몇 기업은 이러한 예측시장을 실제 비즈니스에 적용하기 위한 실험을 하고 있는데, 우선 구글의 사례를 살펴보자.

기업은 자사 제품이 성공할지 실패할지를 어떻게 예측할까? 몇 년 전에 구글은 혁신적인 방법을 채택했다. 직원들이 기업의 다양한 중대 사안에 대해 베팅할 수 있는 '예측시장'을 만든 것이다. 여기에 참가한 직원들은 제품의 출시 시기, 성공 가능성, 기타 여러 가지 전망에 대해 예측했다.

그들은 자신의 예측에 따라 가상화폐를 투자했고, 나중에 그 화폐로 다양한 상품을 받아 갈 수 있었다. 직원들의 투자 또는 베팅으로 예측시장 가격이 정해졌다. 예를 들어, 사람들이 구글의 내년도 신상품 판매량이 200만 단위일 것이라고 믿고 그에 따라 돈을 걸면, 그들의 믿음이 가격에 반영되는 식이었다.

전반적으로 구글 예측시장의 결과는 놀라울 만큼 정확한 것으로 판명됐다. 만약 어떤 제품이 200만 단위로 판매될 것으로 가격이 책정되면, 실제로 200만 단위로 판매될 가능성이 높았다. 만약 어떤 제품이 7월 1일 전에는 출시되지 못할 것으로 가격이 책정되면, 실제로 그날까지 출시되지 못할 가능성이 높았다. 기업 내에 산재해 있던 지식은 이런 방식으로 정확히 종합됐다.

구글의 예측시장이 효과적으로 작동한 것은 독자적인 정보를 지닌 많은 직원이 자신의 의견을 제시했고 그런 의견이 종합적으로 반영된 시장 가격이 대체로 옳았기 때문이다. 가장 놀라운 발견은 예측시장에서 가격이 일반적 확률로 작용한다는 점이었다. 가격으로 봐서 어떤 사건이 일어날 확률이 90%면, 실제로 그 사건이 일어나는 확률도 90%였던 것이다.

집단 논의에서는 구성원들이 자신이 아는 바를 이야기해봤자 남들에게 도움이 될 뿐, 자신은 어떤 대가를 치를 위험이 있다. 이에 반해 예측시장은 이런 문제를 극복하는 방식으로 인센티브를 재설계한다. 예측시장에서의 투자는 일반적으로 고용주에게도 공개되지 않기 때문에, 참가한 직원은 가령 자사의 매출이 감소할 것이라거나 친구나 동료들이 선호하지 않는 특정 후보가 대통령으로 당선될 것이라고 예측하더라도 자신의 평판에 해를 입을까 봐 두려워할 필요가 없다.

예측시장 참가자는 투자로 돈을 벌거나 잃을 수도 있으므로, 자신이 가진 모든 정보를 동원하려는 강한 동기가 생긴다. 실제로 예측시장을 주최해본 관리자들은 이 시장에 수반되는 대화 집단이나 정보 게시물에서 시장 자체의 결과만큼이나 많은 정보를 얻었다고 말한다. 그리고 설사 정보가 세부적인 내용까지는 공개되지 않더라도 가격 신호에는 반영된다. 이런 결정적인 방식으로, 집단 논의를 가로막는 문제들이 예측시장에서는 대부분 해소된다.

예측시장은 또 참가자에게 정확한 정보를 탐색하려는 강력한 동기를 부여한다. 참가자가 무턱대고 투자를 할 가능성은 낮고, 이익을 얻을 만한 더 나은 정보를 찾기 위해 잠시 동안 거래를 중단할 수도 있다. 이에 반해 대부분의 집단 논의에서는 구성원들이 자리를 뜰 수가 없다. 그들은 계속해서 논의를 이어가야 하고, 필요한 정보는 각 구성원에게 흩어진 채로 숨겨지기 일쑤다.

모든 사람들이 그렇듯이, 투자자들도 당연히 타인의 견해로부터 정보의 압력을 느끼기 쉽다. 이들은 자신이 가진 정보를 공개함으로써 이익을 얻기 때문에, 시장은 사람들이 각자 보유한 정보를 최대한 밝히려는 강력한 동기를 형성한다. 그리고 실제로 예측시장은 보통 개개인의 오류를 확대하기보다 제거하는 것으로 판명됐다. 설령 많은 참가자가 오류를 범하더라도 거래 결과 책정된 시장 가격은 상당히 신뢰할 만한 것이다.

다음은 미국 가전 유통 업체인 베스트바이(Best Buy)의 태그트레이드(TagTrade)라는 이름의 예측시장 사례다.

이 시장에서 베스트바이의 직원들은 외부 사건(대통령 선거, 스포츠 경기 등)이나 내부 사건(분기별 매출 예측, 신규 지점의 개점 일정 등)의 결과에 베팅할 수 있다. 예측시장은 토큰 점수를 기반으로 돌아가지만,

상품을 통해 직원의 참여를 독려한다. 최고의 투자자에게는 200달러짜리 상품권과 더 탐나는 상품인 특별한 자수 셔츠가 수여된다.

태그트레이드 시장은 놀랍게도 분기별 매출을 예측하는 데는 베스트바이의 영업팀보다 더 우수했고, 신규 지점의 개점 일정을 맞히는 데는 건설 현장소장들보다 더 우수했다. 베스트바이가 오랜 경쟁사인 서킷시티(Circuit City)보다 더 좋은 실적을 거두는 데 한몫했다는 평가를 받았다. 2011년 중반에 이르자, 태그트레이드 시장은 240가지 예측 과제에 대해 미국 직원만 2,100명이 참여할 정도로 확대됐다.

그렇다면 전문가보다 일반 직원들의 예측이 더 정확했던 이유는 무엇일까? 이에 대하여 맥킨지(McKinsey) 그룹의 레니 다이(Renee Dye)는 이렇게 분석한다.

"직원들은 자신이 알고 있는 것을 정확히 표현하지는 못하지만 고객과 직접 대면하기 때문에 현장을 더 정확하게 알고 있습니다. 그런데 경영자들은 일반 직원보다 전문가에게 이 일을 맡기려고만 하죠."

<u>46</u> 온라인 문제해결 플랫폼을 활용하라

● 화학자인 워너 뮬러(Werner Mueller)는 직장 생활의 대부분을 거대 다국적 화학기업에서 보냈다. 그는 입사 전, 화학 실험에 관심이

많았다. 하지만 승진을 거듭할수록 화학 실험실 밖에서 점점 더 많은 시간을 보내게 되었다. 그는 결국 퇴직 후 아쉬움을 달래기 위해 집에 화학 실험실을 만들었다.

2001년 말, 미국의 대형 제약 회사인 일라이 릴리(Eli Lilly)의 연구 조직이 흔들리고 있었다. 엄청난 투자를 했지만 새로 출시할 제품의 문제 해결책을 찾지 못했다. 그들은 비교적 저렴하면서도 강력한 화합물을 발견했지만, 이를 시장성 높은 약품으로 전환하는 비용이 계속 늘어나 예산을 초과하는 문제에 봉착했다. 더 이상 묘수가 없다고 판단되자 그들은 인터넷에 그 문제의 해법을 요청하는 글을 익명으로 올렸다.

인터넷에서 이 글을 본 워너 뮬러는 비록 제약업 분야에서 일한 경험이 없었지만, 그 문제가 자신이 공업 화학자로 일할 때 경험한 문제와 비슷하다는 점을 간파했다. 해법을 찾아 나선 그는 결국 유용성이 있어 보이는 방법을 발견했고, 곧 그 사실을 일라이 릴리에 알렸다. 그것은 일라이 릴리의 연구진이 전혀 생각하지 못한 방법이었고, 검증 결과 무척 효과적인 방법으로 드러났다.

덕분에 일라이 릴리는 새로운 약품을 획득했고, 뮬러는 상금으로 2만 5천 달러를 받아 개인 화학 실험실에 재투자했다. 현재 뮬러는 자기 집의 화학 실험실에서 '이노센티브'라는 세계 최대의 온라인 문제해결 플랫폼의 웹사이트에 올라오는 다양한 문제 해법을 연구하며 퇴직 후의 삶을 이어가고 있다.

이노센티브의 웹사이트는 2001년에 엘피어스 빙엄(Alpheus Bingham)이 개발했다. 빙엄은 당시 뮬러 덕분에 문제를 해결한 바로 그 제약 회사인 일라이 릴리의 부사장이었다. 빙엄은 가장 영리한 사람들을 모으고 그들에게 어려운 문제를 맡기는 기존의 연구개발 방식에 실망을 느꼈다. 관건은 사람이나 문제가 아니라 그 두 가지 요소의 조합이었다. 빙엄은 적절한 사람에게 적절한 문제를 할당했는지 확신할 수 없었다.

그래서 그는 최후의 수단으로 이노센티브 프로젝트를 출범시켰다. 실패를 반복하는 기존의 해법에 자금을 투입하는 대신 효과적인 해법을 발견하는 사람에게 상금을 주는 방식으로 외부인의 도움을 받기로 한 것이다. 처음에는 반응이 미지근했지만 시간이 흐르자 응모자들이 조금씩 늘어나기 시작했다. 뮬러도 그중 하나였다. 뮬러가 제출한 해법은 화합물 개발과 관련한 문제뿐 아니라 고비용의 연구개발 딜레마를 관리하는 회사 차원의 문제도 해결했다.

2003년 이노센티브 프로젝트는 일라이 릴리에서 분리되어 독자적인 회사가 되었고, 빙엄은 이노센티브의 최고경영자를 맡았다. 이노센티브의 웹사이트에는 듀폰, 보잉, 노바티스(Novatis), P&G 같은 수백 개 기업(의뢰자)의 문제가 게시된다. 문제의 종류는 리튬이온 전지 설계부터 저지방 초콜릿 대용물 개발에 이르기까지 다양하다. 그러나 그 문제를 공략하는 사람들(해결자)은 훨씬 더 다양하다.

현재 이노센티브는 수십만 명이 잠재적 문제해결자로 등록되어 있는, 세계 최대의 온라인 개방형 문제해결 플랫폼으로 확고히 자리를 잡고 있다.

이노센티브와 같은 온라인 문제해결 플랫폼으로 '나인시그마 (NineSigma)'가 있다. 2000년 미국 오하이오 주에서 벤처 기업으로 출발해서, 일본과 벨기에 등에 자회사를 두고 있으며 한국에도 지사가 있다.

나인시그마는 현재 세계 각국에 1,000개 이상의 기업을 고객으로 두고 있으며, 그동안 수천 개의 프로젝트를 완료했다. 또한 북미, 유럽, 아시아 등에 수백만 명의 기술 공급자를 확보하고 있으며, 전 세계 200개 이상의 연구기관들과 협약을 맺어 그들의 네트워크를 적극적으로 활용하고 있다. 매칭 성공률이 매우 높아 2009년 기준으로 85%에 달한다.

나인시그마 고객은 일정 규모 이상의 글로벌 대기업이 대부분으로 P&G, 바스프, GSK, 듀폰, 이스트먼(Eastman), NEC, 올림푸스 (Olympus), 테이진(Teijin) 등이 공개된 나인시그마의 고객이며, 국내에도 LG화학을 비롯한 여러 대기업이 나인시그마 서비스를 활용하고 있다.

나인시그마의 문제해결 프로세스는 이렇게 진행된다. 먼저 수요 기업이 기술적 이슈를 검토 요청하면 적용이 가능한지 자문을 실시한다. 그리고 타당성이 확인되면 고객이 필요로 하는 기술의 제안요구서(RFP: Request for Proposal) 작성을 도와준다. 작성된 RFP는 나인시그마와 네트워크로 연계되어 있는 전 세계의 기술 공급자 후보들 중에서 관련성 있는 선별된 후보자들에게 이메일로 발송된다.

RFP를 받아본 후보자 중 해결 대안을 갖고 있는 기술 공급자는 약식 제안서를 나인시그마에 전달하고, 나인시그마는 회수된 제안서 중 가장 가능성이 있는 것을 골라 수요 기업과 연결해준다.

7

조직 크리에이티브,
공간에 주목하라

● 맨 처음 제가 하고 싶었던 일은 회의 장소를 바꾸는 것이었어요. 협상실에서 홀을 따라 내려가다 보면 회의실이 하나 있는데, 그곳에는 커다란 원형 테이블이 있어 모두 둘러앉을 수 있었죠. 저는 양측 참가자들의 이름표를 의자 앞 테이블 위에 번갈아 가며 올려놓았어요. 먼저 들어온 노동조합 대표들이 경영진 옆에 놓여 있는 자

신들의 이름표를 보고 걱정스러운 표정을 지었죠. 그들은 저에게 다가와 이렇게 말했어요.

"무슨 일입니까? 무슨 속임수를 쓰는 거죠? 우리는 우리들끼리 앉고 싶습니다. 전에 쓰던 협상실로 돌아갈 수 없다면 아예 밖으로 나가겠습니다."

우리는 결국 기다란 테이블이 놓인 협상실로 돌아갔고, 회의 장소 변경은 제 뜻대로 되지 않았어요.

일찍이 처칠(Winston Churchill)이 "건축과 구조물이 인간의 성격과 행동에 미치는 영향에 대해서는 의심할 여지가 없다. 우리가 건물을 만들면 그 후에는 건물이 우리를 만든다"라고 말했듯이 사람은 어떤 장소에 어떻게 자리 잡느냐에 따라 생각과 행동이 크게 달라진다. 어떤 공간은 개방적인 생각의 소통과 창조력을 높이지만 또 어떤 공간은 역으로 방해하기도 한다. 아침마다 아무런 특색 없는 복도를 따라서 벌집처럼 생긴 일터로 들어가는 사람들에게서 창조적인 성과를 기대하기는 어렵다.

의도하든 의도하지 않든 공간의 형태는 그 공간을 사용하는 사람들이 중요시하는 가치를 반영한다. 그래서 세계적인 디자인 기업 아이데오의 크리스 플링크(Chris Flink) 같은 사람은 공간을 '조직의 보디랭귀지'라고 표현한다.

방과 칸막이로 팀을 나누고 개인 공간과 회의 공간을 나누어 서로 방해받지 않도록 한 지금까지의 사무실 형태는 산업사회가 추구한 가치를 반영한 것이다. 그리고 그 핵심 키워드는 분업을 통한 '효율'이다. 그러나 지금은 앞에서 강조했듯이 효율보다는 '창조'가 중시되는 사회다. 추구하는 가치가 바뀌었으니 당연히 공간도 달라져야 한다. 이것이 바로 요즘 많은 조직이 '공간'에 주목하는 이유다.

미래의 업무 공간은 어떻게 달라져야 할까? 영국 왕립예술대학 헬렌햄린센터(Helen Hamlyn Center)의 센터장인 제러미 마이어슨(Jeremy Myerson)은 공간은 기본적으로 조직이 가지고 있는 가치 기준에 따라 달라져야 한다며, 다음과 같은 네 가지 관점에서 설계돼야 한다고 말한다.

첫째, 구성원을 위한 상징적 공간이다. 이는 그동안 기업이 추구해온 개성 없는 공간에 대한 강한 반작용으로, 기업과 브랜드에 대한 이야기를 업무 공간의 실내 디자인과 연관해야 함을 의미한다. 한마디로 업무 공간은 단순한 사무 공간이 아니라 기업의 브랜드와 역사를 체험할 수 있는 공간이 되도록 해야 한다는 말이다.

둘째, 정보가 흐르는 공간이다. 이는 20세기 업무용 건물의 융통성 없고 고립된 공간에 대한 반작용으로, 구성원들이 각자의 자리에 앉아서 일만 할 수밖에 없는 공간이 아니라 다른 구성원과 생각이나 아이디어를 교류할 수 있는 열린 공간이 되어야 함을 의미한다.

셋째, 친근한 작업 공간이다. 개인 작업 공간은 여전히 별도로 분리될 수 있지만, 구성원들이 함께 일할 수 있는 공간이 필요하다.

일대일 접촉과 대화를 중시하는 투명 회의실이나 사회적 공간에 대한 배려도 이에 해당한다. 사회적인 상호 관계성과 소통을 고려한 공간이 되어야 한다는 말이다.

넷째, 유목민을 위한 공간이다. 이는 업무 공간과 엔터테인먼트를 교차시켜 일과 놀이, 공과 사의 경계를 모호하게 디자인한다는 개념이다. 고정되어 있는 공간의 개념보다 필요에 따라 다양한 형태로 변형이 가능한 새로운 유목적 공간이 되어야 한다는 의미다.

47 워터쿨러 효과를 고려하라

● MIT 펜틀랜드 교수는 은행의 전화 응답 서비스 수행 회사를 상대로 실험을 했다. 콜센터 직원들은 대체로 능력이나 교육 수준이 비슷한데, 왜 같은 은행의 콜센터에서 근무하는 팀들의 성과가 차이가 나는지 알아보기 위해서였다.

그는 비슷한 수준의 역량을 갖춘 팀들을 선정한 후, 각 팀원에게 소형 전자 배지를 부착해 6주 동안 그들이 어떻게 소통하는지를 분석했다. 추적 장치는 그들이 얼마나 자주 어떤 형태의 소통을 하는지에 대한 자료를 제공했다.

분석 결과, '무엇을 소통하느냐?'보다 '어떻게 소통하느냐?'가 성과에 가장 큰 영향을 미치는 요소로 밝혀졌다. 더불어 성과가 좋은 팀의 팀원들은 회의실 밖에서 더 많은 소통을 한다는 사실도 드러났다.

이를 토대로 성과가 저조한 팀의 팀원들에게 매번 같은 시간에 휴식 시간을 갖도록 하자 놀라운 상황이 벌어졌다. 단 몇 개월 만에 성과가 거의 20%나 향상된 것이다. 공동의 휴식 시간에 서로가 얼굴을 보면서 좀더 긴밀히 소통하거나 다른 팀과 교류하면서 새로운 아이디어를 나눈 까닭이었다.

무엇보다 휴식 시간의 이점은 소통을 업무로 받아들이지 않으며, 그런 만큼 다른 사람의 이야기를 편히 수용할 수 있다는 점이다. 동료나 다른 팀의 팀원에게 업무와 관련된 어려운 요청을 할 경우, 이러한 자리에서 자연스럽게 전달하는 것이 보다 효과적일 수 있는 것이다.

그런데 아직도 간혹 직원들이 업무에만 집중하도록 사생활에 대한 언급을 금기시하는 직장이 있다. 이는 가정생활과 직장 생활을 무 자르듯 별개로 생각하기 때문에 일어난다. 가정에 문제가 있으면 직장에 영향이 미치게 마련이고, 반대의 경우도 마찬가지다.

사람들은 집에 가서 직장에 있었던 일을 구구절절 이야기하면서도 어떤 이유에서인지 직장에서는 집안일을 이야기하지 않는다. 그러나 직원들끼리 중요한 집안일을 공유하지 않으면 회사에서 그 직원을 오해하는 경우가 생긴다. 가령 남편이 병원에 입원했다거나 아이들을 돌보느라 지쳐 있는 직원을 보고 동료들은 그를 게으르다고 생각할 수 있다.

이런 점에서 직장에서의 사석 대화는 매우 중요하다. 사적 대화는 자연스레 업무적인 대화로 연결되어 조직 내 활발한 정보 교류가 일어날 뿐 아니라 직원들끼리 아이디어를 공유하는 장으로 발전한다.

사무실에 음료를 마실 공간(정수기)이 있으면 사람들이 모여 대화를 나눌 수 있게 되어 사내 의사소통이 활발해지는 효과를 '워터쿨러 효과(water cooler effect)'라고 한다. 옛날 우리나라 아낙네들이 우물가나 빨래터에서 대화를 나누며 동네 소식을 공유한 것처럼 말이다. 앞의 펜틀랜드 교수의 실험은 이와 같은 워터쿨러 효과를 실험을 통해 증명한 것이다.

워터쿨러 효과는 1990년대 초 맥길대학교의 케빈 던바(Kevin Dunbar) 교수가 분자생물학 실험실 네 곳을 대상으로 학자들이 탁월한 아이디어를 어떻게 떠올리는가를 연구한 결과에서도 확인됐다.

던바의 연구에서 알아낸 가장 놀라운 사실은 대부분의 중요한 획기적 발견이 일어났던 물리적 장소에 관한 것이었다. 분자생물학 같은 과학에 대해 우리가 갖고 있는 이미지는 과학자가 실험실에서 혼자 고개를 숙이고 현미경을 한참 들여다보다가 중요한 발견을 하는 것이다. 그러나 던바의 연구는 그렇게 혼자서 위대한 발견을 하는 일은 아주 드물다는 사실을 보여주었다. 대부분의 중요한 아이디어는 10명 남짓의 학자들이 모여 형식에 구애받지 않고 최신 연구 결과에 대해 이야기를 나누는 실험실 모임에서 나왔다. 던바가 만든 아이디어 형성 지도를 보면 혁신의 시작은 현미경이 아니었다. 회의 탁자였다.

던바의 연구는 한 가지 사실을 암시한다. 아무리 첨단 기술을 갖춘 선구적인 분자생물학 실험실이 있어도 좋은 아이디어를 만들어 내는 가장 생산적인 수단은 사람들이 탁자에 둘러앉아 대화를 나누는 것이다. 실험실 모임은 새로운 결합들이 생길 수 있고 정보가 한 프로젝트에서 다른 프로젝트로 번질 수 있는 환경을 만들어낸다. 실험실에서 현미경을 들여다보며 혼자 일할 경우 아이디어는 우리가 처음에 가졌던 편견 속에 갇혀버린 채 발전하지 못할 수 있다. 집단 내 대화를 통한 사회적 흐름은 개인적인 고체 상태를 유동적 네트워크로 바꿔준다.

결론적으로 탁월한 아이디어의 생성을 위해서는 정보의 유동적 네트워크를 이룰 수 있는 물리적 환경이 매우 중요하며, 이를 위한 가장 이상적인 공간 형태는 개인적 몰입을 보장하되, 관련된 사람들이 자주 쉽게 교류할 수 있어야 한다는 것이다.

<u>48</u> 아이디어를 촉발하는 베스트 오피스

워터쿨러 효과에 일찍이 눈을 뜬 기업은 마이크로소프트다. 마이크로소프트는 2000년대 말 워싱턴 레드몬드에 새로운 연구 건물 'Building-99'을 지을 때, 직원들이 음료를 마시며 대화를 나누는 휴게실을 먼저 고려한 후 그것을 중심으로 사무실 건물을 설계한 것으로 알려져 있다.

2007년 11월 마이크로소프트는 이 건물을 기공했다. 마이크로소 프트의 디자이너 마사 클락슨(Martha Clarkson)이 연구 부문 사람들 과 면밀히 협력해 만든 이 건물은 예측할 수 없는 협력과 영감의 흐 름에 의해 철저히 새로운 모습으로 만들어졌다.

사무실 공간은 전체가 모듈식으로 되어 있어 직원의 필요에 따라 벽을 쉽게 재배치할 수 있다. 건물 내부는 직원들이 수시로 만나 협 업을 할 수 있는 공간으로 꾸며져 있으며, 대부분의 벽은 글씨를 썼 다가 지울 수 있어 화장실에 가는 길에 어떤 영감이 떠오르면 재빨 리 스케치해 모두가 볼 수 있다. 커피포트와 냉장고가 있는 전통적 인 간이 주방은 직원들이 모여 아이디어를 나누거나 수다를 떨 수 있는 개방형 휴게실로 대체됐다.

거대한 아트리움이 딸린 커피숍 등 곳곳에 위치한 오픈 스페이스 에는 개인 작업 공간, 회의 탁자, 소파 등이 갖춰져 있어 아무 때나 이용할 수 있으며, 초대형 스크린과 프로젝터, 음향 시스템을 갖추 고 있어 강연회, 영화 감상, 프레젠테이션 등을 할 수도 있다. 회의 실마다 설치된 소형 컴퓨터를 통해 사용 현황을 확인하고 쉽게 예 약할 수 있으며, 개인 PC를 통해서도 가능하다.

Building-99의 아트리움에 서 있으면 이 공간이 다른 종류의 몰 입을 위해 설계되었다고 생각하지 않을 수 없다. 이곳에서는 유동 적 네트워크를 형성하는, 활기를 띤 사람들의 집합적 몰입을 볼 수 있다. 한마디로 이 건물은 정보가 '새도록' 설계된 것이다.

마이크로소프트의 Building-99에 이은 또 다른 베스트 오피스로 이른바 '스티브 잡스 빌딩(The Steve Jobs Building)'이라는 이름이 붙은 세계적인 애니메이션 기업 픽사 사옥을 들 수 있다.

픽사 사옥은 오클랜드 바로 위, 예전에 델몬트(Del Monte) 통조림 공장이 있던 자리에 들어서 있다. 픽사는 원래 다른 무언가를 지을 계획이었다. 애초의 설계를 따른다면 세 채의 건물이 필요했다. 컴퓨터 과학자 사무실, 애니메이터 사무실, 관리자 사무실을 따로 지을 예정이었다. 작고 특화된 건물이 건축비가 더 쌌기 때문에 그 레이아웃은 비용 대비 효과가 높았다. 하지만 잡스는 그 설계도를 찢어버렸다.

잡스는 직원들에게 영감을 불어넣기 위해 면대면 접촉을 즐겼으며, 이메일이나 메신저로 의사소통하는 것을 싫어했고 갑작스러운 회의, 무작위 토론에서 반짝이는 아이디어가 나온다고 굳게 믿었다. 그래서 그는 직원들이 자유롭게 드나들며 소통할 수 있도록 건물 내부와 주변을 꼼꼼하게 디자인했다. 야외에는 축구장, 배구장, 수영장, 600석 규모의 원형 극장을 배치했다.

픽사 건물의 독특하고 화려한 디자인이 단순히 잡스의 별난 취향을 반영한 것일 뿐이라고 생각하는 방문객도 일부 있다. 이는 건물을 관통하는 일관된 개념이 '공동체'라는 사실을 깨닫지 못해서 생기는 오해다. 잡스는 뭔가 있어 보이려고 건물을 이렇게 설계한 것이 아니라, 직원들이 효율적으로 협력해 창조적 업무를 수행할 수 있도록 지원하려는 목적에 따라 이 건물을 설계했다. 이 건물의 모든 요소는 사람들이 섞이고 만나고 소통하도록 유도하고, 직원들의 협업 능력을 증진해 영화 제작을 지원하는 데 초점이 맞춰져 있다.

잡스는 중앙 아트리움의 아치형 철제 교량 디자인부터 영사실의 의자 형태까지 건물 디자인의 모든 세부 사항에 개입했다. 그는 직원들이 건물을 드나들 때 장벽을 느끼길 원하지 않았기에 계단을 개방적이고 접근하기 쉬운 구조로 설계했다.

또한 모든 직원이 건물에 들어올 때 서로를 볼 수 있도록 건물 출입구는 하나만 만들었다. 아트리움 중앙에는 회의실과 화장실들, 우편물실 하나, 극장 셋, 게임 공간, 식사 공간을 배치했다. 그래서 이 건물에서 사람들은 자기 사무실에서 나오면 어쩔 수 없이 중앙 공간으로 나와야 했다.

이런 건물 디자인은 직원들의 소통을 유도했다. 직원들은 다른 직원과 우연히 마주칠 확률이 높아졌고, 하루 종일 다른 직원들과 만나게 됐으며, 그 결과 사내 소통이 원활해졌다. 이 건물 안에 있으면 직원들의 약동하는 에너지를 느낄 수 있다.

<u>49</u> 왜 창조적 기업은
사옥을 캠퍼스 형태로 지을까

애플은 2016년 말 준공을 목표로 '스페이스십(Spaceship)'이라는 닉네임을 가진 우주선 모양의 신사옥을 짓고 있다. 이는 스티브 잡스의 유작으로, 그는 지난 2011년 6월에 신사옥 건설 계획을 발표한 바 있다. 26만m^2의 부지에 1만4천 명을 수용할 수 있는 이 사옥을 짓는 데 애플은 무려 6조 원을 투자한다. 완공되면 바닥 면적 기준으로 세계에서 가장 큰 건물인 펜타곤(Pentagon)을 능가한다.

도넛처럼 가운데가 뻥 뚫린 이 건물의 중앙에는 녹지공원을 조성하고 테두리에 직원들의 업무 공간을 배치한다. 개인 공간을 중요시한 애플의 첫 업무 공간과는 달리 신사옥은 구성원 간의 소통을 강조한 형태로 디자인됐다. 직원들은 정해진 자리가 아니라 계속 옮겨가면서 일하게 될 것이라고 하는데, 원형 복도를 따라 걸어다니며 자연스럽게 다른 부서의 직원들과 소통한다.

구글도 우주 기지를 연상케 하는 신사옥을 건립한다. 구글 신사옥이 추구하는 콘셉트는 '자연과의 융합'으로, 사옥은 외관 디자인과 공간 실용성, 그리고 업무 효율성 등을 고려해 건립된다.

구글 신사옥 디자인은 유명 건축가 비야크리 잉겔스(Bjarke Ingels)가 이끄는 덴마크 디자인 회사 빅(Bjarke Ingels Group)과, 2012년 런던 올림픽 성화대를 디자인한 영국 건축가 토마스 헤더윅(Thomas Heatherwick)과 헤더윅스튜디오(Heatherwick Studio)가 공동 설계했다.

이 건물은 캘리포니아 주 마운틴뷰에 위치한 약 37만m^2 넓이의 대지에 약 23만m^2 규모로 설립된다. 신사옥이 완공되면 현재 본사에서 일하는 직원 2만 명 이외에 새로 충원될 1만 명 이상이 더 생활할 예정이다.

독특한 점은 구글 신사옥이 레고 블록 같은 모듈 방식으로 구축될 예정이라는 것이다. 내부 공간을 구성하는 벽면 등을 블록처럼 쉽게 해체하고 다시 붙일 수 있도록 구성해, 필요에 따라 언제든지 공간을 재배치할 수 있게 한다는 것이다.

구글 사옥 주변 녹지 공간은 지역 주민과 함께할 수 있도록 개방되며, 자연 모습을 그대로 보존하면서 기업과 사회가 공존할 수 있도록 한다. 또한 건물 지붕에는 태양전지 패널을 설치하고, 실내에는 로봇을 설치하는 등 다양한 신기술이 접목된다.

특히 신사옥은 사무실과 건물들이 뒤죽박죽 모여 있는 형태로 보이지만, 실제로는 직원 간의 보이지 않는 벽을 허물기 위해 다양한 방안이 시도됐다. '무한 반복 고리(infinity loop)' 모양의 경사로를 설치해 사무실을 이동하는 직원들이 2분 30초 만에 다시 만날 수 있다고 한다.

2015년 3월 말에 입주한 페이스북의 신사옥은 축구장 7개를 합쳐놓은 크기의 커다란 원룸 형태로 지어진 세계 최대의 오픈 공간이다. 사옥 안에는 통상적인 벽도, 문도, 파티션도 없다. 건물 옥상에는 400여 그루의 나무가 심어진 야외 정원이 조성되어 있다.

이 밖에 칩 제조 업체인 엔비디아(NVIDIA)도 우주선 모양의 신사옥을 짓고 있고, 아마존도 시애틀 도심에 유리돔 형태의 6천m^2 규모의 신사옥을 짓고 있다.

그렇다면 과연 이들 신사옥의 공통점은 무엇일까? 그것은 건물의 형태가 고층 빌딩이 아니라 대체로 낮고 넓게 펼쳐진 캠퍼스 형태라는 것이다. 왜 그럴까? 이들이 한결같이 캠퍼스 형태를 지향하는 이유가 뭘까? 그것은 이러한 형태가 소통의 측면에서 유리하기 때문이다.

창조적 기업에서 직원들의 소통은 매우 중요하다. 탁월한 아이디어는 뛰어난 한 사람의 두뇌에서 나오는 것이 아니라 직원 간의 소통, 즉 정보의 유동적 네트워크를 통해 만들어지기 때문이다. 쉽게 말해 조직의 창조력을 높이려면 직원들이 자주 만날 수 있도록 해야 한다는 말이다.

'거리가 멀어지면 마음도 멀어진다'는 말처럼 직원 두 사람이 대화할 확률은 두 사람의 사무실 책상 거리와 반비례한다. 사무실 칸막이벽을 뛰어넘지 않는 이상 책상과 책상 사이를 직선으로 이동할 수 없으므로 걸어서 갈 때의 이동 시간도 감안해야 한다. 같은 층일 경우는 이렇게 이동 시간을 측정하면 되지만 층이 다르면 이야기가 달라진다.

엘리베이터를 타고 다른 직원이 있는 층까지 올라가는 거리를 직원들 간의 수직 거리라고 생각할 수 있다. 그러나 그런 계산법으로는 한 층에서 다른 층까지 이동하는 데 걸리는 실제 시간을 측정할 수 없다. 엘리베이터를 기다리고 타는 데도 시간이 많이 걸린다. 계단을 이용할 수도 있지만 힘들기 때문에 보통 바로 위층도 걸어서 올라가지 않는다.

이와 같은 사실들을 종합해보면, 같은 층에서 일하는 것과 다른 층에서 일하는 것은 천지 차이다. 일하는 공간이 불과 몇 층만 차이가 나도 직원들이 만나는 방식에 큰 영향을 끼치므로, 이는 일반적인 거리 개념과는 완전히 다르다. 쉽게 말해 다른 층에서 근무하는 직원들과의 만남은 그만큼 어렵다는 것이다. 즉, 고층 빌딩 형태보다 캠퍼스 형태의 사무실 배치가 소통에 훨씬 유리하다. 이는 미국 중서부에 자리 잡고 있는 한 IT 기업과 독일의 은행을 대상으로 실시한 실제 연구 결과에서도 사실임이 밝혀졌다.

50— 페이스북 신사옥의 4가지 특징과 그 속에 숨어 있는 과학

세계 최대 소셜미디어 업체인 페이스북이 지난 2015년 3월 말 미국 캘리포니아 주 센머테오 카운티의 소도시 멘로 파크에 새로 지은 사옥에 입주했다. CEO 저커버그는 이날 자신의 페이스북을 통해 이 사실을 밝히고 공중에서 찍은 신사옥의 사진을 공개했다.

그동안 많이 알려진 우주선 모양의 애플 쿠퍼티노 신사옥이나 거대한 유리 천막 형태로 설계된 구글 신사옥, 그리고 유리돔 형태의 아마존 신사옥 등과는 달리 베일에 싸여 있던 페이스북 새 사옥의 독특한 모습이 공개되자 온 세계 언론과 기업들이 관심을 보였다.

구겐하임미술관을 설계한 거장 프랭크 게리(Frank Gehry)가 설계한 이 건물은 최첨단 분위기를 물씬 풍기는 애플, 구글, 아마존의 신사옥에 비해 매우 소박하다고 할 수 있다. 하지만 이 건물의 구조를 하나하나 뜯어보면 치밀한 과학적 계산이 반영되어 있음을 알 수 있다. 페이스북 신사옥의 주요한 4가지 특징과 그 속에 숨어 있는 과학에 대해 알아보자.

첫 번째 특징은 벽도, 문도, 파티션도 없는 원룸 형태의 세계 최대 오픈 공간이라는 점이다.

축구장 7개를 합쳐놓은 크기(약 4만㎡)의 단층 페이스북 신사옥은 커다란 원룸 형태로 지어진 세계 최대의 오픈 공간이다. 2,800명의 직원이 하나로 뻥 뚫린 초대형 사무실에서 근무하는 것이다. 사옥 안에는 통상적인 벽도, 문도, 파티션도 없다. 직원들 책상은 부서별로 옹기종기 모여 있고, 근처에 유리문으로 된 미팅룸과 아케이드 게임방이 있다. 저커버그는 이 한중간에 앉아서 근무한다.

이렇게 설계한 이유가 뭘까? 그 핵심은 바로 '협업'이다. 이에 관해 마크 저커버그는 이렇게 말한다.

"우리의 목표는 우리 팀들이 얼굴 맞대고 모여서 협업할 수 있는, 세계에서 가장 큰 오픈 공간을 만드는 것이었다."

한마디로 말해서 구성원 간의 소통에 유리한 캠퍼스 형태의 장점을 최대한 반영한 것이다.

두 번째 특징은 8미터라는 엄청나게 높은 천장이다.

신사옥의 높이는 21미터로, 밖에서 볼 때는 낮아 보인다. 그러나 내부에서 보면 전체 공간이 툭 터져 있고 천장이 무려 8미터로 엄청나게 높아 시원한 느낌이 든다. 열효율 면에서도 좋지 않은데 왜 이토록 천장을 높인 것일까? 결론적으로 천장 높이가 직원들의 창조력에 영향을 미치기 때문이다.

미국 미네소타대학교의 조앤 마이어스 레비(Joan Meyers-Levy) 교수팀은 지난 2007년 '천장의 높이가 인간의 사고에 미치는 영향(The influence of ceiling height)'에 관한 연구 결과를 발표했다.

그들은 천장 높이가 2.4미터인 방과 3미터인 방에 각각 동일한 수의 실험 참가자들을 들여보낸 후 단어 맞히기 게임을 시켰다. 그 결과 천장 높이가 낮은 방의 사람들은 집중력이 필요한 과제에 상대적으로 점수가 높았고, 천장이 높은 방의 사람들은 추상력과 창조력이 필요한 과제에 높은 점수를 받았다. 나아가 조앤 교수는 천장 높이가 2.4미터, 2.7미터, 3.0미터로 30센티미터씩 높아질 때마다 추상력과 창조력이 2배씩 높아진다는 것을 발견했다.

공간이 사람에게 의미 있는 영향을 끼친다는 것은 더 이상 우연도 미신도 아니다. 심리학자들은 신경건축학이라는 새로운 분야를 개척해 공간이 인간의 뇌에 미치는 영향을 연구하기 시작했고, 건축가들도 인간의 뇌가 공간에 반응하는 것을 건축에 활용해야 한다고 목소리를 높이고 있다.

이런 점에서 내가 머물고 있는 공간은 나와 다름없다. 이를테면 '확대된 나'인 셈이다. 혹시 사무실을 옮겼더니 예전보다 아이디어가 잘 떠오른다고 느끼거나 반대로 머리가 꽉 막힌 것처럼 도통 아이디어가 떠오르지 않는다고 느껴진다면 혹시 천장 높이와 상관이 없는지 한번 살펴볼 일이다.

세 번째는 직원들이 자율적으로 자기 공간을 꾸미게 한 것이다.

저커버그는 직원들에게 집에서 장식품이나 가구, 포스터 등을 가져올 것을 권장하고 있다. 직원들에게 스스로 표현할 기회를 주고, 다양한 생각으로 페이스북을 채워나가자는 취지다. 다음은 그의 말이다.

"화려한 건물 대신 미완성된 것 같은 공간을 원한다. 세상을 연결하기 위해 얼마나 많은 일들이 남았는지 느낄 수 있도록 말이다."

그렇다면 직원들이 자율적으로 자기 공간을 꾸미면 어떤 효과가 있을까?

2010년 영국 엑스터대학의 심리학 교수인 크레이그 나이트(Craig Knight)와 알렉산더 하슬람(Alexander Haslam)은 사무실 환경에 관한 공동 연구 결과를 발표했다.

그들은 사무실에서 근무하는 2,000명의 직원을 대상으로 사무실을 '삭막한(Lean)', '잘 꾸며진(enriched)', '자율권이 부여된(Empowered)' 3가지 형태의 공간으로 구분하여 직원들의 생산성을 조사했는데, 결과적으로 삭막한 공간보다 잘 꾸며진 공간의 생산성이 17% 높게 나타났으며, 자율권이 보장된 공간은 무려 32%나 높게 나타났다.

이에 관해 이 연구를 주도한 크레이그 나이트 교수는 이렇게 결론 짓는다.

"사람들은 자기 공간에서 불편함을 느낄 때 거기서 하는 일에 덜 집중하게 된다. 반면 공간에 대한 자율권을 갖게 되면 보다 큰 행복감과 소속감을 느낄 뿐 아니라 보다 생산적으로 일하게 된다."

마지막 네 번째 특징은 3만 6천㎡ 규모의 옥상 공원과 800미터의 산책로가 조성되어 있다는 점이다.

페이스북 신사옥의 건물 옥상에는 야외 정원이 펼쳐져 있으며, 400여 그루의 나무가 심어져 있다. 자연 지붕인 셈이다. 페이스북 직원들은 공간 제약 없이 이곳에서 대화하고 사색하며 아이디어를 재충전할 수 있다. 이와 같은 환경이 중요한 것은 운동이 인간의 뇌 활동에 영향을 주기 때문이다.

인간의 뇌는 몸이 움직일 때 가장 왕성하게 활동한다. 그리고 함께 활동하다 보면 사람들 사이에 유대감이 형성되고 서로를 이해하게 된다. 반면에 앉아 있으면 뇌로 가는 혈류가 감소하기 때문에 회의가 진행될수록 사람들은 산만해지고 둔해지며 심하면 과민해지거나 아예 무신경해지기도 한다. 가만히 앉아서 최고의 아이디어를 떠올리기 힘든 것도 그 때문이다.

51_ 크리에이티브에 영향을 미치는 다양한 공간적 요소

공간은 물리적 형태에 의해 결정되어 보통 시각으로 인식한다고 생각하지만, 실은 모든 감각을 통해 공간과 소통한다. 빛이 없는 공간에서는 소리나 촉감으로, 때로는 후각으로도 그 공간의 성격을 가늠한다. 그렇다면 앞에서 언급한 요소들 외에 어떤 공간적 요소가 인간의 창조력에 영향을 미칠까?

우선 색깔을 들 수 있다.

브리티시컬럼비아대학교의 심리학자들은 색깔이 사람의 상상력에 어떤 영향력을 미치는지 확인하기 위해 대부분 학부생인 600명의 피험자를 모집해 빨강, 파랑, 또는 애매한 중간색을 배경으로 제시되는 각종 기초 인지 과제를 수행하게 했다.

차이는 충격적이었다. 빨강 조건에서 검사를 받은 사람들이 잘못된 철자 잡아내기, 단기 기억에 무작위 숫자 저장하기 등 세부적인 정확성과 주의력을 요하는 기술에 훨씬 뛰어났다. 학자들에 따르면, 이는 사람들이 자동적으로 빨강을 위험과 연관시킴으로써 경각심이 높아지기 때문이다.

파란색은 전혀 다른 부분의 장점을 나타냈다. 파랑 집단에 속한 사람들은 단기 기억 과제 점수는 더 나빴지만, 상상력을 요구하는 과제들, 가령 벽돌의 창의적 용도 생각해내기나 간단한 기하학적 도형으로 장난감 설계하기에는 훨씬 더 뛰어났다. 파랑 조건의 피험자들이 빨강 조건의 피험자보다 창의적 결과물을 두 배로 많이 생산했다.

학자들에 따르면, 파란색은 자동적으로 하늘과 바다를 연상시키며, 드넓은 수평선과 널리 퍼지는 햇살, 모래밭과 느긋한 여름날을 떠올리게 함으로써 두뇌에 알파파가 증가하게 한다. 그래서 밖이 내다보이는 창문 가까이 앉아 있는 직원들의 업무 집중도가 더 높고 그만큼 성과도 향상된다고 한다.

이는 2003년에 실시된 연구에서 사실임이 밝혀졌다. 자리 이동이 잦은 콜센터 직원들을 대상으로 생산성을 조사한 결과 창문 가까이 앉을수록 연간 3,000달러에 해당하는 생산성이 증가했다.

소리도 영향을 미친다.

2012년에 이루어진 연구에서는 사람들이 힘든 일을 할 때 배경 잡음을 되도록 최소화하려고 하지만 배경 잡음이 오히려 특정 활동의 창조력을 높이고 생산성을 개선한다는 사실이 밝혀졌다. 예컨대 카페에 있을 때처럼 주변의 잡음에 정신이 약간 산만해지면 정보를 좀 더 추상적으로 처리한다는 것이다.

반면 지나치게 조용한 환경은 약간의 불안감을 준다. 인간의 귀는 포식자들을 잘 감지하는 쪽으로 진화했기 때문에 조용한 환경에 있게 되면 평소에는 무시했을 소리에도 민감하게 반응한다. 그래서 지나친 고요는 정확성과 민감성이 요구되는 작업에는 도움이 되지만 창조적 사고가 필요한 작업에는 오히려 해롭다.

최근에는 인위적으로 적절한 소음을 발생시키는 '커피티비티(coffitivity)'라는 스마트폰 앱을 활용하는 사람들도 있다. 커피티비티는 커피숍(coffee shop)과 창조력(creativity)을 결합한 말로, 이 앱을 실행하면 '커피숍 소음(coffee shop sounds)'을 들려준다. 메뉴는 '아침 시간의 소곤거리는 소음(Morning Murmur)', '점심시간의 라운지 소음(Lunchtime Lounge)', '대학 구내의 낮은 소음(University Undertones)'의 세 가지로 구성되어 있으며, 원하는 메뉴를 선택하면 계속해서 그 소음을 들려주어 마치 커피숍에 앉아서 일을 하는 느낌을 갖는다.

다음은 조명이다.

자연광을 좋아하는 사람들은 어두운 방에서 집중력이 떨어지기도 한다. 그런데 어둑한 조명이 창조력을 높인다는 연구 결과가 있다.

연구자들은 여섯 가지의 각기 다른 연구를 통해 어둑한 조명이 창의성을 향상시킨다는 것을 밝혀냈다. 실험 참가자들은 가시적으로 느끼지 못할 정도의 차이였음에도 불구하고 조명을 어둡게 했을 때 더 창조적인 결과를 보였다. 이에 관해 연구자들은 어둑할 때 잠재의식이 더 탐험의 자유를 느끼기 때문이라고 그 이유를 설명한다.

"어둠은 제약으로부터 자유로움을 끌어내며, 위험과 탐험 정신에 대한 방아쇠 역할을 한다."

다음으로 탁자, 의자, 화분과 같은 실내 비품들과 정돈 상태다.

2013년에 실시된 연구에 따르면, 사람은 의자가 둥글게 배치된 방에 들어가면 집단 소속감에 집중하는 반면, 대부분의 회의실이 그렇듯 자리가 각진 모양으로 배치되어 있으면 개성 표현과 개별성을 드러내는 데 초점이 향한다. 유추하자면 협업을 위해서는 둥근 의자 배치가 좋다는 얘기다. 이렇듯 실내의 공간 배치가 그것에 어울리는 유형의 상호작용을 알려줌으로써 사람들이 그에 따라 행동한다는 것이다.

연구에 따르면 화분은 존재하는 것만으로도 큰 도움이 된다. 사무직 근로자들은 살아 있는 꽃과 식물이 있는 사무실에서 더 건강하고 활기찬 기분을 느낀다. 실제로 2011년에 실시된 한 연구 결과에 따르면, 식물이 있는 방에 배정된 참가자들이 지속적인 주의와 집중을 요구하는 과제에서 훨씬 뛰어난 성과를 보였다. 심지어 실물이 아니라 자연을 상기시켜주는 것만으로도 도움이 된다는 연구 결과도 있다.

그렇다면 실내의 정돈 상태는 어떨까? 연구 결과 라벨이 붙은 정돈된 환경보다 다소 지저분한 환경이 창조적 사고를 증대시키는 것으로 밝혀졌다. 잘 정돈된 깨끗한 공간은 당장이라도 작업을 시작할 수 있는 상태를 나타내지만, 머물러 있는 아이디어와 여기저기 흩어져 있는 결과물로 산만한 공간은 잠재의식으로 하여금 새로운 것을 끌어내는 데 효과적으로 작용하기 때문이라는 것이다. 스탠퍼드대학의 고고학 교수 마이클 생크스(Michael Shanks)는 이를 '방의 시각화된 역사'라고 말한다.

또 한 가지 흥미 있는 요소는 시계다.

최근의 연구 결과에 의하면, 업무 공간에 시계가 있다는 것만으로도 창조적 사고가 저하된다. 이에 대해 공동 연구자 가운데 한 사람인 예시바대학 비즈니스스쿨의 타마르 아브넷(Tamar Avnet) 교수는 "사람이 자신의 과제에 대해 스케줄을 세운다는 것은 단순히 일정을 정하는 것 이상의 심오한 심리학적 결과를 가져올 수 있다"고 말한다.

연구자들은 실험을 통해 사람들이 두 가지 방법으로 과제에 대한 스케줄을 세운다는 것을 알아냈다. 첫째는 흔히 '클록 타임(clock time)'이라고 부르는 것으로, 시계를 기준으로 업무를 계획하는 것을 말한다. 스프레드시트에 '10시에서 11시까지 과제 수행, 11시에서 11시 30분까지 회의'라고 입력하는 식이다.

두 번째는 '이벤트 타임(event time)'으로, 그 일의 종료를 기준으로 업무를 계획하는 것을 말한다. 계획된 일이 끝났을 때 스프레드시트에 입력하고, 동료들에게 회의 시간이 임박했음을 이메일로 알리는 식이다.

연구 결과에 따르면, 클록 타임으로 일하는 사람이 더 효율적인 반면 스케줄에 대한 통제와 유연성은 떨어지는 것으로 나타났다. 이는 그들의 일과가 외적 힘, 즉 시계에 의해 통제되기 때문이다. 이에 대해 또 다른 공동 연구자인 파리 HEC 비즈니스스쿨의 앤 로르 셀리어(Anne-Laure Sellier) 교수는 "사람은 일이 시작되고 끝났을 때 이를 알려주기를 바라는데, 그것이 바로 시계다"라고 말한다.

반면, 이벤트 타임으로 일하는 사람은 자신이 일을 마쳤다고 느낄 때까지 일하기 때문에 스케줄에 대한 통제감과 함께 행복감을 더 느낀다. 이는 시계가 아니라 일이 끝났다고 느낄 때 그 일에서 빠져나오기 때문에 보다 긍정적인 정서를 느끼는 것이다.

연구자들은 기업들로 하여금 시계는 물론 스케줄을 아예 없애라고 조언한다. 스케줄은 외부 고객과의 회의라든가 코스에 따라 생산을 해나가는 데에는 분명 필요하지만, 일의 성격에 따라 스케줄링 방식을 잘 선택해야 한다는 것이다. 그들은 생산이나 회의처럼 효율을 요하는 일에는 클록 타임을, 카피라이팅이나 학문적 연구와 같이 창조력을 요하는 일에는 시간을 보다 큰 블록으로 나누어 직원들 스스로 관리하는 이벤트 타임을 활용하라고 제안한다.

셀리어 교수는 시계를 기준으로 잠시 브레인스토밍을 해보라며 이렇게 말한다.

"회의실에 아무리 많은 창조적인 사람들을 모아놓아도 벽에 시계가 걸려 있으면 창조력은 숨어버리고 맙니다. 거의 마약 수준이지요."

52 걷거나 달리며 회의하는 기업

● 스탠퍼드 대학원 교육심리학과에서 박사 과정을 맡고 있는 매릴리 오페조(Marily Oppezzo), 다니엘 슈왈츠(Daniel Schwaltz) 교수 연구팀은 대학생과 일반인 176명을 대상으로 실험을 진행했다. 연구팀은 앉아 있을 때와 걸을 때, 야외에서 걸을 때와 실내에서 러닝머신 위를 걸을 때 등 다양한 상황에서 실험 대상자들에게 창조적인 과제를 수행하게 했다.

그 결과는 놀라웠다. 앉아 있을 때보다 걸을 때 창조력이 약 60% 증대하는 것으로 나타났다. 또 하나 놀라운 것은 예상과는 달리 야외에서 자연을 보며 걸을 때나 실내의 러닝머신 위에서 흰 벽을 보고 걸을 때나 차이가 없었다는 것. 결론적으로 야외든 실내든 앉아 있는 것보다 걷는 것이 창조적 문제해결에 도움이 된다는 것이다.

'회의는 책상 주위에 둘러앉아서 진행한다'는 게 불문율처럼 되어 있다. 대체 언제부터 그렇게 된 걸까? 옛날에는 그런 식으로 회의하지 않았다. 농부들은 들에서 일하면서, 사냥꾼들은 포획물을 나누면서, 어부들은 뱃전에 서서 이야기를 나누고 정보를 공유했다. 혹시 정보화 시대 초기에 가구 회사들이 뒷돈을 주고 기업주와 실내 디자이너들을 매수한 것은 아닐까? 그런 게 아니라면 우리는 왜 회의실 문을 닫고 책상 주변에 빙 둘러앉아야만 생각하고 소통하고 협력할 수 있다고 생각하는 걸까?

덴마크 최고의 외식 산업 회사 마이어(Meyer) 그룹의 대표이자 네 번이나 세계 최고의 레스토랑으로 선정된 노마(Noma)의 공동 대표이기도 한 요리사 클라우스 마이어(Claus Meyer)도 이런 의문을 가졌던 것 같다. 그는 다양한 역할을 제대로 수행하기 위해 하루 일과의 절반 이상을 회의하며 보낸다. 그래서 어떻게 해야 회의가 즐겁고 효율적일까를 고민할 수밖에 없었다. 그가 내린 결론은 간단했다. 회의실 밖으로 나오는 것이었다.

특히 그는 회의실에 감도는 무거운 기운을 걷어내야 한다고 말한다. 클라우스는 함께 일하는 사람들이 생기가 없을 때는 공원을 걷거나 뛰면서 회의를 한다. 한번은 눈 쌓인 코펜하겐 거리를 동료와 2시간 동안 걸은 적도 있다. 물론 그때마다 회의실에 앉아 있을 때보다 좋은 해결책이 나왔다.

물론 달리면서 회의를 진행하려면 전제 조건이 있다. 먼저 논의할 주제를 정리하고 회의 목표를 합의해야 한다. 새로운 메뉴 개발 건이라면 종류가 애피타이저인지, 메인 요리인지, 디저트인지, 또 몇 개를 더 만들 것인지 등 구체적으로 정해야 한다. 그리고 바깥으로 나간다. 노트 대신 스마트폰을 들고 녹음을 하거나 메모를 한다. 걷든, 뛰든 상관없다.

인간의 뇌는 몸이 움직일 때 가장 왕성하게 활동한다. 그리고 함께 활동하다 보면 사람들 사이에 유대감이 형성되고 서로를 이해하게 된다. 반면에 앉아 있으면 뇌로 가는 혈류가 감소하기 때문에 회의가 진행될수록 사람들은 산만해지고 둔해지며 심하면 과민해지거나 아예 무신경해지기도 한다. 가만히 앉아서 최고의 아이디어를 떠올리기 힘든 것도 이 때문이다. 회의실에 있는 탁자는 사람들 사이에 거리감을 형성하고, 닫힌 문은 경직된 분위기를 만들어 창조력을 억압한다.

회의를 통해 좋은 해결책을 얻고 싶은가? 그렇다면 오늘부터 회의실을 박차고 나와 걷거나 달리면서 회의를 해보기 바란다. 만약 주위에 그럴 환경이 갖추어져 있지 않다면 러닝머신을 활용하는 것도 좋다. 실제로 러닝머신 위에서 업무를 하거나 회의를 하는 회사들이 많이 있다. 그리고 이런 회사들을 위해 러닝머신 위에서 업무를 보거나 회의를 할 수 있는 전용 책상이 이미 상용화되어 있다.

아예 회의실의 모든 탁자와 의자를 없애버리고 이런 전용 책상을 설치하면 어떨까? 운동도 되고 창조력도 증대될 뿐만 아니라 꾸벅 꾸벅 조는 사람도 없어질 테니 일석삼조가 아니겠는가?

53 _ 화장실을 활용하는 기업

영감을 얻는 또 다른 방법은 온라인이든 실제 장소든, 전혀 예기치 않은 공간에서 소통하는 것이다. 그런 공간으로 화장실만큼 좋은 곳은 없다. 화장실은 모든 직원이 하루에도 여러 번 찾을 수밖에 없는 곳이자 몰입도가 매우 높은 공간이기 때문이다.

화장실의 효용성을 일찍이 파악하고 이곳을 소통과 창조의 공간으로 활용하는 기업들이 있다. 대표적인 기업으로 구글과 아이데오의 사례를 소개한다.

"구글의 문화를 이해하려면 화장실에 가보라."

위의 글은 2006년 10월 21일 자 〈워싱턴포스트〉에 실린 구글 관련 기사의 소제목이다. 이 기사는 '구글 직원들은 화장실에서 볼일을 보는 동안에도 게시판을 통해 소스 코드 테스트 방법 등 기술 정보를 습득한다'며 이것이 구글의 일에 대한 철학을 잘 보여주고 있다는 내용을 담고 있다.

내부 직원뿐 아니라 구글을 방문한 외부인들 중에는 이러한 화장실 게시판에 대해 비판적인 평가를 하는 사람이 많다. 한마디로 지나치다는 것이다. 그런데 왜 구글은 이를 폐지하기는커녕 'goo in the Loo'라는 제목으로 공식화하여 운영하고 있는 것일까? 이는 앞에서 말했듯이 화장실이 매우 효과적인 소통의 공간이기 때문이다.

구글의 화장실에는 칸칸마다, 그리고 남성용 소변기 앞에 게시판이 설치되어 있다. 게시판은 통상 두 종류로 되어 있다. 하나는 'Testing on the Toilet(ToiT)'이라는 이름의 소프트웨어 테스트에 관한 기술 정보이고, 다른 하나는 'Learning on the Loo(LotL)'라는 이름의 일반적인 기술 정보를 다루고 있는데, 'ToiT'에는 퀴즈 방식을 동원하여 테스트에 대한 기술을 재미있게 습득하도록 하고 있다.

샌프란시스코에 있는 세계적인 디자인 기업 아이데오의 사무실에 딸린 화장실에는 바닥부터 천장까지 닿는 칠판이 설치되어 있다. 비공식적인 토론용으로 쓰이는데, 그 칠판을 보면 현재 진행 중인 사안이나 직원들 마음속에 있는 것들을 읽어낼 수 있다.

거기 적힌 질문들은 '올해 우리가 할 수 있는 재미있는 일은 무엇일까?'라든지 '친구에게 건강 간식을 추천한다면 뭘 하겠어요?' 같은 것들이다. 때로 그림, 예를 들면 텅 빈 수족관 같은 것이 미완성으로 그려져 있는데, 그걸 보면서 거기에 시각적으로 채워 넣어야 할 것들을 생각하다 보면 영감이 떠오르기도 한다.

아이데오의 선임 매니저 앨런 래틀리프(Alan Ratliff)는 영감을 얻는 방법으로 이러한 '공동의 칠판(community chalkboard)' 설치를 권한다며, 공동의 칠판을 만들려면 어떻게 해야 하는지 다음과 같은 몇 가지 팁을 제시한다.

첫째, 일단 시험해보라.

벽에 변화를 가하기 전에 다양한 크기와 위치를 시도하라. 우리는 작은 칠판으로 시작해 아이디어가 늘어남에 따라 크기를 늘렸다. 이젠 벽에 직접 페인트를 칠해 전면을 칠판으로 쓰고 있다.

둘째, 화이트보드냐, 칠판이냐?

우리 회사 회의실에선 주로 화이트보드를 쓰지만 칠판에 분필로 써보는 것도 색다른 재미가 있다. 칠판은 사람들을 쉽게 끌어당기고 지우기도 편하다. 그래서 사람들은 거기에 뭘 추가로 적거나 고칠 때 두 번 생각하지 않는다.

셋째, 아이디어를 유인하라.

칠판에 아무것도 적혀 있지 않으면 왠지 부담스럽다. 그래서 칠판엔 늘 뭔가 화두가 되는 질문이나 다른 사람들이 와서 이어 그릴 수 있는 그림이 있으면 좋다.

넷째, 규칙적으로 지워라.

냉장고 안 음식물처럼 칠판에 적힌 것도 일주일 정도 지나면 별볼 일 없어진다. 그때는 싹 지우고 다시 시작해야 한다.

그는 여기에 이렇게 덧붙여 말한다.

"여러분 시야에 어른거리는 좋은 아이디어를 그냥 흘려버리지 마라. 아이디어를 많이 접하면 접할수록, 심지어 흘낏 보기만 해도 벤처캐피털리스트들이 숱한 아이디어들과의 만남을 통해 최상의 투자를 하고 이로써 얻는 혜택과 같은 것을 여러분도 누릴 수 있다."

- 곽숙철 지음, 《경영 2.0 이야기에서 답을 찾다》, 틔움, 2013
- 김용호 지음, 《창조와 창발》, 수류산방, 2015
- 데이비드 버커스 지음, 박수철 옮김, 《창조성, 신화를 다시 쓰다》, 시그마북스, 2014
- 데이비드 코드 머레이 지음, 이경식 옮김, 《바로잉》, 흐름출판, 2011
- 윌리엄 더건 지음, 윤미나 옮김, 《제7의 감각》, 비즈니스맵, 2014
- 에릭 슈미트 외 지음, 박병화 옮김, 《구글은 어떻게 일하는가》, 김영사, 2014
- 라즐로 복 지음, 이경식 옮김, 《구글의 아침은 자유가 시작된다》, 알에이치코리아, 2015
- 제프 모지 외 지음, 노혜숙 옮김, 《창의력 주식회사》, 푸른숲, 2004
- 손재권 지음, 《파괴자들》, 한스미디어, 2013
- 리즈 와이즈먼 지음, 김태훈 옮김, 《루키 스마트》, 한국경제신문, 2015
- 새뮤얼 아브스만 지음, 이창희 옮김, 《지식의 반감기》, 책읽는수요일, 2014
- 모리카와 아키라 지음, 김윤수 옮김, 《심플을 생각한다》, 다산북스, 2015
- 이언 레슬리 지음, 김승진 옮김, 《큐리어스》, 을유문화사, 2014
- 애덤 그랜트 지음, 홍지수 옮김, 《오리지널스》, 한국경제신문, 2016
- 톰 피터스 지음, 정성묵 옮김, 《미래를 경영하라》, 21세기북스, 2005
- 메러디스 벨빈 지음, 김태훈 옮김, 《팀이란 무엇인가》, 라이프맵, 2012
- 패트릭 해리스 지음, 고은옥 옮김, 《아이디어가 걸어나오는 순간》, 쌤앤파커스, 2010
- 김남국 지음, 《제로 시대》, 비즈니스북스, 2016
- 마이클 겔브 외 지음, 신선해 옮김, 《이노베이터 CEO 에디슨》, 한언, 2008

- 송길영 지음, 《상상하지 말라》, 북스톤, 2015

- 가재산 외 지음, 《왜 행복경영인가》, 행복에너지, 2016

- 스티브 김 지음, 《꿈 희망 미래》, 21세기북스, 2009

- 놀란 부쉬넬 외 지음, 한상임 옮김, 《나는 스티브 잡스를 이렇게 뽑았다》, 미래의창, 2014

- 스티븐 로빈스 지음, 오인수 외 옮김, 《사람 경영》, 시그마북스, 2016

- 댄 히스 & 칩 히스 지음, 안진환 옮김, 《자신 있게 결정하라》, 웅진지식하우스, 2013

- 토마스 슐츠 지음, 이덕임 옮김, 《구글의 미래》, 비즈니스북스, 2016

- 이동인, 원호섭, 〈관리의 삼성, 올 신입사원 빅데이터로 뽑았다〉, 매일경제, 2015.12.30

- 마이클 버첼 외 지음, 이민주 옮김, 《최고의 직장》, 위즈덤하우스, 2012

- 론 프리드먼 지음, 정지현 옮김, 《공간의 재발견》, 토네이도, 2015

- 야노 가즈오 지음, 홍주영 옮김, 《데이터의 보이지 않는 손》, 타커스, 2015

- SBS 스페셜 제작팀 지음, 《리더의 조건》, 북하우스, 2013

- 길윤형 〈'게으름뱅이 개미' 존재이유 있다〉, 한겨레, 2016.2.17

- 안야 푀르스터 외 지음, 김하락 옮김, 《CEO의 생각반란》, 비즈니스맵, 2012

- 와타나베 이타루 지음, 정문주 옮김, 《시골빵집에서 자본론을 굽다》, 더숲, 2014

- 로드 주드킨스 지음, 이정민 옮김, 《대체 불가능한 존재가 돼라》, 위즈덤하우스, 2015

- 오리 브래프먼 외 지음, 이건 옮김, 《최고의 조직은 어떻게 혼란을 기회로 바꿀까》, 부
키, 2015

- 톰 켈리 외 지음, 이종인 옮김, 《이노베이터의 10가지 얼굴》, 세종서적, 2008

- 조나 레러 지음, 김미선 옮김, 《이매진》, 21세기북스, 2013

- 수전 파울러 지음, 박영준 옮김, 《최고의 리더는 사람에 집중한다》, 가나출판사, 2015

- 박지원, 〈자율적인 기업문화 만들기〉, LG Business Insight, 2009.7.15

- 최한나, 〈다이슨에선 엔지니어가 곧 디자이너〉, 동아비즈니스리뷰, 2014.5

- 이와쿠라 신야 지음, 김은경 옮김, 《1분 혼다》, 북스톤, 2016

- 피터 심스 지음, 안진환 옮김, 《리틀 벳》, 에코의서재, 2011

- 제리 하비 지음, 이수옥 옮김, 《생각대로 일하지 않는 사람들》, 엘도라도, 2012

- 이리야마 아키에 지음, 김은선 옮김, 《세계의 경영학자는 지금 무엇을 생각하는가》, 에

이지21, 2013

- 키스 소여 지음, 유지연 옮김, 《지그재그, 창의력은 어떻게 단련되는가?》, 청림출판, 2014

- 게리 하멜 외 지음, 《당신의 전략을 파괴하라》, 레인메이커, 2013

- 드루 보이드 외 지음, 이경식 옮김, 《틀 안에서 생각하기》, 책읽는수요일, 2014

- 뤼크 드 브라방데르 외 지음, 이진원 옮김, 《아이디어 메이커》, 청림출판, 2014

- 로버트 사이먼스 지음, 김은경 옮김, 《전략을 보는 생각》, 전략시티, 2015

- 브래드 스톤 지음, 야나 마키에이라 옮김, 《아마존, 세상의 모든 것을 팝니다》, 21세기북스, 2014

- 다니엘 골먼 지음, 박세연 옮김, 《포커스》, 리더스북, 2014

- 린다 힐 외 지음, 이은주 옮김, 《혁신의 설계자》, 북스톤, 2016

- 네이선 퍼 외 지음, 송영학 외 옮김, 《이노베이터 메소드》, 세종서적, 2015

- 피터 디아만디스 외 지음, 이지연 옮김, 《볼드》, 비즈니스북스, 2016

- 마틴 베레가드 외 지음, 김인수 옮김, 《스마트한 성공들》, 걷는나무, 2014

- 헨리 페트로스키 지음, 문은실 옮김, 《디자인 세상》, 더스타일, 2012

- 톰 켈리 외 지음, 이종인 옮김, 《유쾌한 이노베이션》, 세종서적, 2002

- 세스 고딘 지음, 오지연 옮김, 《세스고딘 생존을 이야기하다》, 정혜, 2011

- 유덕현 지음, 《온몸으로 사고하라》, 피플트리, 2013

- 필립 코틀러 외 지음, 이주만 옮김, 《Evolution & Revolution》, 라이프맵, 2011

- 박진성, 〈실패를 용서하고 기억하는 조직〉, LG Business Insight, 2010.1.27

- 김민주 지음, 《하인리히 법칙》, 토네이도, 2008

- 에이미 윌킨슨 지음, 김고명 옮김, 《크리에이터 코드》, 비즈니스북스, 2015

- 다니엘 핑크 지음, 김주환 옮김, 《드라이브》, 청림출판, 2011

- 다카하시 노부오 지음, 정경진 옮김, 《성과주의의 허상》, 오즈컨설팅, 2007

- 유정식 지음, 《당신들은 늘 착각 속에 산다》, 알에이치코리아, 2015

- 황인경, 〈HR에서도 혁신이 시작되고 있다〉, LG Business Insight, 2016.3.9

- 돈 탭스코트 외 지음, 윤미나 옮김, 《위키노믹스》, 21세기북스, 2007

참고 문헌

- 이준기 지음, 《오픈 콜라보레이션》, 삼성경제연구소, 2012
- 비제이 바이테스워런 지음, 안진환 옮김, 《필요 속도 탐욕》, 한국경제신문사, 2013
- 리사 보델 지음, 이지연 옮김, 《킬 더 컴퍼니》, 레디셋고, 2013
- 제임스 서로위키 지음, 홍대운 외 옮김, 《대중의 지혜》, 렌덤하우스, 2005
- 장성근, 〈오픈 이노베이션이 진화하고 있다〉, LG Business Insight, 2016.3.2
- 윌리엄 테일러 지음, 고영태 옮김, 《보스 프리》, 비즈니스맵, 2012
- 캐스 선스타인 외 지음, 이시은 옮김, 《와이저》, 위즈덤하우스, 2015
- 스콧 둘레이 외 지음, 김얼 외 옮김, 《메이크 스페이스》, 에딧더월드, 2014
- 천의영 외 지음, 《그리드를 파괴하라》, 세종서적, 2016
- 벤 위이브 지음, 배충효 옮김, 《구글은 빅데이터를 어떻게 활용했는가》, 북카라반, 2015

펌핑 크리에이티브

지은이   곽숙철

이 책의 편집과 교정은 양은희가, 인쇄는 꽃피는청춘 임형준이, 제본은 은정제책사 양익
환이, 종이 공급은 대현지류의 이병로가 진행해 주셨습니다. 이 책의 성공적인 발행을 위
해 애써주신 다른 모든 분들께도 감사드립니다. 틔움출판의 발행인은 장인형입니다.

초판 1쇄 인쇄 2016년 12월 5일
초판 1쇄 발행 2016년 12월 12일

펴낸 곳   틔움출판
출판등록   제313-2010-141호
주소   서울특별시 마포구 월드컵북로4길 77, 3층
전화   02-6409-9585
팩스   0505-508-0248
홈페이지   www.tiumbooks.com

ISBN 978-89-98171-30-8 03320

틔움은 책을 사랑하는 독자, 콘텐츠 창조자, 제작과 유통에 참여하고 있는 모든 파트너들과 함께 성장합니다.